交通版高等学校交通工程专业规划教材

JIAOTONG FANGZHEN

交通仿真

任其亮 刘博航 编著

李克平 主审

人民交通出版社

内 容 提 要

本书对道路交通系统仿真技术作了系统而全面的介绍。主要内容包括交通仿真的原理方法、交通仿真的系列模型(如道路设施模型、交通生成模型、车辆跟驰模型、换道模型、交通规则模型、非机动车交通模型、行人交通模型、常规地面公交模型等)、常用交通仿真软件简介。此外,本书还特别强化了交通仿真案例的介绍。

本书可作为交通工程专业及公路与城市道路专业高年级本科生及硕士生的教学用书,也可供交通运输规划与管理方面的科技人员使用参考。

图书在版编目(CIP)数据

交通仿真/任其亮,刘博航编著.—北京:人民交通出版社,2013.2

ISBN 978-7-114-10313-1

Ⅰ.①交… Ⅱ.①任… ②刘… Ⅲ.①交通工程—仿真—介绍 Ⅳ.①U491

中国版本图书馆 CIP 数据核字(2013)第010023号

交通版高等学校交通工程专业规划教材

书　　名:**交通仿真**
著 作 者:任其亮　刘博航
责任编辑:郭红蕊　于　佳
出版发行:人民交通出版社
地　　址:(100011)北京市朝阳区安定门外外馆斜街3号
网　　址:http://www.ccpcl.com.cn
销售电话:(010)59757973
总 经 销:人民交通出版社发行部
经　　销:各地新华书店
印　　刷:北京建宏印刷有限公司
开　　本:787×1092　1/16
印　　张:13.5
字　　数:350千
版　　次:2013年2月　第1版
印　　次:2024年7月　第5次印刷
书　　号:ISBN 978-7-114-10313-1
定　　价:35.00元

交通版高等学校交通工程专业规划教材

编审委员会

JIAOTONG FANGZHEN

前　言

随着经济社会的快速发展和机动车保有量的迅猛增长,交通拥堵、交通安全、交通环境等一系列交通问题日益凸显。运用计算机仿真手段模拟道路交通系统的复杂现象,通过揭示交通流参数的时空变化规律,对其进行控制,进而帮助我们解决交通问题的方法,已成为国内外交通工程界的研究热点之一。

交通仿真是采用计算机数字模型来反映复杂道路交通现象的交通分析技术和方法,是计算机技术在交通工程领域的一个重要应用。本书以交通仿真使用者为对象,既可作为交通专业本科生和研究生的专业课程,又可作为从事交通规划、设计和运用管理工作的工程技术人员的参考书。编者在充分吸收国内外近年来交通仿真成功案例和参编学校教学实践经验的基础上,根据理论结合实际,系统性与先进性并重,循序渐进,力求符合教学规律的原则进行编写。在内容上,以微观道路交通仿真为重点,兼顾宏观道路交通仿真,对轨道交通仿真也做了概括性的论述。

本教材在第一版的基础上增加了关于"微观交通仿真技术规范"的相关内容。全书由任其亮担任主编,刘博航担任副主编,8 所高校老师共同编写完成,共分为十二章,各章编写分工如下:重庆交通大学任其亮编写第一章、第十章,福建农林大学陈金山编写第二章,石家庄铁道大学刘博航编写第三章、第七章、第八章、第十二章,重庆交通大学罗莉编写第四章,山东交通学院张萌萌编写第五章,南京林业大学邬岚编写第六章,大连理工大学刘锴编写第九章,淮阴工学院朱胜雪编写第十一章、第十三章第二节,山东科技大学周勇编写第十三章第一节。全书由任其亮、刘博航进行统稿。

本书在编写过程中参考了大量国内外的相关书籍和文献,同时还得到了很多国内兄弟院校的支持和辛勤付出,在此谨向文献作者及兄弟院校表示崇高的敬意和衷心的感谢!

交通仿真专业性、综合性强,是一门正在迅速发展中的新兴技术。由于作者水平有限,本书疏漏、不足之处在所难免,恳请同行和读者指正,编者邮箱 cqrql@126.com,特此致谢!

编　者

2017 年 1 月

JIAOTONG FANGZHEN

目 录

第一章 绪 论

本章要求：通过本章学习，重点掌握交通仿真的基本概念，熟悉交通仿真的重要作用，了解交通仿真的目的、意义，明晰交通仿真的应用领域，了解国内外在交通仿真领域的研究历程和研究现状，掌握交通仿真的发展趋势。

第一节 交通仿真的概念

仿真，顾名思义是指对真实事物的模仿，也称作模拟，是指为了求解问题而人为地模拟真实系统的部分或整个运行过程。仿真，它不是伪造，其目的不是代替真实事物的功能，而是对真实事物或者事件的一个再现，使得我们能够低成本、低危险地显示已经发生或未发生的事件，对其特征和规律进行研究。仿真是利用仿真模型产生一个人为的系统的经历，在仿真过程中获得数据，以便描绘或推断出与实际系统有关的运行特征或行为结果，所以说仿真是将所研究的问题用数字或实体或混合的加以模仿的一种技术。按所用的方法将仿真分为物理仿真和数字仿真两种。物理仿真是根据相似原理，对真实系统建立物理模型；数字仿真又称计算机仿真，是运用计算机技术，建立系统模型，在计算机平台上反映出事件或系统的特征。计算机及相应的程序代码表示实际系统，使之运行时与实际系统在逻辑上具有相同或类似的特性，从而可以用它来检验实际系统，修改实际系统的不足之处，或者用于教学演示等，并能节省费用和时间，减少不必要的风险。

数字仿真综合集成了计算机、网络、图形图像、多媒体、软件工程、信息处理、自动控制等多个高科技领域的知识，广泛地应用在航天、航空、军事、工业生产、环境保护、医学、交通工程、经济规划等多个行业。如果人们要问，为什么要仿真？这是因为仿真具有不可想象的巨大力量，归纳起来，仿真的作用主要有：第一，节省经费。仿真试验只需在可重复使用的模型上进行，所花费的成本远较实物试验成本低。第二，避免试验的危险性。对于某些危险性大的试验，通过仿真试验，可以避免实地试验的危险性。第三，优化系统设计。在复杂的系统建立之前，通过改变仿真模型结构和调整参数来优化系统设计。第四，评价系统性能。如在交通安全与事故试验中，可以再现事故现场。第五，提高预测精度。仿真可以预测系统的性能，也可以预测外部作用对系统的影响。第六，帮助训练系统操作人员。利用仿真器对操作人员进行操作训练，如飞机驾驶训练，汽车驾驶训练等。第七，为管理决策和技术决策提供依据。通过仿真可以深化对系统内在规律和外部联系及相互作用的了解，以采取相应的控制和决策,使系统处于科学化的控制和管理下。

现代交通仿真,属于多用数字仿真,作为仿真科学在交通领域的应用分支。它是自20世纪50年代以来,随着计算技术的进步而发展起来的。经过半个多世纪的发展,交通仿真作为一项交通系统实验分析技术,被称为是交通工程研究人员测试和优化各种道路交通规划设计方案,描述复杂道路交通现象的一种直观、方便、灵活、有效的交通分析工具,目前已广泛地应用于道路交通设计、智能交通系统方案设计与技术研发、网络交通流理论研究等诸多方面。如图1-1所示,通过交通仿真,将道路上的交通流运行过程真实地模拟出来,便于帮助交通研究人员从感观上认识交通流运行规律。

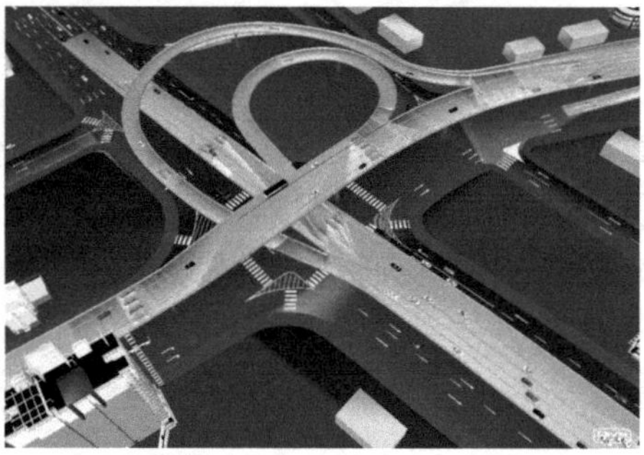

图1-1 某交叉口交通仿真效果图

交通仿真是20世纪60年代以来,随着计算机技术的进步而发展起来的采用计算机数字模型来反映复杂道路交通现象的交通分析技术和方法。从试验角度看,道路交通仿真是再现交通流时间和空间变化的模拟技术。交通仿真是智能交通运输系统的一个重要组成部分,是计算机技术在交通工程领域的一个重要应用,它可以动态地、逼真地仿真交通流和交通事故等各种交通现象,复现交通流的时空变化,深入地分析车辆、驾驶员和行人、道路以及交通的特征,有效地进行交通规划、交通组织与管理、交通能源节约与物资运输流量合理化等方面的研究。同时,交通仿真系统通过虚拟现实技术手段,能够非常直观地表现出路网上车辆的运行情况,对某个位置交通是否拥堵、道路是否畅通、有无出现交通事故以及出现上述情况时采用什么样的解决方案来疏导交通等,在计算机上经济有效且没有风险的仿真出来。交通仿真作为仿真科学在交通领域的应用分支,是随着系统仿真的发展而发展起来的,它以相似原理、信息技术、系统工程和交通工程领域的基本理论和专业技术为基础,以计算机为主要工具,利用系统仿真模型模拟道路交通系统的运行状态,采用数字方式或图形方式来描述动态交通系统,以便更好地把握和控制该系统的一门实用技术。

本书给出的定义是:交通仿真是数字仿真在交通工程领域的应用,它是以相似原理、信息技术、系统工程和交通工程领域的基本理论和专业知识为基础,以计算机为工具,利用系统仿真模型模拟道路交通系统的运行状态,采用数字图形方式来描述动态交通系统,以便更好地把握和控制道路交通系统的一门实用技术。

第二节 交通仿真的主要内容及应用领域

交通仿真是计算机仿真在交通工程领域的应用,其目的是建立一种能够虚拟现实交通的计算机模型,在该模型基础上利用计算机技术再现复杂的交通现象,并对这些现象进行解释、分析,找出问题的症结,从而评价交通控制方案的优劣和交通规划设计的合理性等。通过对交通流的仿真研究,可以得到交通流状态随时间与空间的变化、分布规律及其在交通控制变量间的关系,在交通系统及其各组成部分的分析和评价中发挥着重要的作用。

一、交通仿真的主要内容

一般而言,交通仿真主要包括以下研究内容:

1. 公路系统交通仿真研究

公路交通系统是交通系统的一个子系统,交通仿真系统的一般原理与方法同样适用于公路交通系统仿真,但由于在系统组成及运行上的特点,公路交通系统仿真又具有自身的特点。

2. 城市道路网交通仿真

城市道路网是城市车辆运行的载体。相对于城市干道和快速路而言,城市道路网是城市主干道、快速路和支路通过交叉口连接组成的,因此,可建立这些组成部分为要素的城市道路网描述的仿真模型。

3. 行人和非机动车交通仿真

行人和非机动车是城市道路交通系统中的重要组成部分。行人和非机动车与机动车在交叉口争夺道路空间,所以如果对行人和非机动车缺乏了解,就不能妥善解决行人和非机动车的交通问题,势必严重干扰机动车运行,导致交通秩序混乱。对行人和非机动车交通进行仿真可以研究大型集散场地的行人特性、行人过街时与机动车的相互作用机理以及非机动车的一些交通特性,这对解决一些交通问题非常有效。

4. 交通环境仿真

随着经济建设的迅速发展和人口的急剧膨胀,道路里程和机动车拥有量迅猛增加,交通噪声和空气污染日益严重,极大地威胁着人们的日常生活和身心健康。交通仿真技术的应用为降低污染、保护环境提供了有效的工具和手段,所以交通仿真在环境保护方面的应用越来越受到重视。

5. 交通安全仿真

交通是有人、车、路和环境构成的一个复杂的人机系统,事故的诱发因素是多方面的综合作用。交通安全的评价,应该充分考虑人、车、路和环境诸方面因素的作用和影响。国内外现行的交通安全度评价方法主要采用的是“事后”分析法,这对改善现状有一定的积极作用,而对“事前”的预测及评估却缺乏力度。因此,应通过交通仿真,对某个区域和某个路段的交通安全进行跟踪和评估。

6. 面向 ITS 的交通系统仿真

随着智能交通系统 ITS,特别是先进的出行者信息系统的逐步推广和实施,出行者的选择行为必将受到信息因素的动态影响,其出行行为也变得复杂化和多样化,这对交通网络仿真提出了新的挑战。

二、交通仿真的特点

交通涉及人们生活的方方面面,交通仿真作为解决交通问题的重要手段,在国内外蓬勃发展，并越来越受到重视，被公认为是挖掘现有交通资源潜力的很好出路。相对于传统的数学分析方法，交通仿真具有如下优点及要注意的地方：

1. 交通仿真的优点

(1)经济性

有些数据无法通过调研和试验得到，或者这一过程花费的人力、物力过大，在这种情况下，这些数据可以通过交通仿真的方法得到。

(2)安全性

利用计算机进行仿真试验，可以避免实地调研和试验（如交通调查）中可能出现的意外伤害。

(3)可重复性

一旦建立了一个仿真模型，可以任意重复仿真过程。

(4)易用性

仿真方法比以往的方法更容易应用，不需要太多的数学知识去建立一些解析模型。

(5)可控制性

交通仿真是通过程序控制的，它很容易使某些参数的作用限制在一定范围或特定值。例如，人为地固定一些变量为常用交通仿真数，只改变一些变量以考察它们对道路安全性的影响，还可以事先对一些诸如信号配时、几何形状等因素进行人为优化，采取特定的组合方案进行模拟，进而对不同方案进行比选、评价等。

(6)可拓展性

由于利用计算机模拟是对一种设想进行验证，它可以使某些参数（如车速、交通量等）超出实际调查所能得到的范围。利用交通仿真进行模拟预测还可以再现复杂交通环境条件下的车流运行特性，弥补观测数据的不足。

2. 交通仿真应注意的问题

尽管交通系统仿真技术有许多优点，但它绝不是包治百病的万灵药，仍有许多问题需要注意，如：

(1)交通仿真模型需要大量的输入数据，对于某些实际问题，这些数据很难甚至无法获得。

(2)仿真模型需要验证、标定，进行有效性检验，如果忽视了这一点，仿真结果将会失实。

(3)建立仿真模型不仅需要大量的知识，如交通流理论、计算机程序设计、概率论、决策论、统计分析等，而且需要对所研究的道路交通系统有充分的了解。

(4)一些仿真软件的使用者只懂得简单地套用其数据模型，而对于模型的限制条件和基本假设并不清楚，或将其视为“黑箱”，对其含义并不了解，这将极可能导致错误的结论。

应当指出，交通系统仿真只是为数众多的交通分析技术中的一个，既不是唯一一个也不是最好的一个。交通系统仿真技术对于系统模型有着极强的依赖性，而要建立系统模型，就必然要对真实系统进行简化和抽象，这必然要引起某种程度的“失真”。事实上，这正是交通系统仿真技术本身固有的缺陷。对于道路交通这样一个随机的、动态的、复杂的大系统，这一问题显得尤为突出。因此，当我们面临一个实际的交通问题需要解决时，首先要考虑选用其他的交通分析方法,而交通系统仿真技术只是最后的选择。也就是说,只有当确认其他方法不足以解决所论问题时,才需要进行仿真实验。同时,对仿真输出结果要采取审慎的态度,应结合其他定性或定量的分析方法,对真实系统的行为做出正确的推断。

三、交通仿真的应用领域

仿真方法在交通领域有着广阔的应用前景,有时甚至是不可替代的工具。交通仿真技术作为一种交通分析工具,凭借其无数显著的优点,已经渗透到交通工程领域的方方面面。其应用领域主要包括:

1. 在交通工程理论研究中的应用

目前,仿真软件在交通工程理论研究中的应用主要集中在交通流理论方面。随着计算机技术的迅猛发展,以计算机为辅助工具,利用其可重复性、可延续性模拟交通运行状况,进行交通运行特性和通行能力研究,以成为交通流理论研究的一个发展方向。在通行能力研究方面,国内外都已有利用仿真模型进行通行能力研究的实例。如美国 HCS 软件系统由美国交通运输委员会(TRB)研制开发,与美国《道路通行能力手册》HCM 配套使用。该软件由交叉口、干道、公路网等模块组成。数据输入包括交通设施几何参数(车道数和车道宽度等)及交通和道路条件(交通流量、自由流密度、地形条件、道路等级、横向干扰、重车混入率等);输入结构为各种交通设施通行能力及其相应服务水平和相关图表。HCS 系统软件为美国道路运输与交通工程设计、规划与控制提供了良好的服务,发挥了巨大的效用。国内以东南大学为首的一些研究院所也开展了对道路路段、交叉口等通行能力的研究。目前,我国道路交通部门也正在加紧研究和开发适合中国国情的相关模拟软件系统,力争使我国的通行能力研究与国际接轨。

2. 在道路几何设计方案评价分析中的应用

制定道路几何设计方案时往往需要几何线性的透视效果。以往,这些工作通过一些设计中必须遵循的平纵线性组合原则及部分绘制立体透视图来完成。由于人为的差错和透视图绘制的精确性等原因,在道路竣工后,往往会存在一些不尽如人意之处。现在,仿真软件提供了一个 3D 平台,可以供设计者在计算机上观看、检查所设计道路的实际效果,及时发现设计方案的缺陷和局限性,并进行修改或调整。这样,在设计中就可以及时发现和避免一些线形设计上的问题。

3. 在交通管理系统设计方案评价分析中的应用

交通管理控制方案的制定往往需要有更为细致、准确的交通分析工具以提供更好的决策支持手段,实际工作中由于缺乏这样的工具不得不照搬在宏观规划层次(如路网规划方案评价)中采用的交通状态分析工具。最新的交通仿真软件提供了一个将道路和交通设计有机结合在一起的灵活的试验平台,可以直观地提供各种交通设计的实施效果,并可以计算方案设施中的各种交通流参数。如德国的 VISSM 仿真软件,该软件可以提供诸如延误、行程车速、地点车速、流量、密度等一系列可用于定量评价交通设计效果的指标。

4. 在道路交通安全分析中的应用

在完成道路几何设计和交通组织设计后,利用仿真软件提供的直观的图形界面,设计者可以通过运行仿真软件来检查道路各个部分上的交通隐患,尤其是在信号设计中,可以直观地通过查看是否有车辆在通过交叉口时发生冲突,以此来评价信号配时方案是否保证了交叉口的通行安全。在交通安全与事故分析中,仿真模型可"再现"交通事故发生的全过程,是分析事故成因、制定交通安全保障措施的有力工具。

5. 在交通新技术和新设想测试中的应用

正如土木学科中的力学试验设备一样,交通仿真软件提供了一个有效的、直观的仿真试验平台,各种新的交通技术和设想都可以在这个平台上进行试验;而以往这种新技术、新方法需通过费用高昂的真实试验来验证,而且由于实地观测和采集数据的困难,有时并不能全面地考察和评价这些新技术的优缺点。

6. 在智能交通系统 ITS 中的应用

随着信息时代的到来,现代交通已步入一个崭新的发展时代。交通智能化是现代交通发展的方向,利用先进的信息技术、计算机技术、传感器技术、自动控制技术、人工智能技术等,进行交通管理和控制、车辆设计与制造,加强车辆、道路、使用者之间的联系,形成实时、准确、高效的综合运输系统,即智能交通运输系统(ITS)已成为时代发展的必然。交通仿真模型是 ITS 中进行交通分析的重要手段和方法,但并非所有的仿真模型都适用于 ITS 的分析。一般而言,面向 ITS 的仿真模型需要满足以下条件:

(1)清晰地表现路网的几何形状,包括交通设施,如信号灯、车检器等;

(2)清晰地表现驾驶员的行为;

(3)清晰地表现车辆间的相互作用,如跟车、车道变换时的相互作用;

(4)清晰地表现交通控制策略(定周期、自适应、匝道控制等);

(5)模拟先进的交通管理策略,如采用 VMS 提供的路径重定向、速度控制和车道控制等;

(6)提供与外部实时应用程序交互的接口;

(7)模拟动态车辆诱导,再现被诱导车辆和交通中心的信息交换;

(8)应用于一般化的路网,包括城市道路和城市间的高速公路;

(9)细致地仿真路网交通流的状况,例如交通需求的变化,模拟交通设施的功能;

(10)模拟公共交通;

(11)提供结果分析的工具;

(12)提供图形化的交互界面(GUI)。

第三节　国内外交通仿真的发展概况

国内外交通仿真技术经历了从单点交叉口仿真到网络交通仿真,从传统的面向常规交通管理、交通规划与设计等领域的应用到面向智能交通系统应用的发展过程。

一、国外的发展概况

美国是仿真技术及系统发展最快、应用最广泛的国家。1967 年,美国成立了计算机仿真学会(Society for Computer Simulation),推动了仿真技术在美国的发展和应用。随后,国外其他的国家也在交通仿真研究方面已经进行了有效的、比较成熟的工作，并开发了众多的交通仿真软件，其中一些软件已经实现了产品化和商业化。交通仿真自20世纪60年代出现以来，纵观其整个发展过程，大致经历了起初阶段、迅速发展阶段和成熟阶段3个较为明显的阶段。

1. 起步阶段：20世纪50至60年代

这一阶段的工作主要以优化城市道路交通信号控制为目的，模型多采用宏观模型，模型的灵活性和描述能力较为有限，加上当时计算机性能较低，所以仿真结果的表达也就不够理想。这个时期虽然受到诸多条件的限制，但是大多数常见的交通现象如跟车行驶、变换车道、车流冲突、公交运行、行人冲突、短车道溢出等，以及常见的交通控制管理措施如固定信号控制、感应控制、主/次优先控制、车道关闭等均可通过仿真软件进行模拟。当时进行交通仿真的评价指标除了常规的延误、速度、行程时间、排队长度等常规指标外，还可描述诸如油耗、废气排放等指标。另外，模型对道路几何条件的描述也日益灵活。

在这个阶段，最具代表性的交通仿真模型当属英国道路与交通研究所的D. L. 罗伯逊在1967年开发的道路交通流仿真软件TRANSYT，它是一种宏观仿真软件，主要用于确定定时交通信号参数的最优值；另外，Ger-lough在1963年建立的用于道路网络信号配置的TRANS模型，美国联邦公路局（FHWA）1956～1966年研制的优化城市道路信号设计SIGOP仿真系统，都是这个阶段较为具有代表性的交通仿真模型，如表1-1所示。总体来说，在这个时间段，仿真模型由于受到计算机发展水平的限制，计算处理能力和可视化仿真效果不太理想。

起步阶段开发的仿真软件可以描述的内容　　表1-1

项　目	评　价　指　标
交通现象	跟车行驶、变换车道、车流冲突、公交运行、行人冲突、短车道溢出等
交通控制管理措施	固定信号控制、感应控制、主/次优先控制、车道关闭等
评价指标	延误、速度、行程时间、排队长度等常规指标外，油耗、废气排放等

2. 迅速发展阶段：20世纪70至80年代

20世纪70年代至80年代，由于计算机的迅速发展，交通仿真模型的精度迅速得到了提高，功能也更加多样化。同时，微观交通仿真模型也得到了较大的发展，这个阶段出现了以NETSIM、AIMSUM2等为代表的一批交通仿真软件，其中的典型代表是美国联邦公路局开发的NETSIM模型。该模型是一个描述单个车辆运动的、时间扫描的网络微观交通仿真模型，其对城市道路的交通现象的描述精度达到了一个新的高度。TRAF-NETSIMU模型经过多次版本升级，其功能日趋强大，广泛应用于交通控制和管理系统方案优化、交通设计方案优化以及交通工程相关领域的理论研究方面。1971年，E. B. Lieferman建立了用以描述个别车辆运动的UTCS-1模型。1974年，日本科学警察研究所开发了MISTRAN模型，用以研究左右转车辆与横穿道路的步行者之间的相互影响。1976年，英国利兹大学开发了用于平面交叉口交通信号控制的SATURN宏观模型，见表1-2。

迅速发展阶段的典型仿真软件 表 1-2

模　型	功　能	开发时间	开　发　者
TRAF-NETSIMU 模型	描述单个车辆运动、应用时间描述法的网络微观交通仿真模型	20 世纪 70 年代	美国联邦公路局
UTCS-1 模型	描述个别车辆运动	1971 年	E. B. Lieferman
MISTRAN 模型	研究左右转车辆与横穿道路步行者之间的相互影响	1974 年	日本科学警察研究所
SATURN 宏观模型	用于平面交叉口交通信号控制	1976 年	英国利兹大学开发

3. 成熟阶段:20 世纪 80 年代初至现在

这一时期,交通仿真系统都采用面向对象的软件开发方法,开发工具开始多样化,而不局限于 Fortran 语言或专用的仿真语言,系统的通用性、交互性、可维护性、可扩展性得到了空前的提高。该阶段,交通系统仿真技术的发展呈现如下特征:

(1)系统建模开始突破微观模型和宏观模型的界限,出现了混合模型。比如由 Schwerdtfeger 1984 年提出的 DYNEMO 仿真模型,采用交通流的一般关系来描述车流运动,而将每辆车看作是一个基本单元,这一模型应用在车辆驶出高速工作的仿真实验中取得了很好的效果。

(2)进入 20 世纪 90 年代后,随着计算机计算速度的提高和内存的增加,以及 Windows 操作系统的出现,计算机仿真程序开始朝着可视化方向发展,使得用户界面更友好、系统集成性能更高、交通仿真的实用性得到进一步的发展,交通仿真技术的应用也更为广泛。

(3)随着 20 世纪 90 年代和 21 世纪的到来,国外对智能交通系统 ITS 的研究日益深入,世界各国竞相开展以 ITS 为应用背景的交通仿真软件的研究,达到了道路交通仿真研究前所未有的高潮,出现了一大批评价和分析 ITS 系统效益的仿真软件系统。在这个过程中其特别强调发展一些适应智能交通应用背景的高级仿真技术手段,其中交通仿真应用程序接口、硬件在环和软件在环交通仿真、在线交通仿真等一些高级仿真技术获得了广泛的关注和应用。在该阶段陆续出现的仿真软件如图 1-2、图 1-3 所示,主要包括 TransCAD、AIMSUN2、TRAF、VISSIM、TSIS 等,如表 1-3 所示。

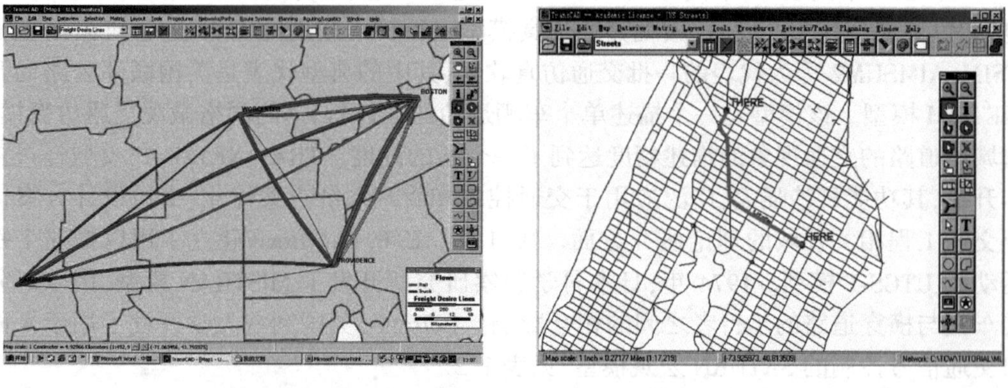

图 1-2　美国 Caliper 公司的 TransCAD 仿真软件

图 1-3　德国 PTV 公司开发的 VISSIM 仿真软件

成熟阶段的典型仿真软件　　表 1-3

软　件	功　能	开发时间	开　发　者
TRAF	描述个别车辆运动	1982 年	美国联邦公路局
TransCAD	交通需求预测	20 世纪 80 年代	美国 Caliper 公司
VISSIM	描述交通流的运行过程	1992 年	德国 PTV 公司
TSIS 系统 4.2 版本	用于信号系统、路段或者信号与路段联合控制系统的模拟分析	1998 年	美国联邦公路局
AIMSUN2	测试和评价新的交通控制系统和交通管理策略	21 世纪初	西班牙

二、国内的发展概况

与国外相比，我国交通仿真领域的研究起步较晚，大致始于 20 世纪 80 年代末，在相当长一段时期内多为针对一些局部或特定问题的研究。90 年代以后，国内交通工程界开始注重交通仿真技术在解决交通问题过程中的重要作用，开展了一系列实质性研究，使得我国的交通仿真研究取得了较大方面的进展，并取得了一定的成果。

如何因地制宜、因时制宜地选择与交通状况相适应的软件，加强对交通规划软件的认识，对其适应性进行分析，近年来，各研究机构、高校陆续引进了国外的先进仿真技术。TransCAD 在国内的用户既有道路规划设计领域的，如交通部规划研究院、中交第一、第二公路勘察设计院、江苏、河北、陕西等省交通规划设计院、中交第二航务勘察院、铁道部第二勘察规划设计院等，还有众多的教学科研机构，如清华大学、北方交大、北京工业大学、重庆交通大学、长安大学、东南大学等。CUBE 在国内的用户主要有北京城市规划设计院、广州交通科研研究所、宁波城市规划设计研究院、沈阳城市规划设计院等，还有众多高校，如同济大学、长安大学、北京工业大学等。EMME/2 在国内的用户主要有上海综合交通规划研究所、中国城市规划研究院交通中心、杭州市城市规划院、青岛城市规划院、长安大学、中山大学、沈阳城市规划设计研究院等。

21 世纪初，国内专家学者通过自己的不断研究，开发了一系列面向国内交通环境的实用交通仿真系统，近年来较为突出的国内自主研发的仿真软件包括由建设部城市交通工程技术中心主持开发的 GIS 支持下的城市交通需求分析系统软件 TranSolution，东南大学开发的交运之星 TranStar 如图 1-4 所示。TranStar 是目前唯一商品化能与国外交通分析软件在中国市场上抗衡的国产软件，已拥有 80 多个国内外正式用户。国内已经广泛使用该软件，产生了巨大社会经济效益。2001 年起，该软件被公安部、建设部指定为全国道路交通建设与管理“畅通工程”交通规划推广软件。

图 1-4 交运之星—TranStar 仿真软件管理版

另外，部分高等院校如同济大学、东南大学、华中科技大学、中南大学、西北工大、北京工业大学、哈尔滨工业大学、长安大学、吉林大学、北京交通大学等，也有一些科研院所如交通部公路科学研究所等研究部门以及其他的一些开设有交通技术类课程的大专院校，也陆续开展了交通仿真方面的研究工作。如同济大学先后开发的 TJTS 和 TESS 仿真系统，东南大学开发的 NITS 仿真系统，山东省科学院则开发出的用于实时交通预测的仿真模型 DynaCHINA。

总的来说，目前国内还只是处于模型开发和特定运用阶段，与国外相比，不仅界面友好度差，使用不便，应用故障多，而且接口能力、二次编程能力都有欠缺，要达到商用化水平还有很长一段路要走。

第四节 交通仿真的发展趋势

近年来，交通基础理论的不断深入研究和计算机软硬件技术的迅速发展，为交通仿真技术的不断提高和更广泛应用系统的进一步开发研究提供了巨大的动力。今后，交通仿真将朝着以下几个方向发展。

1. 应用领域不断扩大

交通仿真的应用规模和范围将逐步扩大，研究对象将从局部或一种设施的应用发展为综合多种设施的网络系统。目前国内外在该领域开发的模型大多局限于道路交通流理论，少数涉及综合交通系统，随着仿真方法的进一步成熟，其在运输工程领域将会得到越来越广泛的应用。另外，系统开发将面向 ITS，在完善模型的同时，考虑智能交通运行的影响将是仿真软件开发的另一个目标，适应智能交通系统（ITS）方案评价需求的仿真系统研究和开发面向 ITS 的应用软件是交通仿真技术更高层次的发展方向。

2. 健全系统后台开发技术，不断完善丰富交通仿真系统功能

首先，软件后台计算能力将不断增强。近年来，随着计算机软硬件技术的迅速发展，微型计算机的计算能力得到了很大提高，这大大促使交通仿真从单独的交叉口和路段转向城市局部路网，甚至城市整体路网，从粗略转向微观、细部，最终使得对道路环境的描述越来越细致，特别是在局部应用中，如交叉口仿真。

其次，系统软件编程方法将得到改进。编程方法将由面向过程的模块发展成面向对象，现在以 C++ 为代表的面向对象的程序设计方法（OOP）已日趋成熟，而面向对象的编程方法

很适合于描述交通环境中的人、车、路和环境之间的相互作用,使其能够非常接近实际情况,从而使得程序的设计、维护和更新更加容易,用户使用、操作更加方便、便捷,为设计更为先进的交通系统仿真程序提供了可能。

最后,开放的系统仿真环境将陆续呈现。系统仿真要求开发一个开放的环境,多种分析工具交互应用能够解决多种问题且每种工具对特定的问题都是最合适的。美国联邦公路局的 TRAF 软件包和交通管理实验室就是一个很好例子,其主要目标是开发一种分布式的、实时的试验平台来对 ATMS 的交通条件进行仿真。芬兰、瑞典、英国围绕芬兰的 HUTSIM 程序合作开发开放的交通建模环境也能说明这一趋势。

3. 前台表现手法更加丰富

随着计算机技术日新月异的发展,新的仿真方法和手段不断涌现,例如,用户图形界面和综合利用 GIS 和 CAD 系统已成为可行的方法。可视化仿真、多媒体仿真、虚拟现实仿真等新的仿真技术的开发应用对交通仿真产生了深远的影响。交通仿真系统正朝着三维、动画、多媒体的方向发展,仿真结果的表现形式将更加形象、逼真和丰富化。

4. 交通仿真模型进一步完善

交通仿真技术的研究目前可以说已经相当深入,但是交通系统的复杂性导致没有哪个国家开发的软件能充分考虑到交通系统中的所有影响因素,尤其是在微观仿真方面。因此,对仿真模型的进一步完善仍是今后的一项重要工作。比如交通仿真模型将不仅局限于单个交叉口的运行情况,更要全面反映出上、下游路段以及整个路网的动态交通状况;车辆运行模型中增加关于自行车等非机动车、行人等行为的描述;考虑到车辆对环境的影响与评价;对于公交优先增加关于车辆优先的描述等。

5. 快速引入新技术

不仅要真正与 GPS 和 GIS 等与信息技术相关的信息系统联系起来进行仿真研究,同时也要引进虚拟现实技术将虚拟现实技术应用至交通仿真系统,以便能够细致地描述驾驶员的反应和行为,所以其在交通工程领域尤其是在交通安全仿真领域具有广阔的应用前景。另一方面,利用虚拟现实技术有可能将传统的驾驶仿真器和传统的交通流仿真系统综合起来。在传统的驾驶仿真器中,驾驶者必然会对其在显示屏上见到的一定的交通环境作出反应,如果交通环境能够对驾驶者的行为作出反应,情景就会更加真实。

复习思考题

1. 什么是交通仿真?
2. 交通仿真的目的是什么?
3. 请阐述交通仿真的优缺点,并分析交通仿真的适用领域。
4. 简述交通仿真的发展趋势。

参考文献

[1] 刘运通,石建军,熊辉. 交通系统仿真技术[M]. 北京:人民交通出版社,2002.

[2] 吴娇蓉．交通系统仿真及应用[M]．上海:同济大学出版社,2004.
[3] 裴玉龙,张亚军,等．道路交通系统仿真[M]．北京:人民交通出版社,2004.
[4] 崔建明．道路交通仿真系统研究与实现[D]．成都:西南交通大学,2009.
[5] 邹智军,杨东援．道路交通仿真研究综述[J]．交通运输工程学报,2001,1(2):88-91.
[6] 魏明．基于HLA的城市道路交通仿真系统研究[D]．北京:中国农业大学,2004.
[7] 张生瑞．交通流理论与方法[M]．北京:中国铁道出版社,2010.
[8] 夏萍．基于虚拟现实技术的复杂城市道路交通仿真平台研究[D]．武汉:湖北工业大学,2011.
[9] 宋厚冰,蔡远利．交通系统计算机仿真研究综述[J]．计算机仿真,2004,21(3):101-104.
[10] 康凤举．现代仿真技术与应用[M]．北京:国防工业出版社,2001.
[11] Robert J. Seidel and Paul R. Virtual reality:training's future perspectives on virtual reality and related emerging technologies. Chatelier,Chatelier,New York:Plinum Press,1997.
[12] 盖春英．VISSIM微观仿真系统及在道路交通中的应用[J]．公路,2005(8):119-121.
[13] 毛保华,杨肇夏,等．道路交通仿真技术与系统研究[J]．北方交通大学学报,2002,26(5):37-46.
[14] 邹智军．新一代交通仿真技术综述[J]．系统仿真学报,2010,22(9):2037-2042.
[15] 邹智军,杨东援．TJTS仿真系统的应用[J]．中国公路学报, 2001,14(21):55-58.
[16] 杨晓光,孙剑．面向ITS的交通仿真实验系统[J]．长沙理工大学学报,2006,3(3):132-136.
[17] 刘学军,林勇．动态中国实时交通预报系统的理论框架研究[J]．山东科学,2007,20(3):89-94.
[18] 陈燕燕,贾晓敏．奥运交通仿真系统概述[J]．城市交通,2008,6(3):39-46.

第二章　交通系统仿真方法

本章要求：通过本章学习，了解交通仿真分类，掌握宏观与微观交通仿真基本概念、交通仿真原理及优点、宏观与微观交通仿真主要基本模型，了解宏观与微观交通仿真的一般步骤，从而为后续章节的学习奠定理论基础。

第一节　交通仿真分类

交通仿真按照不同的分类标准可以得到不同的分类内容，一般说来，根据不同的仿真目的及仿真对象，交通仿真有以下几种分类方式及分类结果。

从交通流理论的角度，交通仿真可以分为微观交通仿真和宏观交通仿真，微观交通仿真主要采用跟驰模型、超车模型和变换车道模型等描述交通流，典型的宏观交通仿真主要采用出行路径选择模型、交通流量分配模型等描述交通流；从仿真技术角度可以分为连续时间仿真和离散时间仿真；从仿真实现的方式可以分为 Agent 理论仿真、多媒体技术仿真和人机交互方式仿真；从解决问题的对象来说，可以分为交叉口交通仿真、路段交通仿真和综合路网交通仿真；从仿真应用的研究范围来说，可以分为交通安全仿真、交通拥堵仿真、交通污染仿真、交通规划仿真、交通控制仿真、驾驶员行为仿真等。本书中主要从交通流的角度，即把交通系统仿真按照微观交通仿真和宏观交通仿真两种类型进行描述。

宏观交通仿真系统对交通要素、实体、行为等细节描述要求较低，交通流被看做连续流，不考虑个别车辆的运动，而是从统计意义上成批地考虑车辆的运动。仿真过程通过速度—流量曲线来控制交通流的运行，它的主要参数是路段速度、密度和交通流量等。一般来讲，宏观交通仿真对计算机资源要求较低，仿真速度较快，主要用于研究分析交通基础设施的新建与扩建、宏观管理措施及交通发展政策等。

微观交通仿真采用基于单个车辆行为的微观交通流模型，主要从车辆的行驶行为、车道组的设置及交通设施的配置等各个微观细节来分析交通系统的特征或者优化其性能。微观仿真模型的主要参数是每辆车的当前速度、加速度和位置等，因此，能够细致地反映出车辆在道路上的跟驰、超车及车道变换等微观行为。一般来讲，微观交通仿真对计算机资源要求较高，仿真速度较慢，且在一定程度上受仿真车辆数量和路网规模的限制，难以在大规模网络上在线运行，它主要用于研究交通流与局部的道路设施的相互影响，也用于交通控制仿真。

微观仿真与宏观仿真在仿真方法上完全不同，微观仿真通过考察单个驾驶员和车辆及其相互作用特征来描述系统的状态，而宏观仿真则是通过考察交通流特征，即车队的“平均”行为来描述系统的状态。微观仿真和宏观仿真都可用来研究交通流的特征，如交通流量、交通密度和平均车速等。除此之外，微观仿真还可以用来研究每辆车的运动状态，这是宏观仿真办不到的。

第二节 交通仿真原理

交通仿真(Traffic Simulation)是指应用系统仿真技术来研究交通行为，是对交通运动随时间和空间的变化进行跟踪描述的技术。交通系统仿真是一门在数字计算机上进行的实验技术，它含有随机特性，可以是微观的，也可以是宏观的，并涉及描述交通运输系统在一定期间实时运动的数学模型。通过对交通系统的仿真研究，可以得到交通流状态变量随时间与空间的变化、分布规律及其与交通控制变量间的关系。

交通仿真模型的建立以及交通仿真实验系统的开发是交通仿真研究的两个核心内容。常见的交通系统仿真包括：对道路几何、交通管理、控制措施、机动车、自行车和行人的交通仿真以及可以应用于交通规划方案、交通管理措施、交通控制优化、交通环境影响和交通安全的仿真评价。

交通仿真是在电子计算机上进行交通实验的技术，通过对交通系统的仿真研究，得到交通流状态变量随时间与空间的变化、分布规律及其与交通控制变量间的关系。因此，交通仿真在道路运输系统及其各组成部分的分析和评价中发挥着重要的作用。交通仿真模型与其他交通分析技术，如需求分析、通行能力分析、交通流模型、排队理论等，结合在一起，可用来对多种因素相互作用的交通设施或交通系统进行分析和评估、规划设计。

相对于其他交通分析技术，交通仿真具有许多优点：

(1)不需要真实交通系统的参与，因此具有经济方便的优点，特别适用于对尚不存在的系统，如规划中的交通系统行为的研究。这样可以避免费用昂贵而且周期长的交通调查和现场试验，可以以小的代价获得难以调查的数据再现多种交通现象。

(2)对交通系统中的某些危险情况或灾难性后果，如道路交通事故的仿真研究，交通仿真是非常有效的手段。

(3)能够不断改变系统运行条件，从而预测在各种情况下道路交通系统的行为。

(4)通过交通仿真，深入地分析车辆、驾驶员、行人、道路以及交通流的特征，有效地进行交通规划、交通组织与管理等方面的研究，了解哪些变量是基本的元素，以及它们之间的相互作用。

由于交通仿真对系统模型有极强的依赖性，而要建立系统模型，就必然要对真实系统进行简化和抽象，这必然要引起某种程度上的失真，所以对仿真输出的结果要采取审慎的态度，应结合其他定性的或定量的分析方法，对真实系统的行为作出正确的推断。

第三节 宏观交通仿真方法与步骤

目前国内宏观交通仿真系统通常都是采用“四阶段”交通模型，从系统功能来看，宏观交通仿真系统主要还是应用于城市客运系统，包括道路交通、公共交通等方面，部分城市也将其应用于货运系统。随着社会的发展和科学的进步,宏观交通仿真技术作为交通规划和政府决策参考基本手段的重要性也越来越突出。

一、宏观交通仿真系统的功能特性

宏观交通仿真的根本作用是指导和支撑城市交通规划及辅助决策,且这种作用贯穿交通规划的整个过程,由宏观交通仿真系统在交通规划过程中的基础性地位不难知道其基本功能必须包括:交通需求、供应、服务水平的分析、预测和评价。这些功能决定了系统的应用范围,包括宏观层面的交通战略规划、城市和交通发展政策制定,中观层面的交通网络规划、工程立项以及微观层面的工程设计和地块开发影响等。因此,宏观交通仿真系统应具有以下功能特性以满足各种应用的要求。

1. 层次性

由于宏观交通仿真系统具有广泛的应用性,因此,需要对仿真系统进行有效分层,从而既能对整体的多模式政策和规划研究提供数据支持,也能为中观层次的子区域模型、微观层面的仿真模型提供背景需求量,此外还可以根据实际需要,提供相应数据接口给特殊子模型使用,如环境评价子模型。

2. 综合性

宏观交通仿真系统分析能力不应局限于单一系统,如公交系统,而应涵盖包括道路系统(轿车、摩托车、出租车、公交)和轨道系统(地铁、轻轨以及市郊铁路)等在内的整个城市大交通系统,同时具有不同时间段的分析能力。

3. 长期性

宏观交通仿真系统的功能并非仅仅着重于短期交通行为变化,还要能根据长期社会经济环境、土地使用变化合理推测相应的交通行为,预测其可能产生的改变和影响。

4. 政策性

宏观交通仿真系统应能分析不同交通政策的影响,如公共交通、出租车和停车费率调整等策略,停车和交通管制等措施的具体影响。

二、宏观交通仿真系统基本模型

交通系统是一个复杂的大系统,一个好的交通仿真系统既要能从总体上反映城市各部分之间的交通需求,又要能对区域模型进行细化,反映区域内部之间的出行规律。要实现这些目标必须有能帮助规划者或设计者达到系统预定目标的系统子模块。宏观交通仿真系统一般由 12 个子模型组成,分别为土地利用模型、车辆拥有模型、家庭收入模型、出行成本模型、出行生成模型、出行分布模型、方式划分模型、高峰时段模型、载客率模型、道路网分配模型、公共交通模型和方案评价模型。

1. 土地利用模型

不同的土地利用形态决定了交通发生量、交通吸引量和交通分布形态,在一定程度上决定了交通结构。土地利用模型描述了地域内部经济活动的选址行动以及作为其结果的实际土地利用的空间分布,产生将来社会经济发展、土地利用的预测和假定信息,为下一阶段交通仿真过程提供输入条件。

2. 车辆拥有模型

车辆拥有模型是宏观交通模型的重要部分,在宏观交通模型中融入交通政策和机动车拥有等因素,是决定出行生成率和方式的前提,包括三部分:有车户的预测模型、车辆数量的预测模型、车辆拥有宏观控制数据的预测模型,这些模型以家庭收入作为影响家庭拥有车辆的主要因素,同时考虑公交可达性、是否拥有地铁、停车费用等因素。

3. 家庭收入模型

家庭收入模型是用来预测未来年交通小区家庭收入分布的模型,是车辆拥有模型和出行产生模型的基础,其中收入模型的核心是收入分布模型和平均收入预测模型。为了保证得到的收入分布与宏观层次一致,将收入模型分为宏观和微观两个层次,其中宏观层次为微观层次提供总体数据,微观层次的总和分布应该与宏观层次相同,这样可以使预测的收入分布不会偏离宏观认识。

4. 出行成本模型

该模型的主要输出为分出行方式的各类成本及按一定的要求计算的分方式的综合成本,为机动车拥有、出行生成、出行分布和模式选择等模型所用,它产生的费用是否准确决定了后面模型结果的好坏。交通网络成本包含时间成本(行车时间、等车时间等)和实际费用(道路收费、公交票费等)等各层面的费用,为了把各层面的费用统一,成本模型用综合费用来表示整体费用。模型中主要有道路网络和公交网络两类综合费用。

5. 出行生成模型

出行生成包括出行产生与出行吸引两部分,其目的是求交通分区各出行目的的出行产生与吸引量。因此,出行发生模块应分为出行产生与出行吸引两个子模块分别构建与校估。生成模型可以按家庭大小和车辆拥有率(轿车、摩托车),分出行目的建立以户为单位的出行生成模型。

6. 出行分布模型

出行分布模型的目的是建立各交通分区间出行起讫分布。出行起讫分布采用广泛使用的双约束重力模型,不同分布模型之间的区别在于阻抗函数的选取和是否采用 k 系数。

7. 方式划分模型

方式划分模型目的在于预测不同交通方式市场的占有率。由于 Logit 模型能较好地反映政策变量(如方式服务水平与社会经济发展条件)对方式选择的影响,因此方式划分采用分层 Logit 模型进行构建。首先对私人机动化出行和公共交通出行进行划分,然后再细分为摩托车、私人轿车和常规公交、地铁等。

8. 高峰时段模型

为了达到对不同交通设施进行评价的目的,采用高峰时段模型将全天的出行人矩阵转换到一天的高峰时段,如早高峰、晚高峰。高峰时段转换系数从家访调查数据中得到,是区域到区域之间,分方式、分出行目的的高峰小时出行比例。

9. 载客率模型

载客率模型是将个体化出行方式如私家车、出租车以及长途客车的出行人矩阵转换为出行车矩阵,从而作为出行分配的输入。这些承载率系数将会随不同区域至区域之间,不同的出行方式以及不同的时段而变化。

10. 道路网分配模型

路网交通量分配是将方式划分结果,分配到建立完成的道路网或公交网上,以进行后续交通系统分析工作。在进行交通量分配前,必须先建立道路网络或公交网络。由于公交系统均预先排定班次,同时不会因为道路服务状况而更改路线,所以对公交交通量以预载的方式反应公交车辆对于道路容量的影响。

11. 公共交通模型

公共交通模型主要用于公共交通分配,包含轨道网络、BRT(快速公交)系统和常规公交等的客流分析与预测,为科学规划公共交通网络及公交运营组织方案提供定量支持。公共交通模型主要分为两个大部分,第一部分是公共交通子模式的划分模型,第二部分是公共交通分配模型。其中公共交通子模式划分模型采用的是分层的 Logit 模型,最上层是对轨道模式和非轨道模式两种模式运用二元 Logit 模型进行子方式划分。

12. 方案评价模型

方案评价就是从相关人员的立场出发,从经济、技术及环境的角度,通过对备选方案进行交通流预测、效益分析,阐明其达到预期规划目标的可能性,为决策者选择最佳方案提供依据。

三、宏观交通仿真基本步骤

宏观交通仿真作为城市交通规划方案分析与评价的重要手段,已在国内外得到广泛应用。目前国内外宏观交通仿真软件采用“四阶段”交通预测分析模型。针对宏观交通仿真软件的特点,系统的宏观交通仿真主要包括数据准备输入、模型建立和运行及结果分析和输出三个阶段,如图 2-1 所示。

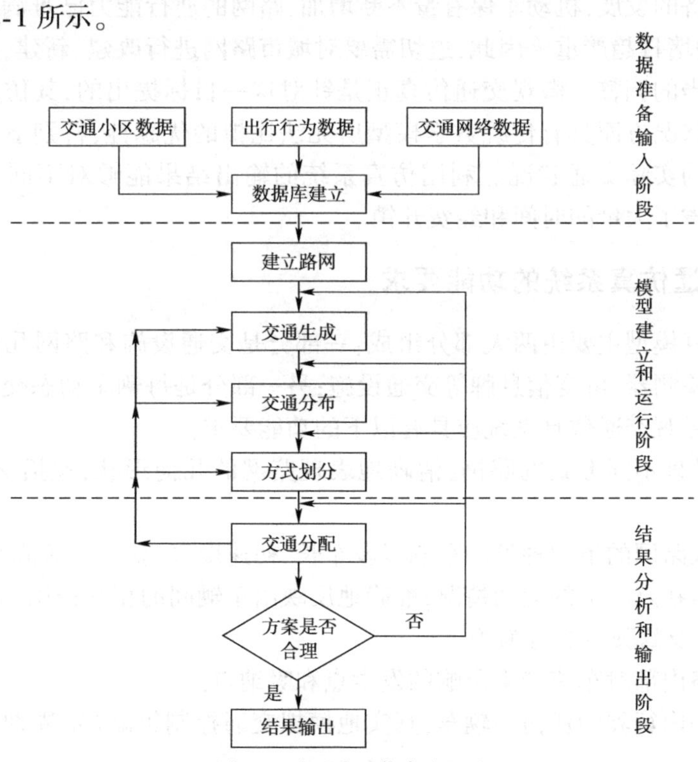

图 2-1 宏观交通仿真流程图

1. 数据准备输入阶段

这一阶段的主要任务是明确研究目的,划定系统的范围,收集基础数据并建立交通基础数据库。交通规划仿真所需数据一般包括社会经济及土地利用资料,人、机动车及货物OD资料,道路基础设施、交通量及交通管理资料等。上述各项数据收集完成后,可利用Excel和Access建立交通规划数据库作为交通需求预测、交通规划方案制定的依据。

2. 模型建立和运行阶段

这一阶段的主要内容是建立仿真路网和进行交通需求分析及预测。路网的基本元素包括节点(nodes)、路段(link)、小区(zone)、小区连接线(connector)等,建立路网的任务就是将以上元素根据实际情况在软件里实现。交通需求分析及预测主要包括社会经济发展预测、人口发展预测、交通生成预测、交通分布预测、交通方式划分预测等。

3. 结果分析和输出阶段

结果分析和输出包括交通分配和方案评价两项内容。所谓交通分配就是把各种出行方式的空间OD量分配到具体的交通网络上,模拟出行者对出行路径的选择,从而得到路段、交叉口的交通量资料。在进行了交通流量分配之后,交通仿真软件会计算出各种不同的路网参数,从而可以对路网进行定量的分析和评价。软件提供的主要参数有:路段流量、节点流量、饱和度和行程时间等。

第四节　微观交通仿真方法与步骤

随着社会经济的发展,机动车保有量不断增加,路网的通行能力已难满足交通量快速增长的需要,交通拥堵日趋严重。因此,迫切需要对城市路网进行改建、新建,并对交通管理和控制手段进行适当的调整。微观交通仿真正是针对这一目标提出的,其仿真模型在描述和评价路网交通流状况方面具有传统数学模型所无法比拟的优越性,特别适合于在计算机上精确再现路网上的实际交通状况。利用仿真系统的输出结果能够对不同设计方案进行对比、优选,从而节省了大量的时间和经费开销。

一、微观交通仿真系统的功能要求

微观交通仿真模型主要由两大部分组成:一部分是交通设施和路网几何形状的精确描述,包括信号灯、检测器、可变信息牌等交通设施;另一部分是每辆车动态交通行为的精确模拟。一个完善的微观交通仿真系统应具有以下的功能要求:

(1)建立和处理不同形式的路网,清晰地表现路网的几何形状,包括交通设施,如信号灯、车辆检测器等。

(2)产生进入路网的不同种类的车辆以及车长、初速度等,获得交通流的各种统计数据。

(3)处理车辆在路网上的运动情况,准确地反映出车辆间的相互作用,如跟驰、车道变换时的相互作用,以及驾驶员的行为等。

(4)处理网络内部对车流产生影响的发生点和吸纳点。

(5)跟踪路网内行驶的任何一辆车,真实地模拟交通控制策略(定周期、自适应、匝道控制等)。

(6)仿真先进的交通管理策略,如采用 VMS 提供的路径重定向、速度控制和车道控制等。

(7)提供与外部应用程序交互的接口。

(8)仿真动态车辆诱导,再现被诱导车辆和交通中心的信息交换。

(9)应用于一般的路网,包括城市道路和城市间的高速公路。

(10)仿真路网交通流的状况,如交通需求的变化等。

(11)仿真公共交通系统。

(12)提供结果分析的工具和图形化的交互界面。

二、微观交通仿真基本模型

微观交通仿真系统以各个车辆个体在路网上的运动为求解目标,描述目标车辆与周围交通环境的相互关系,即周围的交通环境如何导致或决定了车辆的驾驶行为。其中,交通环境包括目标车周围的车辆、道路交通基础设施和交通规则。微观交通仿真基本模型主要包括:车辆生成模型、路网描述模型、交通规则模型、信号灯控制模型、车辆行驶行为模型、路径选择模型、路口转向模型和交叉口模型等。

1. 车辆生成模型

车辆生成模型是用来解决交通流的输入问题,是整个仿真过程的起始点。模型根据路网中实际的 OD 交通量,按照一定的车头时距概率分布规律,随机地、不断地在车源处产生新的车辆。描述这种随机性分布规律的方法有两种:一种是以离散型分布为工具,考察在一段固定长度的时间或距离内到达某场所的交通数量的波动性,例如用二项分布、泊松分布、负二项分布等来描述车辆的到达;另一种是以连续型分布为工具,研究车辆间隔时间、车速、可穿越空当等交通流参数的统计分布特性,例如用韦伯尔分布、负指数分布、移位的负指数分布、爱尔朗分布等来描述车头时距的统计特性。

2. 路网描述模型

路网描述模型属于静态模型,用来表现路网的拓扑关系及道路的几何条件。为达到能够真实反映路网现状的目的,首先需要有一个尽可能接近实际情况的路网描述。因此,路网描述模型除了要反映道路的拓扑关系外,还应包括对各种道路几何条件的描述。在微观交通仿真系统中,一般用节点(表示车辆的发生/吸引点或是交叉路口)、车道(包含车道号、类型、限速、转向限制等数据成员)、路段(联结各节点的有向道路,每条路段可以包含一条或多条车道)这三个不同层次的结构体来完成路网描述。

3. 交通规则模型

交通规则从某种意义上说是对驾驶员期望驾驶行为的一种限制,是驾驶员在车道上行驶时必须遵守的规则。常见的城市交通规则主要有车道转向限制、分车道车辆类型限制、车道限速及车道优先规则等。在微观交通仿真模型中往往通过设置车道的相关驾驶行为参数来体现交通规则。

4. 信号灯控制模型

信号灯控制模型是交通仿真系统中利用信号控制机、信号灯组和信号灯来表现交通信号控制策略的模型。信号灯控制模型的实质就是对绿信比、相位差和信号配时周期等信号控制基本参数的优化。在信号灯控制模型中,信号灯组是最小的控制单元,用来描述单个相位的相位差以及红灯、绿灯、黄灯时长。一个信号控制机则包含多个信号灯组。

5. 车辆行驶行为模型

车辆行驶行为主要有两种,即跟驰行为和换道行为。车辆跟驰模型通常描述的是无法超车的同一车道中相邻车辆间的相互作用。根据研究车辆跟驰行为的动机,把车辆跟驰模型相应地分为基于交通工程的跟驰模型、基于交通心理学的跟驰模型及基于二者结合的跟驰模型。在交通网络微观模拟中,车道变换模型是除车辆跟驰模型之外的另外一个重要模型,描述车辆由于速度改变或道路行驶条件的限制而采取的变更车道的行为。车辆在路网中行驶时诱发其产生车道变换意图的原因有很多,总体上可分为强制性车道变换行为、主动性车道变换行为两种。

6. 路径选择模型

一般说来,路径选择模型是车辆根据 OD 信息选择出行总时间最短路线的模型。微观交通仿真模型中的路径选择可分为两种:一种是在出行之前就已经确定的固定路线,例如路网中的公交车辆通常采用固定路线;另一种是可以在出行过程中实时选择的可变路线,如非公交车辆一般采用这种路径选择模型。在动态路径选择模型中,车辆在每一个交叉口处都会根据一定的配流比例随机选择行驶路线,常用的交通流分配方法有最短路分配和 Logit 模型分配等。

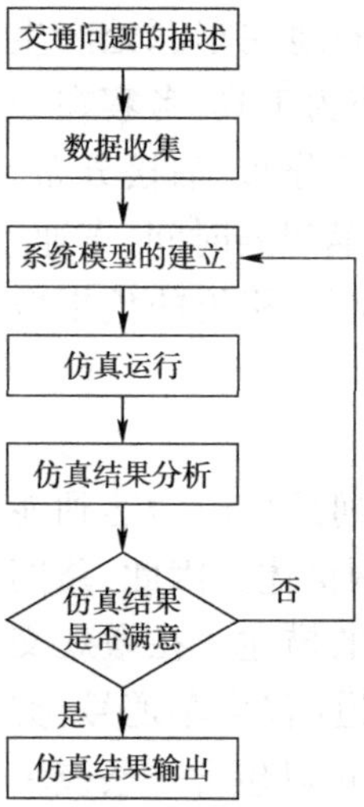

图 2-2 微观交通仿真流程图

7. 路口转向模型

微观交通仿真系统中的路口转向模型是根据车辆当前行驶方向和下一个路段行驶方向的位置关系,来确定车辆在路口的转向情况,包括左转、直行或右转。

8. 交叉口模型

车辆在交叉口受到行驶条件和交叉口管制措施的双重约束,其行驶状态与路段车辆的行驶状态有较大差别,此处车辆的跟车状态更多地表现为停车—启动状态,因此,路段的跟车模型已不适合应用于交叉口。根据交叉口区域范围的划分,交叉口模型又可分为车辆到达模型、车道选择模型和车辆驶离模型。

三、微观交通仿真基本步骤

微观交通仿真系统是一个复杂的,随机的动态变化系统,仿真系统的实现是一个循环过程,主要包括问题分析、数据采集、模型建立、参数选取、仿真运行、结果分析等过程。如图 2-2 所示为微观交通仿真的一般流程,下面对微观交通仿真基本步骤进行简单介绍。

1. 交通问题分析

交通问题分析是对交通系统进行整体分析、描述和刻画,明确研究目的,确定交通问题研究的时间与空间界限,在对交通现状要素建立仿真模型时,确定起关键作用的要素,交通流在整个仿真过程中的变化状况,交通流到达和离开系统的分布规律,交通条件是否随时间发生变化等。所有这些都是在仿真研究开始之前要明确描述的问题,只有全面、科学、细致地研究交通网络中存在的问题及近期可能发生的交通问题，并针对主要问题进行分析，找出问题产生的症结，才能正确地进行交通的微观仿真。

2. 数据的收集和处理

微观交通仿真建模所需基础数据一般包括道路几何数据（车道数、车道宽度、隔离带宽度、非机动车道宽度、车道划分以及道路交叉口的形式）、交通流特性数据（交通流量大小、交通组成、转向车流量比、车辆到达分布、车速分布、车辆的排队与消散）、交通管制数据（各交叉口信号配时、交通管理情况）等，具体视研究对象而定。数据样本量应确保满足最小样本量的要求，以便对模型进行标定和有效性检验。数据处理方式通常包括计算均值和方差、确定数据的分布形式和相互关系、进行回归分析和单位转换等。

3. 仿真模型的建立

微观交通仿真是通过静态路网描述模型、交通生成模型、动态驾驶行为模型等，模拟车辆在不同道路和交通条件下的运行状况，并以动态形式显示出来。从仿真技术应用角度，仿真模型的建立因研究对象及所用仿真软件的不同而略有差异。一般来说，首先是路网的建立，然后是交通流特性的输入及交通规则、信号控制方案的设置，最后是仿真模型的校准、验证及测试。

4. 仿真参数的选取

微观交通仿真系统根据不同的区域、不同的交通现状、不同的评价目标选择不同的仿真参数，以获取最佳仿真结果。在仿真过程当中，可以设置若干测试断面和测试路径，记录测试所得的流量、断面车速、路段行程时间、损失时间、停车次数等指标，然后与实测结果相比较，不断调整仿真模拟的参数，以保证微观模型的准确性。

5. 仿真运行

仿真程序的运行依赖于随机数，采用不同随机种子的运行可以看作是对系统总体的不同观测。为确保仿真输出结果可靠，需采用不同的随机种子进行多次仿真，道路交通仿真一般待系统运行稳定以后开始记录仿真结果，同一项目一般要运行三次以上，取各次运行结果的平均值为最终结果。

6. 仿真结果分析

仿真结果主要是仿真后的统计数据，包括瞬时分布统计，如：点速度、车头时距、排队分布、停车次数等，以及区段分布统计，如：行车延误、行程时间、平均行驶车速、超车率等。提取不同方案的仿真结果，分析比较各个可能措施的交通影响和投资，排除一些不可行、效益不明显的或因投资太大和周期太长不宜实现的方案，最后形成若干可行的、效益显著的、效益投资比令人满意的方案。方案的比选阶段必须同所涉及的单位进行方案的说明、讨论及修改，然后根据各方要求再进行系统模拟，提交仿真结果，直至最优方案的确定。

复习思考题

1. 交通仿真可分为哪几类？宏观仿真与微观仿真的特点是什么？
2. 简述交通仿真的原理及优点。

3. 宏观交通仿真系统有哪些基本模型？简述宏观交通仿真基本步骤。

4. 微观交通仿真基本模型有哪些？简述微观交通仿真基本步骤。

参考文献

[1] Jong Wan Kin,Byeong Man Kin. A GA-Based Fuzzy Traffic Simulation for Crossroad Management[J]. IEEE,0-7803-6657-3/01/ $ 10.00,2001.

[2] Raj S G haman,Li zhang,Gene McHale and Charlie Stallard. The Role of Traffic Simulation in Traffic Signal Control System Development[J]. IEEE,2003,872-877.

[3] Gunar Schorcht,Ulrich Freund,Horst Salzwede,l Harald Keller. A Hierarchical Object-Oriented Global Traffic Model for Simulation of Mobile Satellite Communication Networks[J]. IEEE,0-7803-4298-4/97/ $ 10.00,1997,288-292.

[4] 陈进才. 基于 Agent 技术的智能交通线控系统仿真环境研究[J]. 计算机应用研究, 2003,68-70.

[5] 严飞,潘明阳,曹晓东,等. Agent 技术在交通仿真中的应用[J]. 电脑开发与应用, 2003-8,16:31-33.

[6] 廖明军,王凯英,关宏志. 基于交通仿真的交叉口渠化设计[J]. 北华大学学报,2003,8(2):175-177.

[7] 钱大琳,魏丽英,等. 信号交叉口混合交通微观仿真理论与方法[M]. 北京:中国铁道出版社,2006.

[8] 王静波. 微观交通仿真系统和交通流的混沌性研究[D]. 北京:北京邮电大学,2005.

[9] 隋亚刚,郭敏,等. 道路交通组织优化与仿真评价理论与方法[M]. 北京:人民交通出版社,2009.

[10] 刘运通,石建军,熊辉. 交通系统仿真技术[M]. 北京:人民交通出版社,2002.

[11] 裴玉龙,张亚平,等. 道路交通系统仿真[M]. 北京:人民交通出版社,2004.

[12] 隽志才. 交通系统建模与仿真[M]. 北京:科学出版社,2011.

[13] 崔建明. 道路交通系统仿真研究与实现[D]. 成都:西南交通大学,2006.

[14] 邓兴栋. 城市宏观交通仿真系统架构与关键技术研究[D]. 广州:华南理工大学,2010.

[15] 陆化普. 交通规划理论与方法[M]. 北京:清华大学出版社,2006.

[16] 王炜,陈学武. 交通规划[M]. 北京:人民交通出版社,2007.

[17] 童毅,刘琪,杨锦冬. 基于 VISUM 宏观仿真的交通影响分析方法及实例[J]. 中国市政工程,2007(4):15-17.

[18] 商蕾,陆化普. 城市微观交通仿真系统及其应用研究[J]. 系统仿真学报,2006,18(1):221-224.

[19] 任鹏. 微观交通仿真模型研究[C]. 第一届中国智能交通年会论文集. 上海,2005,925-930.

[20] 雷斌,曾伟. 车辆产生仿真模型[J]. 计算机与数字工程,2005,33(10):127-129.

[21] 胡婷. 面向快速路交织区的微观交通仿真模型标定研究[D]. 北京:北京交通大学,2010.
[22] 杨嘉,孙剑. 微观交通仿真流程及其应用[J]. 城市交通,2010,8(5):79-83.
[23] 王震远,冷传才. 城市道路交通微观仿真研究[J]. 北京建筑工程学院学报,2002,18(4):86-90.

第三章　道路设施建模

本章要求：本章介绍了构建仿真车辆运动的基本环境，主要包括道路模型、交叉口模型和交通设施模型等内容。要求了解路段构成的基本要素，掌握两种常用的路段模型建立方法，掌握交叉口模型的分类并能够熟练对其几何特征、车辆运动轨迹和各方向车辆间的冲突进行设置，了解标志标线、安全设施、信号灯和检测器等道路辅助设施仿真内容。

第一节　路 段 建 模

路段是构成交通设施的最基础要素，本节将介绍路段的基本构成和常见的路段仿真方法。一种是基于车道组的方法，一种是基于道路总体的方法。前者的优点是灵活，缺点是操作相对复杂；后者的优点是操作快捷，缺点是不够灵活，在仿真复杂或非典型道路时仿真失真程度较大。

一、路段构成

同一条道路可能存在多个不同的横断面。两交叉口之间的道路一般可由一个或多个路段构成，同一个路段由一条或多条车道组成。一般情况下，城市道路的路段包括机动车道、非机动车道、人行道和隔离带等，公路包括机动车道、路肩等。如图 3-1 所示的是一个较典型的城市道路路段，以该图中交叉口东侧进口路段为例，最西侧在交叉口处路段起于人行横

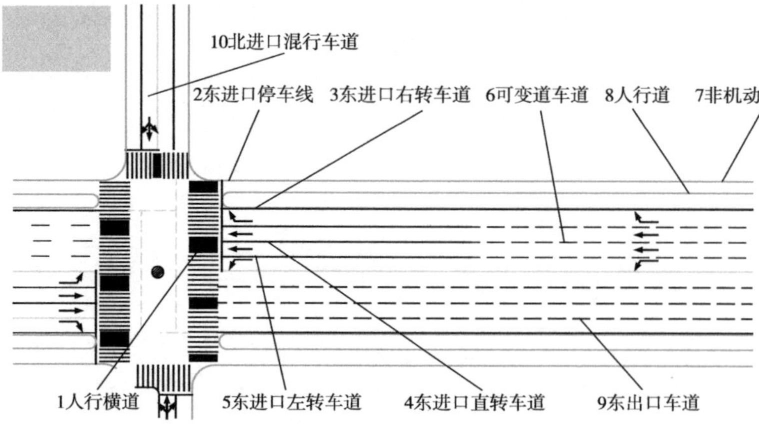

图 3-1　城市道路一般路段组成

道,然后向东为停车线。在停车线东侧由南至北依次为机动车道、隔离带、非机动车道和人行道,其中机动车道在接近交叉口处分为左、直、右三种专用车道,在专用车道东侧为可变道车道。表 3-1 说明了图 3-1 中路段构成要素的基本含义。

路段基本要素说明 表 3-1

编号	名称	含义
1	人行横道	用于提供行人安全过街的标线,如图 3-1 中"人行横道"所示
2	停车线	车辆进入交叉口前遇到当红灯亮起时,车辆必须在该线前等待绿灯,如图 3-1 中"东进口停车线"所示
3	左转车道	在车流进入交叉口前,如果左转车辆较多,必须开辟一条或多条专供左转车辆通行的车道,如图 3-1 中"东进口左转车道" 所示
4	直行车道	在车流进入交叉口前,如果直行车辆较多,必须开辟一条或多条专供直行车辆通行的车道,如图 3-1 中"东进口直行车道" 所示
5	右转车道	在车流进入交叉口前,如果右转车辆较多,必须开辟一条或多条专供右转车辆通行的车道,如图 3-1 中"东进口右转车道" 所示
6	可变道车道	当路段为非单车道,在路段渠化之前车辆可以在车道之间自由变道,车道间的车道线为虚线,此时路段称为可变道车道
7	非机动车道	非机动车道分自行车道和人行道
8	人行道	道路中用路缘石或护栏及其他类似设施加以分隔的专供行人通行的部分
9	出口车道	供交叉口内车辆驶离交叉口的车道,如图 3-1 中"东出口车道"所示
10	混行车道	同时承担多个交通流向(左转、右转和直行等)的车道,如图 3-1 中"北进口混行车道"所示

二、路段模型建立方法一

应用车道组方法生成路段是一种常见的道路形式,该方法被交通仿真系统 VISSIM 采用。这种方法将图 3-1 中所示的东进口路段中各个要素定义为车道组,再用连接器将各个车道组连接,从而完成对整个路段的描述。描述东进口路段需要定义的车道组包括人行横道、机动车右转车道、机动车直行车道、机动车左转车道、机动车混行车道、非机动车道、人行道和隔离带。可以通过对各个车道组属性的设定,来描述整个路段的属性。由于采用多个车道组进行拼接,所以这种方法有很强的灵活性,对于一些如图 3-2 所示的畸形道路仿真时有很强的描述能力,对系统的仿真细化程度较高。

这样对路段的仿真问题被分解为对车道组的仿真问题,描述车道组属性的参数有车道数、车道宽度、车道长度、坡度、路段高度和车辆限制等。VISSIM 中设置车道组的界面如图 3-3 所示。由于翻译等原因,其汉语版本将车道组定义为路段。其主要属性含义如下:

(1)编号:对路段进行识别的唯一标志。

(2)名称:标志和注释车道组。

(3)路段长度:该路段纵向上的距离,通常以 m 为单位。

(4)车道数:每个方向上路段的车道数量。

(5)车道宽度:路段上每条车道的宽度。

（6）路段坡度：路段起止点的高度差与其水平距离的比值，参数反映车辆的加减速能力。

（7）路段高度：从基部至某一任选高处的距离，仅在3D显示时生效，包含起始高度和终点高度。

（8）车道限制：为达到仿真效果，车道通常会对某一种或某一类车辆进行限制。

图3-2　畸形路段

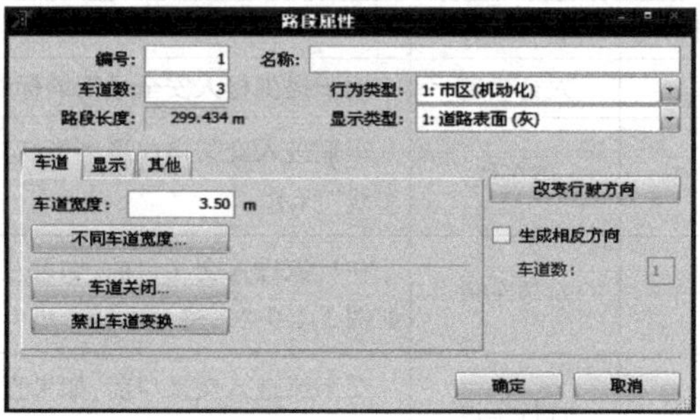

图3-3　VISSIM中的车道组属性窗口

三、路段模型建立方法二

由于方法一操作较为复杂，在构建大规模路网时工作量较大。有些交通仿真软件，如Synchro等采用另外一种方法构建道路，即将两交叉口间的整个路段看作一个整体，通过对整体设置一些参数来完成对路段的描述和仿真。采用这种方法可在短时间内构建较大规模路网。由于从理论上讲路段有无限种可能的几何形式，但描述路段的参数是有限的，所以对于一些畸形或非常见的路段形式，这种方法的仿真失真程度较高。本书以Synchro为例，说明在应用这种方法描述路段时会设置哪些参数。图3-4是Synchro软件道路属性窗口，图3-5是其地图窗口。

LANE WINDOW	EBL	EBT	EBR	WBL	WBT	WBR	NBL	NBT	NBR	SBL	SBT	SBR
Lanes and Sharing (#RL)												
Ideal Satd. Flow (vphpl)	1900	1900	1900	1900	1900	1900	1900	1900	1900	1900	1900	1900
Lane Width (ft)	12	12	12	12	12	12	12	12	12	12	12	12
Grade (%)	—	0	—	—	0	—	—	0	—	—	0	—
Area Type	—	Other	—	—	Other	—	—	Other	—	—	Other	—
Storage Length (ft)	250	—	250	250	—	250	200	—	0	200	—	0
Storage Lanes (#)	1	—	1	1	—	1	1	—	—	1	—	—
Total Lost Time (s)	3.0	3.0	3.0	3.0	3.0	3.0	3.0	3.0	3.0	3.0	3.0	3.0
Leading Detector (ft)	0	0	0	0	0	0	0	0	—	0	0	—
Trailing Detector (ft)	0	0	0	0	0	0	0	0	—	0	0	—
Turning Speed (mph)	15	—	9	15	—	9	15	—	9	15	—	9
Right Turn Channelized	—	—	None	—	—	None	—	—	None	—	—	None
Curb Radius (ft)	—	—	—	—	—	—	—	—	—	—	—	—
Add Lanes (#)	—	—	—	—	—	—	—	—	—	—	—	—
Lane Utilization Factor	1.00	1.00	1.00	1.00	1.00	1.00	1.00	1.00	—	1.00	1.00	—
Right Turn Factor	1.000	1.000	0.850	1.000	1.000	0.850	1.000	0.979	—	1.000	0.975	—
Left Turn Factor (prot)	0.950	1.000	1.000	0.950	1.000	1.000	0.950	1.000	—	0.950	1.000	—
Saturated Flow Rate (prot)	1770	1863	1583	1770	1863	1583	1770	1824	—	1770	1816	—
Left Turn Factor (perm)	0.219	1.000	1.000	0.200	1.000	1.000	0.200	1.000	—	0.167	1.000	—
Right Ped Bike Factor	1.000	1.000	1.000	1.000	1.000	1.000	1.000	1.000	—	1.000	1.000	—
Left Ped Factor	1.000	1.000	1.000	1.000	1.000	1.000	1.000	1.000	—	1.000	1.000	—
Saturated Flow Rate (perm)	408	1863	1583	373	1863	1583	373	1824	—	311	1816	—
Right Turn on Red	—	—	Yes	—	—	Yes	—	—	Yes	—	—	Yes
Saturated Flow Rate (RTOR)	0	0	111	0	0	111	0	23	—	0	28	—
Headway Factor	1.00	1.00	1.00	1.00	1.00	1.00	1.00	1.00	1.00	1.00	1.00	1.00

图3-4　道路属性窗口

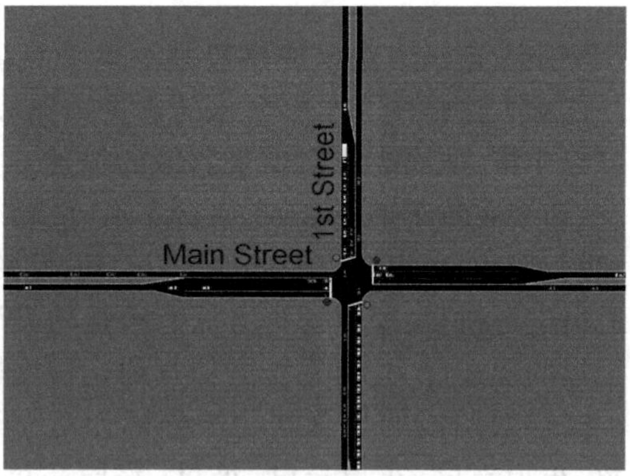

图3-5　地图窗口

从图3-5中可以看到，在图3-4中一个道路属性窗口中共设置了一个交叉口的四条道路，由于其设置的范围较大，所以对道路的描述相对粗略。其主要属性及含义如下：

（1）对应车道的方向：输入车道组车道的数量。每一个车道组有0～8个车道数可供选择，也可通过下拉菜单下的配置进行匹配。

（2）理想饱和流率：在一次连续的绿灯信号时间内，进口道上一列连续车队能通过进口道停车线的最大流量，单位是pcu/h。

(3)车道宽度:输入车道组的平均车道宽度,单位为 m。车道的宽度影响饱和流率的大小。

(4)坡度:临近交叉口边坡的角度表示。上坡时为正,下坡时为负。

(5)所在地区类别:有“中心商业区”和“其他地区”两种类型。

(6)总损失时间:在一次信号周期内,任何方向车辆实际上都不能通行的时间,属信号损失时间,包括绿灯间隔时间和启动损失时间。

(7)头检测器位置:在下拉菜单下可以输入检测器到停车线的距离。

(8)尾检测器位置:在下拉菜单下可以输入检测器到停车线的距离。

(9)转弯车速:输入进入交叉口需要转弯的机动车的车速。

(10)右转导流控制方式:有无控制、停车和遵守信号等选择。

第二节　交叉口仿真

交叉口将道路相互连结起来构成路网,是多向交通流集中的地方。交叉口可分为两种基本形式:平面交叉口和立体交叉口。平面交叉口按照管控方式可分为信号交叉口、无信号交叉口、环形交叉口三类。交叉口是路段之间连接的桥梁,交叉口模型的好坏直接影响仿真的效果。交叉口仿真主要包括对其几何特征、车辆运动轨迹和各方向车辆间的冲突进行设置等内容。

一、无信号交叉口仿真

无信号交叉口仿真时主要涉及车辆在交叉口内的运动轨迹和冲突点的处理两个问题。本节以十字交叉口为例,分析各车流主要运动轨迹和冲突点情况,如图 3-6 所示。图 3-7 是在 VISSIM 仿真系统中设置轨迹和冲突点后的效果。

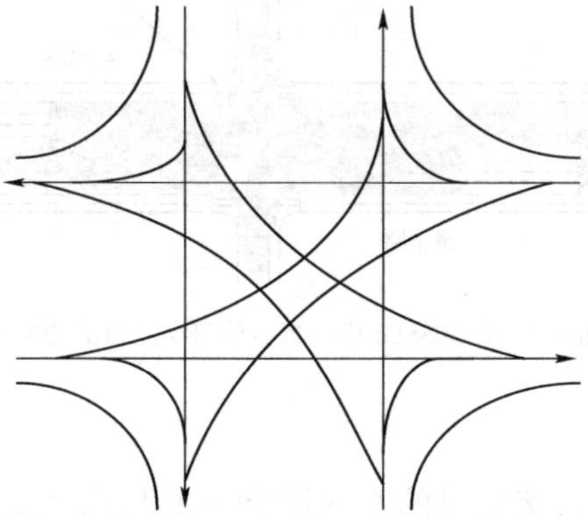

图 3-6　无信号交叉口车辆运动轨迹与主要冲突点

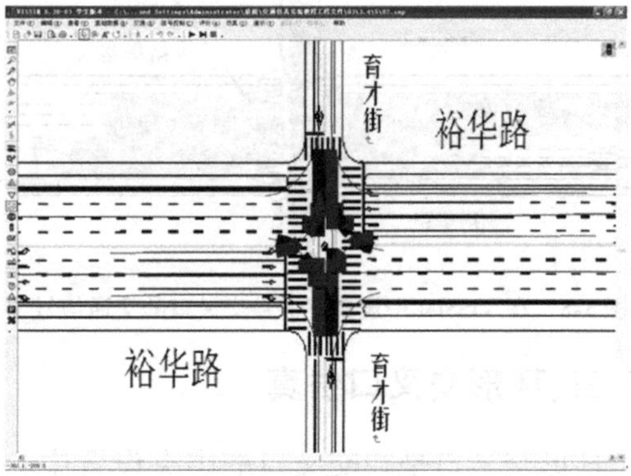

图 3-7　在 VISSIM 中设置无信号交叉口车辆运动轨迹与主要冲突点

十字型交叉口进口道主要有三个流向:左转,右转与直行。各流向对应的进、出口道如表 3-2 所示。其在交叉口内的轨迹如图 3-6 所示。由于各个方向的进口道处于同一平面内,因此车流在运动时会产生冲突。如南进口左转车流在行进的过程中先后与东进口左转、西进口左转和北进口直行车流有冲突。如何处理这些冲突,是仿真交叉口的重要内容。无信号十字交叉口处理交通冲突有两种方法:主路优先式和自由式。

(1)主路优先交叉口。是指主路车辆有优先通行权,可直接通过交叉口,其运行状况和路段相同;次路车辆到达交叉口必须减速或停车等待,观察主路车辆提供的空当,并利用这些空当穿越交叉口。

(2)自由式十字型交叉口。是指当相交的两条道路无明显的主、次之分时,车流经过交叉口时具有明显的车队特征,即两路车流以车队形式交替通过冲突点,穿越通过交叉口。

车道功能 表3-2

出口车道 / 进口车道	东出口道	南出口道	西出口道	北出口道
东进口道	—	左转车道	直行车道	右转车道
南进口道	右转车道	—	左转车道	直行车道
西进口道	直行车道	右转车道	—	左转车道
北进口道	左转车道	直行车道	右转车道	—

二、有信号交叉口仿真

对有信号交叉口进行仿真,与无信号交叉口基本相同。不同的是无信号交叉口主要靠设置冲突点的让行规则将相互冲突的车流隔离,而有信号交叉口将大部分冲突用交通信号在时间上隔离,所以所需要设置的冲突点较少。以 VISSIM 仿真系统为例,如图 3-8 所示,在该示例中设置了 3 相位信号,1 相位为东西直行和右转,2 相位为东西左转,3 相位为南北通行,交通信号分离了大部分冲突,只剩南北方向相对的直行和左转的冲突没有分开,所以只需设置 2 处冲突点让行规则即可,如图 3-9 所示。

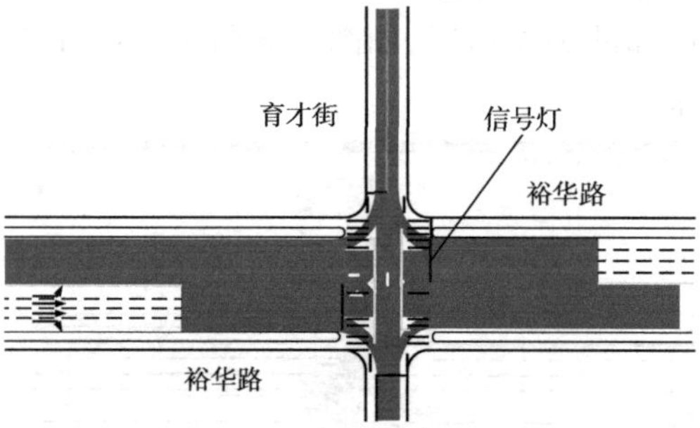

图 3-8 在 VISSIM 中设置有信号交叉口的交通信号

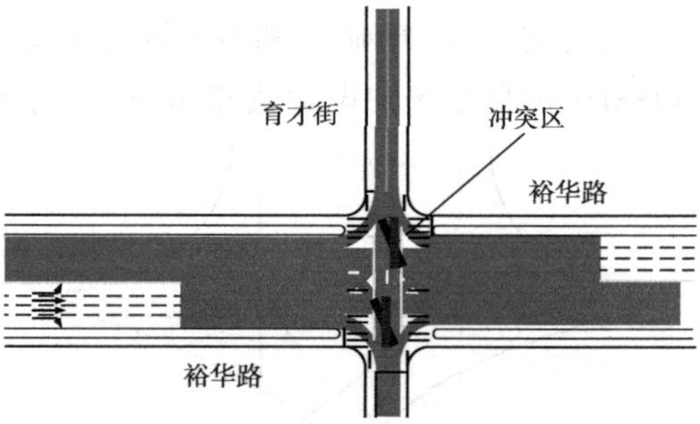

图 3-9 在 VISSIM 中设置有信号交叉口的冲突区

三、环形交叉口仿真

环形交叉口是在交叉口的中央设置中心岛,进入交叉口的车辆围绕中心岛做逆时针单向行驶,到达所要去的出口驶出交叉口,其车流的运行原理如图 3-10 所示。以南进口至东出口路段为例,南进口流入车辆要进入环形交叉口车道,而原环形交叉口内车流有一部分要从东出口流出,从而在南进口和东出口间形成一个交织区。

在对环岛进行仿真时,主要是对交织区进行设置。图 3-11 中是在 VISSIM 中进行设置的情况,以东南部交织区为例,是通过设置 2 个冲突区和 1 个路段进行的。冲突区 1 如图 3-11 所示,为南进口车流与环内车流相冲突,环内车辆优先。冲突区 2 为环内车流与东出口车流冲突,出口车流优先。交织区中间部分通过设置环形路段完成。在4个交织区应分别设置离开环岛的车流具有优先权。图3-12是Synchro仿真环岛的情况。在该软件中,系统默认参数较多,无需进行详细设置。

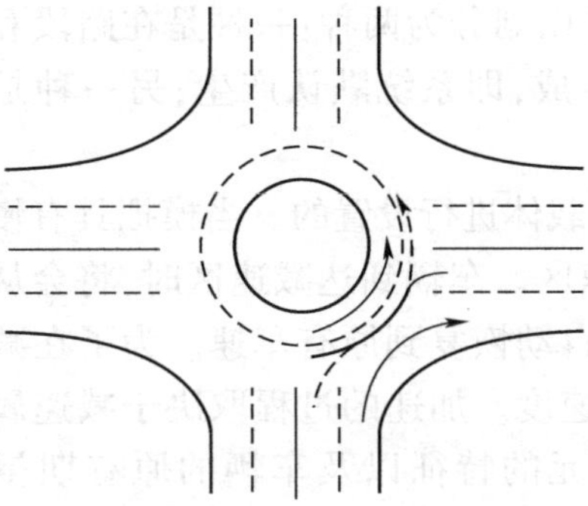

图3-10　环形交叉口的交通流示意图

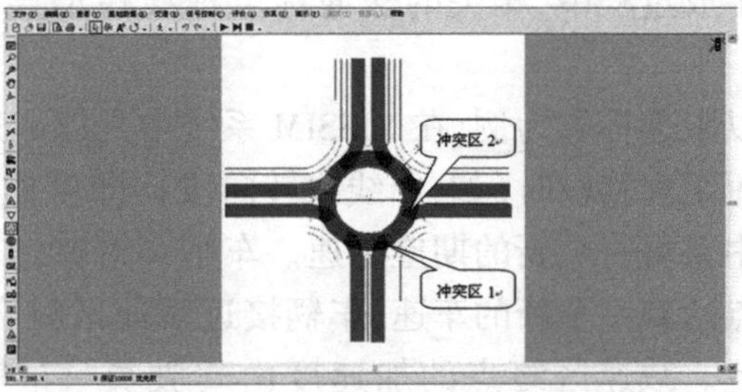

图3-11　应用VISSIM仿真环形交叉口

四、立交仿真

立体交叉(简称立交)是指道路与道路、道路与铁路相互交叉时,用跨线桥或地道使两条路线在不同的水平面上通过的交叉形式,如图3-13所示。由于各方向车流在不同高程的平面上行驶,消除或减少了冲突点,从而提高了行车速度和通行能力。立体交叉口按相交道路的跨越方式可划分为上跨式和下跨式,按其交通功能可划分为分离式立体交叉口和互通式立体交叉口两大类。

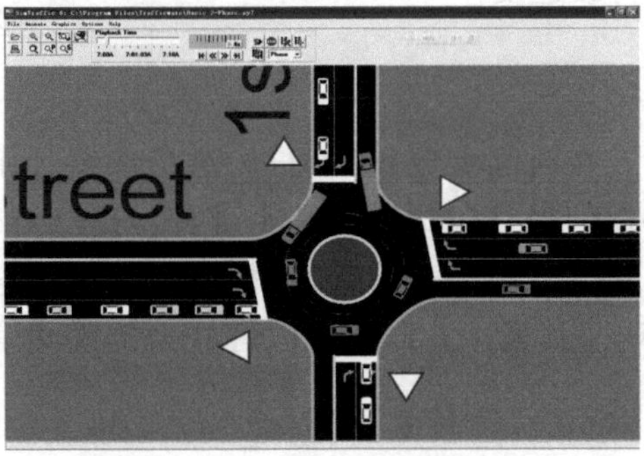

图3-12　应用Synchro仿真环形交叉口

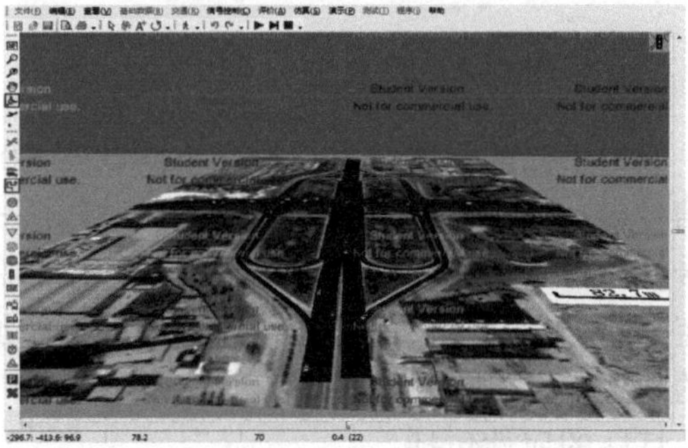

图3-13　立交桥仿真

立交的仿真过程中应主要注意以下两个方面:立交路段坡度,能够改变车辆的加减速能力和多种特性;立交的冲突区域,由于立交的几何特性,将主要车流在空间上隔离,冲突点大大减少,但在一些必要的分、汇流点,依然要依据情况设置冲突点。

第三节　道路辅助设施仿真

道路设施仿真除了路段仿真、交叉口仿真外,还包括标志标线、安全设施、信号灯和检测器等道路辅助设施仿真。本节介绍几种常见的交通辅助设施仿真,以说明这类设施的仿真方法。

一、交通标志标线模型

交通标志标线仿真是在交通仿真系统中针对不同种类标志标线的位置、尺寸、形状和功能等方面进行仿真。交通标志标线模型按生成方式可以划分为两种:一种是在路段和交叉口的生成过程中,相关的交通标志标线模型会自动生成,即系统默认产生;另一种是人工添加。

以限速标志为例,在 VISSIM 系统中是以减速区为载体进行设置的。当模拟具有慢速特征的短距离路段时(如:曲线或转向段),即可使用减速区。车辆到达减速区时,将会从车速分布中获得一个新的期望车速。车辆离开减速区后,自动恢复到原有车速。为了在减速区的起点达到一个新的车速,车辆接近减速区时会减慢速度。加速的过程取决于减速属性值的设置。减速区终点的加速度由驾驶员—车辆—单元的特征以及车辆的原有期望车速决定。

减速区设置主要包括以下属性:

(1)减速区编号。

(2)减速区名称,标志或注释。

(3)减速区的长度。

(4)减速区车道,即减速区所在路段、连接器的车道编号。

(5)位置:减速区开始位置(路段/连接器坐标)。

(6)时间:定义减速区激活的时间间隔。

(7)期望车速:在该减速区内仿真车辆的目标行驶速度。

二、信号灯静态模型

交通信号的设置是为了指挥不同的车辆或行人在时间上分先后通过,避免冲突。用灯光信号显示控制命令,就成了交通信号灯。一个 3D 信号灯包括以下几个部分:灯柱,灯臂,信号灯和标志。在编辑状态下可以对灯柱的高度、外观式样、直径以及灯柱底部的高程进行设定,同时可对灯臂、信号灯和标志等进行添加和调节其属性。以下仅以灯柱为例说明信号灯的设置属性。

灯柱的属性包括:

(1)灯柱的编号。

(2)灯柱的外观式样。

(3)灯柱高度。

(4)灯臂长度。

(5)灯柱的直径。

(6)灯柱的高程。

三、检测器模型

现实中的交通流检测可以使用多种方法,包括线圈、视频摄像和雷达等。在交通仿真系统中也可以使用虚拟检测器检测车流仿真的各种参数。

虚拟检测器一般可以包含以下属性:

(1)检测器编号。

(2)检测器名称。

(3)信号控制机:联系检测器与信号控制机。

(4)检测器的长度:可以确定检测范围。

(5)类型:包括标准检测器,脉冲检测器,存在检测器和公共交通监测点等。

复习思考题

1. 路段仿真主要有哪两种方法?其优缺点各是什么?
2. 无信号交叉口仿真应主要注意什么问题?
3. 道路辅助设施仿真常见的有哪些?并简述其属性。

参考文献

[1] 裴玉龙,张亚平. 道路交通系统仿真[M]. 北京:人民交通出版社,2004.

[2] 吴娇蓉. 交通系统仿真及应用[M]. 上海:同济大学出版社,2002.

[3] 刘运通,石建军,熊辉. 交通系统仿真技术[M]. 北京:人民交通出版社,2002.

[4] 罗霞,刘澜,高世廉. 交通管理与控制[M]. 北京:人民交通出版社,2008.

[5] 徐吉谦,陈学武,任福田,等. 交通工程总论[M]. 北京:人民交通出版社,2009.

[6] 陆键,张国强,马永峰,等. 公路交通安全设计理论与方法[M]. 北京:科学出版社,2011.

[7] 陆键,张国强,项乔君,等. 公路平面交叉口交通安全设计指南[M]. 北京:科学出版社,2011.

[8] 张树升,张晓燕. 无信号交叉口冲突与延误的研究[J]. 西安公路学院学报,1989,7(3):61-68.

[9] 廖爱国,韩可胜,李光耀,等. 城市混合交通微观仿真系统构架设计[J]. 计算机工程与设计,2006,27(9):1681-1684.

第四章　交通生成模型

本章要求：掌握车辆到达分布中的泊松分布，并能熟练拟合车辆到达分布情况。掌握车头时距分布中的负指数分布及韦布尔分布，并能拟合道路上实际车辆的车头时距分布。在进行交通系统仿真研究时，首先需要考虑的是道路上交通流的输入问题，因此，交通生成模型是交通系统仿真中最基本的模型。在现实的交通流中，车辆到达具有随机性，当我们对这样一个系统进行仿真研究时，必须确定实际道路中车辆到达分布与相应的车头时距分布情况，因此，本教材中重点描述车辆的到达分布模型和车头时距分布模型两种。

第一节　车辆到达分布模型

在建立交通仿真模型时，必须考虑道路上车辆到达的分布情况，这一情况往往是离散型分布。因此，离散型分布常用于对一定的时间间隔内随机到达的车辆数情况进行描述，同时也可用于描述一定的路段上分布的车辆数。常见的离散型分布有泊松分布、二项分布、负二项分布，其中以泊松分布最简单，使用最广泛。

一、泊松分布

1. 适用条件

车流密度不大，车辆间相互影响较微弱，其他外界干扰因素基本不存在，即车流到达是随机的。

2. 基本公式

$$P(x) = \frac{(\lambda t)^x}{x!}e^{-\lambda t} \qquad x = 0,1,2\cdots \tag{4-1}$$

式中：$P(x)$——在计数间隔 t 内到达 x 辆车的概率；

λ——平均到车率（辆/s）；

t——每个计数间隔持续的时间（s）；

e——自然对数的底。

若令 $m = \lambda t$——在计数间隔 t 内平均到达的车辆数，则 m 又称为泊松分布的参数。

利用基本公式可得到递推公式：

$$P_0 = e^{-m}$$

$$P_{x+1} = \frac{m}{x+1} P_x \tag{4-2}$$

3. 参数估计

用泊松分布拟合观测数据时，参数 m 按下列公式计算：

$$m = \frac{\text{观测的总车辆数}}{\text{总周期数}} = \frac{\sum_{i=1}^{n} x_i f_i}{\sum_{i=1}^{n} f_i} = \frac{1}{N} \sum_{i=1}^{n} x_i f_i \tag{4-3}$$

式中：n——观测数据的分组数；

f_i——观测周期 t 内到达 i 辆车发生的频率；

N——观测的总周期数。

方差可按下式计算：

$$s^2 = \frac{1}{N-1} \sum_{i=1}^{n} (x_i - m)^2 \tag{4-4}$$

由概率论可知，泊松分布的均值 M 与方差 D 都等于 λt，即 $D/M = 1$。当观测数据表明 D/M 显著地不等于1.0时，表明泊松分布不适用。

【例4-1】 设60辆车随机分布在4km长的道路上，求任意400m路段上有4辆及4辆车以上的概率。

解：把公式(4-1)中的 t 理解为计算车辆数的空间间隔，则本例中在空间上的分布服从泊松分布：

$$t = 400\text{m}, \Lambda = 60/4(\text{辆/千米}), \text{m} = \Lambda t = 6(\text{辆/400m})$$

$$P_0 = \frac{6^0}{0!} e^{-6} = 0.002\,5$$

$$P_1 = \frac{6}{1} P_0 = 0.014\,9$$

$$P_2 = \frac{6}{2} P_1 = 0.044\,6, P_3 = \frac{6}{3} P_2 = 0.089\,2$$

不足4辆车的概率为：

$$P(<4) = \sum_{i=0}^{3} P_i = 0.151\,2$$

4辆车及4辆以上的概率为：

$$P(\geqslant 4) = 1 - P(<4) = 0.848\,8$$

本例中的各项概率可不必通过计算，直接查泊松分布的有关数表而得出。

【例4-2】 某信号灯交叉口的周期 $C = 97\text{s}$，有效绿灯时间 $G = 44\text{s}$，在有效绿灯时间内排队的车辆以 $S = 900$(辆/h)的流量通过交叉口，在有效绿灯时间外到达的车辆要停车排队。设信号灯交叉口上游车辆的到达率 $Q = 369$(辆/h)，服从泊松分布，求使到达车辆不致两次排队的周期能占的最大百分率。

解：由于车辆只能在有效绿灯时间内通过，所以一个周期能通过的最大车辆数 $A = GS = 44 \times 900/3\,600 = 11$(辆)，如果某周期到达的车辆数 N 大于11辆，则最后到达的 N—11辆车就不能在本周期内通过而发生两次排队。在泊松分布公式中：

$$M=\frac{369\times 97}{3\ 600}=9.9(\text{辆/周期})$$

查累积的泊松分布表可得到达车辆大于11辆的周期出现的概率为：

$$P(>11)=0.29$$

不发生两次排队的周期最多占71%。

本例的车流如果按每周期10辆均匀到达，则任何车辆最多在本周期排一次队就能通过交叉口，实际车流的到达是时疏时密的，使绿灯时间不能充分利用。这样，从平均角度看来每周期都能顺畅通过的车流实际上却会遇到一些不顺畅的周期，由此可看出概率分布的理论和方法是怎样揭示出车流运行的内在规律的。

二、二项分布

1. 适用条件

适用于描述高流量，即车流处于拥挤状态，车辆行驶的自由度小，较为均匀地通过的交通流。

2. 基本公式

$$P(x)=C_n^x\left(\frac{\lambda t}{n}\right)^x\left(1-\frac{\lambda t}{n}\right)^{n-x}\qquad x=0,1,2,\cdots,n \tag{4-5}$$

式中：$P(x)$ ——在计数间隔 t 内到达 x 辆车的概率；

λ ——平均到达率；

t ——每个计数间隔持续的时间或距离；

n ——正整数。

其中，通常记 $p=\frac{\lambda t}{n}$，则二项分布可写成：

$$P(x)=C_n^x p^x(1-p)^{n-x}\qquad x=0,1,2,\cdots,n \tag{4-6}$$

式中：$0<p<1$，n，p 常称为分布参数。

用式(4-5)可计算在计数间隔 t 内恰好到达 x 辆车的概率。除此之外，还可以计算：

到达数小于 x 的概率：

$$P(<x)=\sum_{i=0}^{x-1}C_n^i p^i(1-p)^{n-i} \tag{4-7}$$

到达数大于 x 的概率：

$$P(>x)=1-\sum_{i=0}^{x}C_n^i p^i(1-p)^{n-i} \tag{4-8}$$

其余类推。

递推公式：

$$P_{i+1}=\frac{n-i}{i+1}\cdot\frac{P}{1-P}\cdot P_i$$

3. 参数估计

用二项分布进行拟合时，参数 p 值和 n 值分别按公式(4-9)计算：

$$p = \frac{m - s^2}{m}$$

$$n = \frac{m}{p} = \frac{m^2}{m - s^2} \qquad n\text{ 取正整数} \tag{4-9}$$

式中的 m 和 s^2 分别由式(4-3)、式(4-4)确定。

由此可得：均值 $M = np$；方差 $D = np(1-p)$。显然有 $D < M$，即 $D/M < 1$，这是二项分布与泊松分布的显著区别，它表征二项分布到达的均匀程度高于泊松分布。当观测数据表明 D/M 显著大于 1.0 就是二项分布不适合的表征。

【例 4-3】 在某条道路上，上午高峰期间，以 15s 间隔观测到达车辆数，得到的结果列入表 4-1，试用二项分布拟合之。

用二项分布拟合交通拥挤车辆到达的数据表　　表 4-1

车辆到达数 N	<3	3	4	5	6	7	8	9	10	11	12	>12
包含 N 的间隔出现的次数	0	3	0	8	10	11	10	11	9	1	1	0

解：$m = \frac{1}{N}\sum_{i=1}^{N}\chi_i = \frac{3\times3+4\times0+\cdots+12\times1}{3+0+\cdots+1} = \frac{478}{64} = 7.469$

$$S^2 = \frac{1}{N-1}\sum_{i=1}^{N}(\chi_i - m)^2 = \frac{1}{N-1}\left(\sum_{i=1}^{N}\chi_i^2 - Nm^2\right)$$

$$= \frac{1}{64-1}(3^2\times3+4^2\times0+\cdots+12^2\times1-64\times7.69^2) = 3.999$$

因 $s^2 < m$，用二项分布拟合是合适的，用式(4-9)可计算出分布的两个参数：

$$p = \frac{m - s^2}{m} = \frac{7.469 - 3.999}{7.469} = 0.465$$

$$n = \frac{m}{p} = \frac{7.469}{0.465} = 16.08\text{，取 } n = 16$$

因此，拟合表 4-1 数据的二项分布的分布函数为：

$$p_k = C_k^{16}\cdot 0.465^k\cdot 0.535^{n-k}$$

上述经 χ^2 检验符合二项分布。

三、负二项分布

1. 适用条件

当到达的车流波动性很大，或者当以一定的计算间隔观测到达的车辆数而其间隔长度一直延续到高峰期间与非高峰期间两个时段时，所得数据就可能会具有较大的方差，此时应使用负二项分布拟合观测数据。

2. 基本公式

$$P(x) = C_{x+k-1}^{k-1}p^k(1-p)^x \qquad x = 0,1,2\cdots \tag{4-10}$$

式中：p、k——负二项分布参数；

$0<p<1$，k——正整数，其余符号意义同前。

同样地，用式(4-10)可计算在计数间隔 t 内恰好到达 x 辆车的概率。到达数大于 x 的概

率可由下式计算:

$$P(x) = 1 - \sum_{i=0}^{x} C_{x+k-1}^{k-1} p^k (1-p)^x \tag{4-11}$$

其余类推。

递推公式:

$$P(0) = p^k$$

$$P(x) = \frac{x+k-1}{x}(1-p)P(x-1) \qquad x \geqslant 1 \tag{4-12}$$

3. 参数估计

当用负二项分布拟合观测数据时,利用 p、k 与均值、方差的关系式,用样本的均值 m、方差 s^2 代替 M、D,则参数 p、k 可由下列关系式估算(k 值计算结果取整):

$$\begin{aligned} p &= \frac{m}{s^2} \\ k &= \frac{m^2}{(s^2 - m)} \end{aligned} \tag{4-13}$$

式中观测数据的均值 m 和方差 s^2,按式(4-3)、式(4-4)计算。

由概率论可知,负二项分布的均值 $M = k(1-p)$,方差 $D = k(1-p)/p^2$,因此 $M < D$,即 $D/M > 1$。因此,$\frac{s^2}{m}$显著小于 1 时就是负二项分布不适合的表征。

【例 4-4】 某信号灯交叉口,绿灯时间约有 80% 的车辆可直接通过,而有 20% 的车辆产生延误。今有观测资料若干,需计算 5 辆车中可直接通过 4 辆的概率是多少?不发生延误的车辆是多少?

解:已知 $k = 4, n = 5, x = n - k = 1, p = 0.8$

$$P(x) = \frac{(x+k-1)!}{(k-1)!x!} p^k (1-p)^x = \frac{4!}{3!}(0.8)^4(0.2)^1 = 0.328$$

故 5 辆车中可直接通过 4 辆的概率为 33%,不发生延误的车辆平均为 $N = \frac{1}{0.33} = 3$ 辆。

四、拟合优度检验——χ^2 检验

当把理论分布与一组试验数据之间的各种拟合进行比较时,要求有一些拟合的质量评价法,即拟合优度检验。在交通工程学中,常用的是 χ^2 检验(Chi – SOUARE TEST),可读作“卡方”检验。

χ^2 检验主要解决下面两类问题。

第一类是某随机变量 x 是否服从某完全给定的概率分布?

这里所谓“完全给定的概率分布”是指,不仅给出概率分布的函数式,而且还给出该分布所有各参数的值。

第二类某随机变量是否服从某种形式的概率分布?

这里只指定呈什么形式分布(如泊松分布),但并不给出该分布的参数(如泊松分布的 M 值),此时,只好从样本资料去估计该分布的参数。

1. χ^2 检验的原理与方法

首先假设观测数据列具有某种分布特性 H_0,如泊松分布、负指数分布等。选取统计量 χ^2 表示观测样本与总体分布的差异,由此建立实际频率与理论频率之间的关系。在确定显著水平 α 的条件下计算统计量 χ^2。比较 χ^2 的计算值与临界值 χ^2_α,如果 $\chi^2 \leqslant \chi^2_\alpha$,则假设的分布 H_0 被接受,否则被拒绝。若原假设的分布被否定,则重新假设分布,再重复上述的检验。

(1)基本方法

选取统计量 χ^2:

$$\chi^2 = \sum_{i=1}^{g} \frac{(f_i - F_i)^2}{F_i} = \sum_{i=1}^{g} \frac{f_i^2}{F_i} - \sum_{i=1}^{g} f_i \tag{4-14}$$

当样本数 $n \geqslant 50$ 时

$$\sum_{i=1}^{n} f_i = N$$

则

$$\chi^2 = \sum_{i=1}^{g} \frac{f_i^2}{F_i} - N \tag{4-15}$$

式中:f_i——第 i 组观测值的频数;

F_i——第 i 组期望值;

g——观测值的分组数;

n——观测数;

N——观测值的总数。

(2)统计量 χ^2 的临界值的确定

χ^2 的临界值是据不同的显著水平 α 和自由度 DF 来确定的。应用中可根据 α 和 DF 值查 χ^2 分布表求得。如表 4-2 所示。

χ^2 分布表 表 4-2

DF \ α	0.10	0.05	0.02	0.01	0.001
1	2.706	3.841	5.412	6.635	10.828
2	4.605	5.991	7.824	9.210	13.816
3	6.251	7.815	9.837	11.345	16.266
4	7.779	9.488	11.668	12.277	18.467
5	9.236	11.070	13.388	15.068	20.515
6	10.645	12.592	15.033	16.812	22.458
7	12.017	14.067	16.622	18.475	24.322
8	13.362	15.507	18.168	20.090	26.125
9	14.684	16.919	19.679	21.666	27.877
10	15.987	18.307	21.161	23.209	29.588

续上表

DF \ α	0.10	0.05	0.02	0.01	0.001
11	17.275	19.675	22.618	24.715	31.264
12	18.549	21.026	24.054	26.217	32.909
13	19.812	22.362	25.472	27.688	34.528
14	21.064	23.685	26.873	29.141	36.123
15	22.307	24.996	28.259	30.578	37.697
16	23.542	26.296	29.633	32.000	39.252
17	24.769	27.587	30.995	33.409	40.790
18	25.989	28.869	32.346	34.805	42.312
19	27.204	30.144	33.687	36.191	43.820

(3)显著水平与自由度的确定

显著水平(SINGNIFICANCE LEVEL)是"弃真"或"存伪"的概率,以"α"表示,在交通工程中常用的为 $\alpha=5\%$。就是说在假设成立的前提下,有5%的数值可出现在本应接受而被舍弃的"弃真"的概率,或者本应放弃而被接受的"存伪"的概率。

自由度 DF(DEGREE OF FREEDOM)表示公式中参数的个数,计算公式为:

$$DF = g - \alpha - 1 \tag{4-16}$$

式中:g——观测值的分组数;

α——所假设的分布中参数的个数。

2. χ^2 检验的步骤

根据数理统计理论,任何假设检验都应有下列步骤:

(1)建立原假设 H_0

假设某时段车辆到达或车头间距完全符合某种概率分布。计算得:

$$P_k = P_0, P_1, P_2, \cdots, P_j$$

(2)计算分布 H_0 的理论频数:

$$F_i = F_0, F_1, F_2, \cdots, F_j$$

(3)计算统计量 χ^2:

按公式 $\chi^2 = \sum_{i=1}^{g} \frac{(f_i - F_i)^2}{F_i}$ 求得 χ^2 计算值。

(4)确定 α 与 DF,(表4-3)

常用统计分布的 α 与 DF 值 表4-3

分布	α	DF
泊松分布	1	$g-2$
二项分布	2	$g-3$
负二项分布	2	$g-3$
正态分布	2	$g-3$
均匀分布	0	$g-1$

(5)确定χ^2临界值

根据α和DF查表4-2即可得χ^2临界值χ^2_α。

(6)推断统计分布是否成立

若$\chi^2 \leqslant \chi^2_\alpha$,则原假设成立;反之,原假设不成立。

【例4-5】 表4-4所列为某观测现场的车流量数据,时间间隔划分为1min,试检验其分布规律是否符合泊松分布?(假设显著性水平为5%)

计算参数表　　表4-4

组序号	每分钟到达的车辆数χ_i	出现x_i的次数f_i	累计车辆数$x_i f_i$
1	0	0	0
2	1	9	9
3	2	6	12
4	3	9	27
5	4	11	44
6	5	9	45
7	6	5	30
8	7	1	7
9	≥8	0	0
		$\Sigma=50$	$\Sigma=174$

解:1. 假设车流分布符合泊松分布,计算P_i

首先应注意n≥50,由上表可知$\sum_{i=1}^{n} f_i=50$,可满足要求。

求均值:

$$m=\frac{\sum_1^9 x_i f_i}{\sum_1^9 {}_i}=\frac{174}{50}=3.48(\text{辆}/\text{min})$$

算得$e^{-m}=e^{-3.48}=0.0310$

根据泊松公式计算P_i:

$$P_0=\frac{m^0 e^{-m}}{0!}=\frac{3.48^0 e^{-3.48}}{0!}=0.0310$$

$$P_1=\frac{3.48^1 e^{-3.48}}{0!}=0.1079$$

同理可得:

$$P_2=0.1877,$$

$$P_3=0.2177\cdots\cdots$$

按分布计算理论频数F_i

因为$F_i=nP_i$

所以$F_0=nP_0=50\times0.3100=1.55$

$$F_1 = nP_1 = 50 \times 0.1079 = 5.4 \cdots\cdots$$

同理可得：

$$F_2 = 9.39, F_3 = 10.89 \cdots\cdots$$

$$F_{\geq 8} = n - \sum_{i=0}^{7} F_i = 50 - 49.02 = 0.98$$

2. 按式(4-14)计算χ^2，首先应注意 nP_i 不要太小的要求，一般不小于5，据此要求，需将以上计算得到的 F_i 中某些小于5的值加以合并，重新分组，一般分为7～9组，将合并后的各组有关数值列表(表4-5)计算如下：

χ^2 计 算 值　　表4-5

组号	x_i	f_i	P_i	n	F_i	$f_i - F_i$	$\chi^2 = \frac{(f_i - F_i)^2}{F_i}$
1	0 1	9	0.1389	50	7.0	2	0.57
2	2	6	0.1877	50	9.4	−3.4	1.23
3	3	9	0.2177	50	10.9	−1.9	0.33
4	4	11	0.1894	50	9.5	1.5	0.24
5	5	9	0.1318	50	6.6	2.4	0.87
6	6 7	6	0.1345	50	6.7	0.7	0.07
Σ		50			50		3.31

由上表计算得χ^2 计算 $=3.31$

3. 根据 DF 和 α 查表4-2得χ^2_α

由表4-3查得泊松分布的 $\alpha=1$，$DF=g-2$，故 $DF=4$

又已知 $\alpha=0.05$

据 $DF=4$ 和 $\alpha=0.05$ 查表4-2得$\chi^2_\alpha=9.488\approx 9.49$

4. 推断分布是否成立

因$(\chi^2=3.31)<(\chi^2_\alpha\approx 9.49)$

所以原假设成立。

故调查资料符合泊松分布。

【例4-6】 用二项分布拟合观测数据。

某条公路上，上午高峰期间，以15s间隔观测到达车辆数，得到的结果见表4-6。试求其统计分布并检验。

解：

$$m = \frac{478}{64} = 7.469$$

$$S^2 = \frac{3822}{63} - \frac{478^2}{64 \times 63} = 3.999$$

$$\frac{S^2}{m} = \frac{3.999}{7.469} = 0.535$$

由于$\frac{S^2}{m}<1$,考虑用二项分布拟合。

$$p=\frac{7.469-3.999}{7.469}=0.465$$

$$n=\frac{7.469}{0.465}=16.08,\text{取}16$$

$$\chi^2=65.02-64.0=1.02$$

$$DF=6-3=3,\text{取}\alpha=0.05$$

查表4-2,$\chi_\alpha^2=7.815>1.02$

故调查数据符合二项分布。

用二项分布拟合交通拥挤到达车辆的数据　　表4-6

组序号	每一时间间隔到达车辆数	观测数据			二项分布			泊松分布		
		观测频数 f_i	$f_i x_i$	$f_i x_i^2$	理论频数 F_i		$\frac{f_i^2}{F_i}$	理论频数 F_i		$\frac{f_i^2}{F_i}$
1	<3	0	0	0	0.30	10.65	11.36	1.3	8.5	1.08
2	3	3	9	27	1.07			2.5		
3	4	0	0	0	3.01			4.7		
4	5	8	40	200	6.27			7.1		9.01
5	6	10	60	360	9.98		10.02	8.8		11.37
6	7	11	77	539	12.36		9.79	9.4		12.87
7	8	10	80	640	12.07		8.29	8.8		11.37
8	9	11	99	891	9.31		13.00	7.3		16.58
9	10	9	90	900	5.66	9.63	12.56	5.4		15.00
10	11	1	11	121	2.68			3.7	8.7	0.46
11	12	1	12	144	0.97			2.3		
12	>12	0	0	0	0.32			2.7		
总计	64	478	3 822	64.0		—	65.02	64.0	—	77.72

若用泊松分布拟合,得到

$$\chi^2=77.72-64.0=13.72$$

$$DF=8-2=6,\text{取}\alpha=0.05$$

$$\text{查表}4\text{-}2,\chi_\alpha^2=12.592<13.72$$

由此可见,这组数据不符合泊松分布。

【例4-7】 在某城市道路信号灯下游处,以信号灯周期30s为间隔观测到达的车辆数,得到表4-7所列结果,试求其分布并检验。

解:

$$m=\frac{368}{120}=3.067$$

$$\frac{S^2}{m}=\frac{4.063}{3.067}=1.323$$

由于$S^2/m>1$,考虑用负二项分布拟合。

$$p=\frac{3.067}{4.063}\approx 0.755$$

$$k=\frac{3.067^2}{4.063-3.067}=9.44,\text{取}\ k=10$$

$$\chi^2=126.4-120.0=6.4$$

$$DF=8-3=5,\text{取}\ \alpha=0.05$$

查表4-2,$\chi_\alpha^2=11.07>6.4$

故这组数据符合负二项分布。

用统计分布拟合以30s间隔观测达到车辆数据 表4-7

序号	每一时间间隔到达车辆数 χ_i	观测数据			二项分布			泊松分布		
		观测频数 f_i	$f_i\chi_i$	$f_i\chi_i^2$	理论频数 F_i		$\frac{f_i^2}{F_i}$	理论频数 F_i		$\frac{f_i^2}{F_i}$
1	0	9	0	0	7.2		11.3	5.6		14.5
2	1	16	16	16	17.6		14.6	17.2		14.9
3	2	30	60	120	23.9		37.7	26.3		18.0
4	3	22	66	198	23.4		20.7	26.9		18.0
5	4	19	76	304	18.6		19.4	20.6		17.5
6	5	10	50	250	12.7		7.9	12.6		7.9
7	6	3	18	108	7.8		1.2	6.5		
8	7	7	49	343	4.3			2.8	10.8	18.1
9	8	3	24	192	2.3	8.8	13.7	1.1		
10	≥9	1	9	81	2.2			0.4		
总计		120	368	1 812	120.0	—	126.4	120.0	—	125.1

若用泊松分布拟合,得到:

$$\chi^2=125.1-120.0=5.1$$

$$DF=7-2=5\ ,\text{取}\ \alpha=0.05$$

查表4-2,$\chi_\alpha^2=11.07>5.1$

因此,这组数据也符合泊松分布,其分布函数为:

$$P(x)=\frac{(3.067)^x e^{-3.067}}{x!}$$

例题4-6说明,泊松分布的适应范围很宽。采用何种分布区拟合观测数据,不能单凭s^2/m的值,主要依据χ^2检验确定。当两种分布经检验都可以接受时,通常采用较简单的形式。在该例中,取泊松分布较好。

第二节　车头时距分布

车流到达的统计规律除了可用离散分布来描述外,还可用车头时距分布来描述,这种分布属于连续型分布。常见的车头时距连续型分布有负指数分布、移位负指数分布、爱尔朗分布及韦伯分布。

一、负指数分布

1. 适用条件

负指数分布用于描述有充分超车机会的单列车流和密度不大的多列车流的车头时距分布。它常与泊松分布相对应,即当道路上的车辆达到服从泊松分布时,车辆的车头时距服从负指数分布。

2. 基本公式

$$P(h > t) = e^{-\lambda t} \tag{4-17}$$

式中:$P_{(h>t)}$ ——到达的车头时距 h 大于 t 秒的概率;

　　λ ——车流的平均到达率(辆/s)。

负指数分布的基本公式可以用泊松分布公式推导出来。设车流对于任意的间隔时间 T,其到达分布均服从泊松分布,则对任意 t,如果在 t 内无车辆到达,则连续达到两辆之间的时差必大于 t,换言之:

$$P_0 = e^{-\lambda t} = P(h > t)$$

设车流的流量为 Q (辆/h),则 $\lambda = Q/3\,600$,于是基本公式可改写成:

$$P(h > t) = \exp(-\frac{Q}{3\,600})$$

负指数分布一般适用于描述有充分超车机会的单列车流和密度不大的多列车流的车头时距分布,它常与计数的泊松分布相对应。

由式(4-4)不难推出负指数分布的概率密度函数为

$$P(t) = \frac{d}{dt}[1 - P(h > t)] = \lambda e^{-\lambda t} \tag{4-18}$$

3. 参数计算

负指数分布的总体均值:

$$m = T = \frac{1}{\lambda}$$

负指数分布的总体方差

$$s^2 = t^2 = \frac{1}{\lambda^2}$$

$P_{(t)}$ 的图像如图 4-1 所示,曲线是单调下降的,说明车头时距愈短,其出现的概率愈大。这种情形在不能超车的单列车流中是不可能出现的。因为车辆的车头至车头的间距至少为一个车长,所以车头时距必有一个大于零的最小值 T。这说明负指数分布的不适应性。

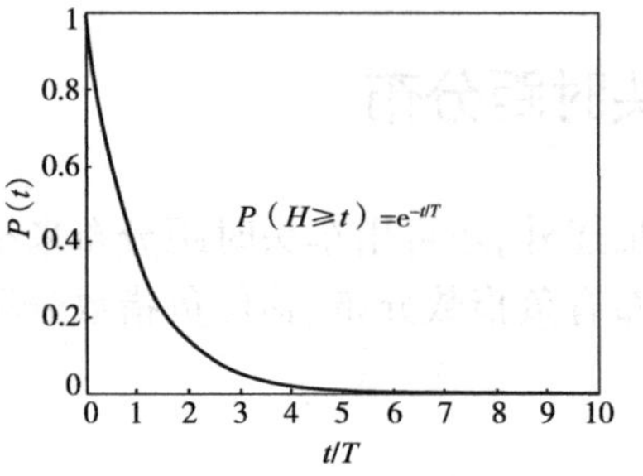

图 4-1　$P_{(t)}$ 图($T=1$)

【例 4-8】　在交通量 $Q=1\ 200$ 辆/h 的道路上,求车头时距为 15s ~ 21s 所占的比例。

解:

$$T=\frac{3\ 600}{1\ 200}=3\mathrm{s}$$

$$t_1=15\mathrm{s}\quad \frac{t_1}{T}=5$$

$$t_2=21\mathrm{s}\quad \frac{t_2}{T}=7$$

$$\begin{aligned}P(15<h<21)&=P(h<21)-P(h<15)\\&=(1-e^{-7})-(1-e^{-5})=0.005\ 8\end{aligned}$$

二、移位负指数分布

1. 适用条件

移位负指数分布用于描述不能超车的单列车流和车流量低的车流的车头时距分布。

2. 基本公式

$$P(h>t)=e^{-\lambda(t-\tau)}\qquad (t\geqslant\tau)\tag{4-19}$$

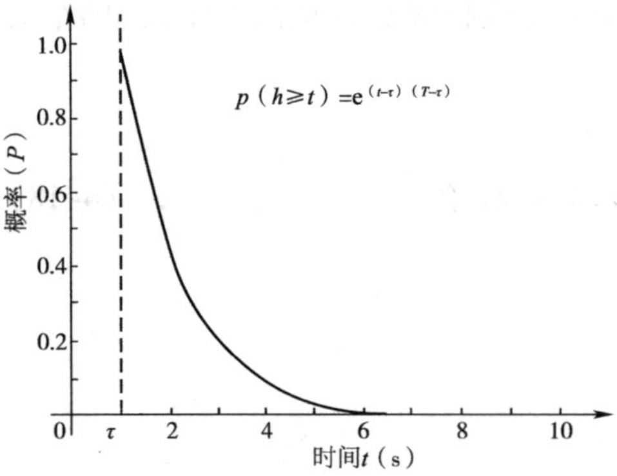

图 4-2　移位负指数概率密度函数图

式中:其概率密度函数为,函数图如图 4-2 所示:

$$p(t)=\begin{cases}\dfrac{1}{T-\tau}e^{-\frac{t-\tau}{T-\tau}} & t\geqslant\tau\\0 & t<\tau\end{cases}\tag{4-20}$$

其中:$T=1/\lambda$

分布的期望值和方差分别为:

$$M=\frac{1}{\lambda}+\tau$$

$$D=\frac{1}{\lambda^2}$$

3. 参数估计

用移位负指数分布拟合观测数据时,参数 λ 估值的计算与负指数分布中的方法相同。参数 τ 估值取实测数据中最小的车头时距值,通常 $\tau=1.0\sim1.5$s。

服从移位负指数分布的车头时距,愈接近 T,其出现的可能性愈大。这在一般情况下是不符合驾驶员的心理习惯和行车特点的。从统计角度看,具有中等反应灵敏度的驾驶员占大多数，他们行车时是在安全条件下保持较短的车间距离，只有少部分反应特别灵敏或较冒失的驾驶员才会不顾安全去追求更短的车间距离。因此，车头时距分布的概率密度曲线一般总是先升后降的。为了克服移位负指数分布的这种局限性，可采用其他更为通用的连续型分布，如韦布尔分布、爱尔朗分布等。

三、韦布尔分布

1. 适用条件

布尔分布适用范围广泛，当负指数分布、移位负指数分布不能拟合实测的车头时距时，可选用韦布尔分布。另外，速度的分布也可用韦布尔分布来描述。

2. 基本公式

$$P(h \geqslant t) = \exp\left[-\left(\frac{t-\gamma}{\beta-\gamma}\right)^{\alpha}\right] \quad \gamma \leqslant t < \infty \tag{4-21}$$

式中：β、γ、α——分布参数，取正值，且 $\beta > \gamma$；

γ——起点参数；

α——形状参数；

β——尺度参数。

显然，负指数分布和移位负指数分布是韦布尔分布的特例，韦布尔分布曲线如图4-3所示。

韦布尔分布的概率密度函数为：

$$p(t) = \frac{\mathrm{d}[1-P(h \geqslant t)]}{\mathrm{d}t} = \frac{1}{\beta-\gamma}\left(\frac{t-\gamma}{\beta-\gamma}\right)^{\alpha-1}\exp\left[-\left(\frac{t-\gamma}{\beta-\gamma}\right)^{\alpha}\right] \tag{4-22}$$

$$C_s = \frac{\sum_{i=1}^{n}(t_i-m)^3}{(n-3)S^3} = \frac{\sum_{i=1}^{g}(t_i-m)^3 f_i}{(n-3)S^3}$$

3. 参数估计

(1)计算所观测车头时距 t 的样本均值 m 和方差 S^2，并计算样本分布的偏倚系数 C_S：

(2)由 C_s 查韦布尔分布拟合用表，得 $1/\alpha$、$B_{(\alpha)}$、$A_{(\alpha)}$，可计算出 α；

(3)由 $\beta = m + S \cdot A_{(\alpha)}$，$\gamma = \beta - S \cdot B_{(\alpha)}$，得出 β、γ 的估计值，即可建立韦布尔分布。

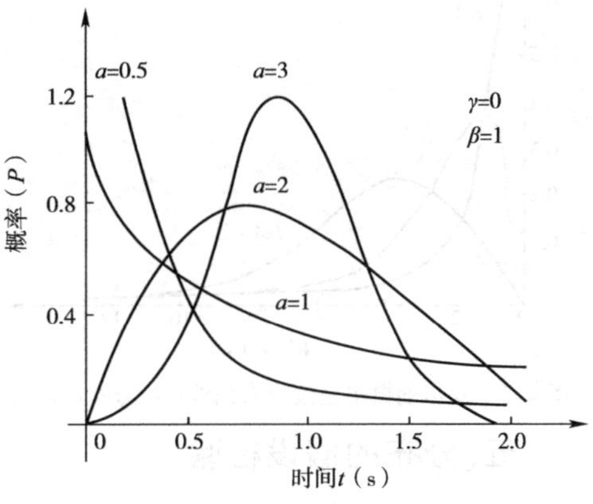

图4-3　韦布尔分布曲线

韦布尔分布适用范围较广，交通流中的车头时距分布、速度分布等一般都可用韦布尔分布来描述。实践也表明，对具有连续型分布的交通流参数进行拟合，韦布尔分布常常具有与皮尔逊Ⅲ型分布、复合指数分布、对数正态分布和正态分布同样的效力。韦布尔分布拟合步骤不复杂，分布函数也比较简单，因此，当使用最简单的复制时分布或移位负指数分布不能拟合实测数据时，选用韦布尔分布来拟合是很好的选择之一。

四、爱尔朗分布

1. 适用条件

爱尔朗分布也是较为通用的描述车头时距、速度等交通流参数分布的概率分布模型，分布函数中参数“l”可以反映自由车流和拥挤车流之间的各种车流情况。l 值越大，车流越拥挤，驾驶员自由行车越困难。因此，l 值是非随机性程度的粗略表示，即车流的非随机性程度随 l 值的增加而增加。

2. 基本公式

根据 l 值的不同，分布函数有不同的形式，分布曲线如图4-4所示，累积的爱尔朗分布可写成如下形式：

$$P(h \geqslant t) = \sum_{i=0}^{l-1} (\lambda l t)^i \frac{e^{-\lambda l t}}{i!} \tag{4-23}$$

当 $l = 1$，简化为负指数分布

当 $l = 2$，$P(h \geqslant t) = \left[1 + \left(\frac{lt}{T}\right)\right] e^{-klt}$

当 $l = 3$，$P(h \geqslant t) = \left[1 + \left(\frac{lt}{T}\right) + \left(\frac{lt}{T}\right)^2 \frac{1}{2!}\right] + e^{-klt}$

当 $l = 4$，$P(h \geqslant t) = \left[1 + \left(\frac{lt}{T}\right) + \left(\frac{lt}{T}\right)^2 \frac{1}{2!} + \left(\frac{lt}{T}\right) \frac{1}{3!}\right] + e^{-klt}$

爱尔朗分布的概率密度函数为：

$$p(t) = \lambda e^{-\lambda t} \frac{(\lambda t)^{l-1}}{(l-1)!} \qquad l = 1,2,3,\cdots \tag{4-24}$$

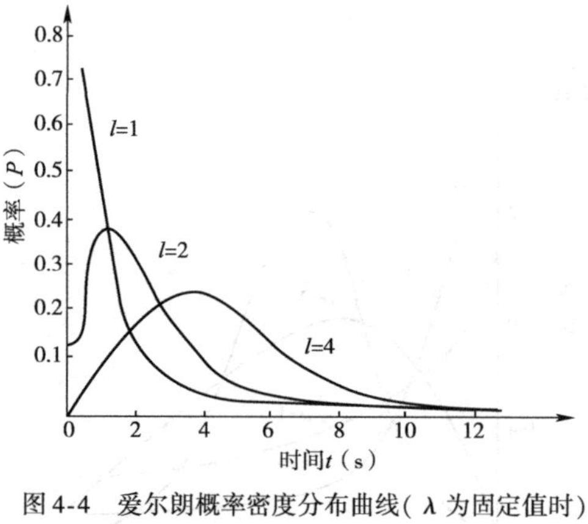

图4-4 爱尔朗概率密度分布曲线（λ 为固定值时）

若 $l = 1$，则表示为负指数分布，若 $l \to \infty$，表示车流均匀到达，车头时距相同，此时说明车辆间相互制约程度增大，已处于饱和的边缘。因此，l 的取值大小可以反映从畅行车流到拥挤车流的各种车流运行状态。

3. 参数估计

参数 l 由观测数据的均值 m 和方差 s^2 估计：

$$l = \frac{m^2}{s^2}$$

注：四舍五入取正整数。

五、分布的假设检验

连续型的分布检验也可以用 χ^2 检验来进行假设检验。

实际问题中，大量碰到的是负指数分布和移位负指数分布。对于这两种情况，可以用描点法进行检验。

当假设为负指数分布时，对式(4-17)取对数，得到：

$$\ln[P(h \geqslant t)] = -\lambda t$$

当假设为移位负指数分布时，对式(4-19)取对数，得到：

$$\ln[P(h \geqslant t)] = -\frac{t}{T-\tau} + \frac{\tau}{T-\tau}$$

以上两式在半对数坐标上为一条直线，观测值的分布越靠近该条直线，表明拟合的越好。

【例4-9】 在一条多车道公路上连续观测了50辆车的车头时距，数据经分组后列入表4-8。试用爱尔朗分布拟合这组数据并检验。

用爱尔朗分布拟合车头时距观测数据　表4-8

车头时距中值 T (s)	观测频数	累计频数	累计频率(%)	$f_i t_i$	$f_i t_i^2$	理论累计频率	理论累计频数	理论频数	$\frac{f_i^2}{F_i}$
0.5	10	50	100	5.0	2.50	100	50	11.2	8.929
1.5	18	40	80.0	27.0	40.50	77.6	38.8	15.4	21.038
2.5	9	22	44.0	22.5	56.25	46.9	23.4	10.7	7.570
3.5	8	13	26.0	21.0	73.50	25.4	12.7	6.2	5.808
4.5	3	7	14.0	13.5	60.75	13.0	6.5	3.3	7.538
5.5	3	4	8.0	16.5	90.75	6.4	3.2	1.7	
6.5	1	1	2.0	6.5	42.25	3.0	1.5	0.8	
≥7.5	0	0	0.0	0.0	0.00	1.4	0.7	0.7	
总计	50	—	—	112.0	366.50	—	—	50.0	50.882

解：先确定爱尔朗分布参数。

$$m = \frac{\sum_{i=1}^{8} f_i t_i}{\sum_{i=1}^{8} f_i} = \frac{112}{50} = 2.24$$

$$S^2 = \frac{\sum_{i=1}^{8} f_i t_i^2}{N-1} - \frac{(\sum_{i=1}^{8} f_i t_i)^2}{N(N-1)} = \frac{366.5}{49} - \frac{112^2}{50 \times 49} = 2.36$$

$$l = \frac{m^2}{S^2} = \frac{2.24^2}{2.36} = 2.13 \quad 取\ l = 2$$

于是，分布函数为：

$$P(h \geqslant t) = (1 + 0.89t)\mathrm{e}^{-0.89t}$$

其计算值见表4-8。

用χ^2检验拟合度：

$$\chi^2 = (\sum_{i=1}^{5} \frac{f_i^2}{F_i}) - \mathrm{N} = 50.882 - 50.0 = 0.882$$

$$DF = 5 - 3 = 2, \text{取} \alpha = 0.05$$

查表，$\chi^2 = 5.991 > 0.882$

因此，这组数据满足 $l = 2$ 的爱尔朗分布。

第三节　VISSIM 软件中的交通生成模型

在 VISSIM 交通仿真软件中，在进行交通生成模型参数设定之前要对宏观交通流特性参数包括车型分类、交通量组成、流量输入、路径选择等进行设置，一般过程如下所示：

1. 车型分类

VISSIM 采用分级体系来定义车型分类，即车辆分级—车辆类别—车辆类型。车辆类型（VEHICLE TYPES）：是分级体系中最底层。指具有相似的技术特性和物理驾驶行为的一组车。例如 CAR1、CAR2、LGV、HGV、BUS、TRAM、BIKE、PEDESTRIAN 等，如图 4-5 所示。

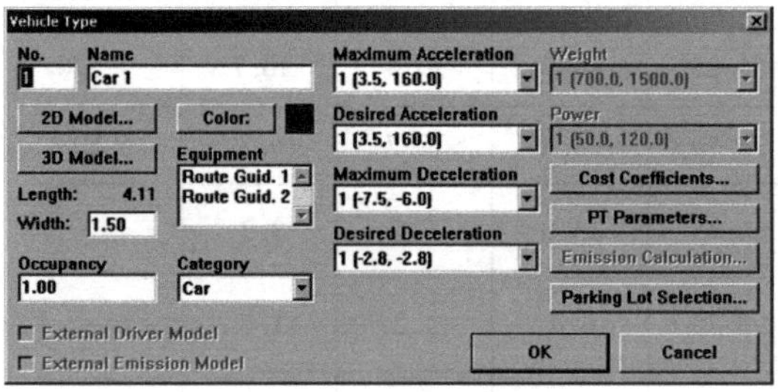

图 4-5　车辆类型对话框

车辆类别（VEHICLE CLASS）：指具有相似驾驶行为（但有不同的车辆特性）的一种或多种车辆类型。速度评价、路径选择和一些其他的路网单元都是以车辆类别来分类的，例如：小客、大客、小货等。

车辆分级（VEHICLE CATEGORY）：是指具有相似车辆行为的预设的、静态的分级。例如，分级 TRAM 不允许在多车道的 LINK 上变换车道，也不会偏离它的期望车速。每一个车辆类型都被分配到一个车辆分级。

2. 交通组成

实际道路的交通流常常是大、小客货等车种混行。由于车辆自身的物理特性（如长度等）和动力性能（如加减速性能等）不同，它们在道路中的行驶特性，如各期望车速、车辆之间的跟车和超车条件将不同。在微观仿真系统中，交通组成主要是反映车流中车型的特性。

（1）对于车型的划分，根据车辆物理特性和技术性能加以区分，如大、小客货车，公交车，拖挂车等。

（2）车流中各类车型的比例，应符合实际交通流特点，反映时间和空间上的变化。例如，路网中不同的节点和断面、不同的时段，交通流中车种比例都可能不同。

交通组成（TRAFFIC COMPOSITION）通过 NETWORK EDITOR→TRAFFIC COMPOSITION 来定义，用于确定路网输入流量的各种车型和每种车型的流量比例及期望车速，如图 4-6 所示。该对话框中的 REL. FLOW 指各种车型的相对流量，这里既可以输入流量的绝对值，也可以输入各车型流量的百分比。建议输入流量的绝对值，

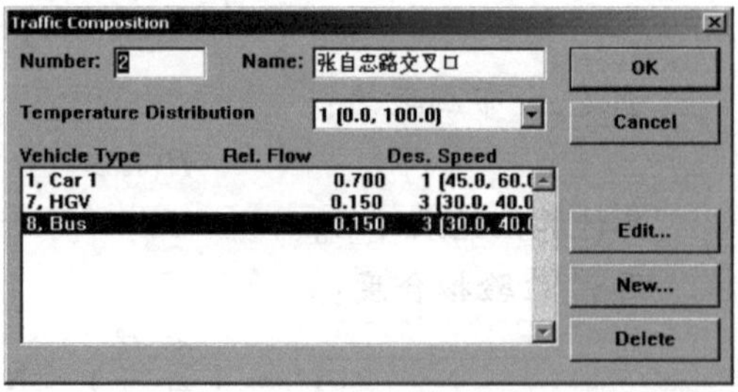

图 4-6　交通组成对话框

而期望车速的定义同前所述。

3. 输入流量

流量是交通仿真系统中最基本、最重要的参数之一,见图4-7。输入流量时注意以下三方面的问题:

(1)确定交通流产生地点。交通产生点的选取要设在研究区域以外,以免对研究区域产生影响。建议在建立仿真路网时范围要较研究范围略大些。

(2)由于交通量在时间和空间上都是变化的,因此,对于不同交通流的产生点,应根据实际情况来确定合理的起始时间和间隔。在仿真的全过程中,可以设置多个时间段,每个时间段的输入流量各不相同。

(3)仿真初始阶段,路网中车流是从无到有的,与实际路网上的情况不同。因此流量输入的时间应该比要仿真的时段长些。具体时间视路网大小和仿真研究时段而定。

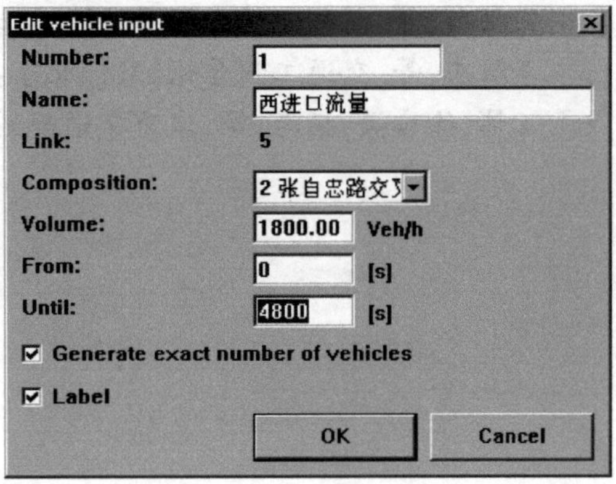

图4-7　流量输入对话框

按钮用于定义输入流量。进入流量对话框后,选择输入流量的车种组成、流量和时间间隔。如果要求精确生成指定的流量,则选择GENERATE EXACT NUMBER OF VEHICLES栏。

复习思考题

1. 以下是某条道路的一组观测数据,试拟合其车辆到达分布情况。

每分钟车辆到达数	0	1	2	3	4	5	6	7	8	9	≥10
观测频数	1	5	12	12	11	7	8	2	1	1	0

2. 已知某定时信号灯周期长为60s,车流量(一个方向)为360辆/h,车辆到达服从泊松分布,求:

(1)试设计具有95%置信度的每个周期内的来车数;

(2)在1s、2s、3s时间内无车的概率。

3. 某交叉口,设置了专供左转的信号相,假设来车符合二项分布,每一周期内平均到达20辆车,有25%车辆左转但无右转。求:

(1)到达三辆车中有一辆左转的概率;

(2)某一周期不使用左转信号相的概率。

4. 有一个不设信号灯的交叉口,主要道路上的车流量为每小时Q辆,次要道路上车辆横穿车流所需要的时间为α秒,求次要道路车辆的平均延误时间。

参考文献

[1] 交通工程手册编委会.交通工程手册[M].北京:人民交通出版社,2001.
[2] 刘运通,等.交通系统仿真技术[M].北京:人民交通出版社,2001.
[3] 丹尼尔 L.鸠洛夫,等.交通流理论[M].北京:人民交通出版社,1983.
[4] 任福田,等.新编交通工程导论[M].北京:中国建筑工业出版社,2011.
[5] 李淑庆,等.交通工程导论[M].北京:人民交通出版社,2010.
[6] 王炜,徐吉谦,杨涛,等.城市交通规划及其应用[M].南京:东南大学出版社,1998.

第五章　车辆跟驰模型

本章要求：掌握跟驰理论的基本概念以及车辆跟驰特性分析的方法，掌握线性跟驰模型的基本形式、推导过程以及构建方法，了解非线性跟驰模型的基本形式以及构建方法，熟悉交通仿真软件中采用的跟驰模型的基本形式，能够利用计算机语言对车辆跟驰模型进行仿真，掌握稳态流分析和加速度干扰的基本原理。

第一节　车辆跟驰特性分析

一、引言

1. 跟驰理论概念

跟驰理论是利用动力学方法，研究在无法超车的单一车道上，车辆列队行驶时后车跟随前车行驶状态的一种理论。它用数学模型表达车辆跟驰过程中发生的各种状态。跟驰状态示意图如图 5-1 所示。

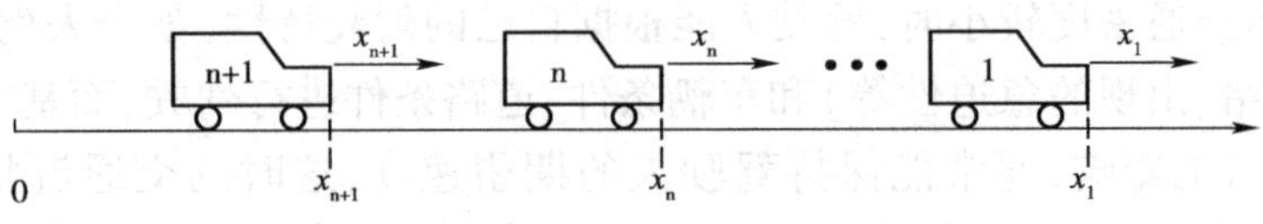

图 5-1　跟驰状态示意图

2. 跟驰模型的使用范围

车辆跟驰模型是交通系统仿真中最重要的动态模型，从交通流的基本元素——人、车单元的运动和相互作用的层次上分析车道交通流的特性。通过求解跟驰方程，不仅可以得到任意时刻车队中各车辆的速度、加速度和位置等参数，还可以通过进一步推导，得到平均速度、密度、流率等参数，描述交通流的宏观特性。车辆跟驰模型的研究对于了解和认识交通流的特性，进而把这些了解和认识应用于交通规划、交通管理与控制，充分发挥交通设施的功效，解决交通问题有着极其重要的意义。

(1)跟驰理论研究的一个主要目的是试图通过观察各个车辆逐一跟驰的方法来了解单车道交通流的特性。这种特性的研究曾用于检验管理技术和通信技术，减少追尾碰撞事故，分析交通流稳定性；同时这种跟驰特性也可用于对隧道和瓶颈路段车流特性的分析和改进；

可以从机理上分析通行能力,能定量地给出一些反映驾驶员行驶自由性的指标,定量地描述服务水平。

(2)跟驰模型的另一重要运用是进行交通模拟,自20世纪80年代后期以来所做的跟驰模型研究,基本上都是基于开发交通流仿真模型或是模拟驾驶行为。

二、跟驰状态的判别

跟驰状态临界值的判定是车辆跟驰研究中的一个关键,现有的研究中,对跟驰状态的判定存在多种观点。国外的研究中,美国1994年版的《道路通行能力手册》规定当车头时距小于等于5s时,车辆处于跟驰状态;Paker在研究货车对通行能力的影响时,采用了6s作为判定车辆跟驰状态的标准;《Traffic flow theory》认为跟驰行为发生在两车车头间距为0~100m或0~125m的范围内;Weidman的研究则认为车头间距小于等于150m时,车辆处于跟驰状态。

目前常用的判定跟驰状态的方法有两种:

(1)基于期望速度的跟驰状态的判定方法。该方法通过判断前车速度是否小于后随车的期望车速,来判定车辆是否处于跟驰状态。

(2)基于相对速度绝对值的跟驰状态的判定方法。该方法利用前后车速度差的绝对值随车头时距变化规律定量地判定车辆行驶的状态。

这两种方法都存在一定的缺陷。因此,又有学者提出利用前后车速度的相关系数随车头时距变化的规律来确定车辆跟驰状态临界值。这一方法考虑的信息更为全面,与现实结合更为紧密,能有效解决现有方法的不足。

单车道车辆跟驰理论认为,车头间距在100~125m以内时车辆间存在相互影响。

三、车辆跟驰特性分析

在道路上,当交通密度较小时,驾驶人能根据自己的驾驶特性(如个人驾驶技巧、驾驶倾向、身体状况、情绪、出现的急迫性等)和车辆条件、道路条件进行驾驶,而基本不受或较少受道路上其他使用者的影响,通常能保持驾驶人的期望速度,这时的交通流状态被称为自由流;而当交通流的密度较大时,车辆间距减小,车队中任意一辆车的车速都受前车速度的制约,驾驶员为了避免发生碰撞和节省行车时间,将紧密而安全地按照前车的速度发生变化时提供的信息采用相应的车速行驶,这种状态称为非自由行驶状态。车辆跟驰理论就是研究这种运行状态下车队的行驶特性。

非自由行驶状态的车队有以下三个特性:

1. 制约性

在一列车队中,后车跟随前车运行,出于对旅行时间的考虑,驾驶员总不愿意落后很多而紧随前车前行,这就是"紧随要求"。

从安全地角度考虑,跟驰车辆要满足两个条件:一是,后车的车速不能长时间的大于前车车速,只有在前车车速附近摆动,否则会发生碰撞,这是"车速条件";二是,前后车之间必须保持一个安全距离,即前车制动时,两车之间要有足够的距离,从而有足够的时间供后车驾驶员做出反应,采取制动措施,这是"间距条件"。

显然,车速高时,制动距离长,安全距离也应加大。紧随要求、车速条件和间距条件构成了一列车队跟驰行驶的制约性,即前车的车速制约着后车的车速和两车间距。

2. 延迟性

从跟驰车队制约性可知,前车改变运行状态后,后车也要改变。但前后车运行状态的改变不是同步的,而是延迟的,这是由于驾驶员对于掌握前车运行状态的改变需要一个反应过程,这一过程包括四个阶段。

(1)感觉阶段——前车运行状态的改变被察觉。

(2)认识阶段——对这一改变加以认识。

(3)判断阶段——对本车将要采取的措施做出判断。

(4)执行阶段——由大脑到手脚的操纵动作。

这四个阶段所需要的时间称为反应时间。假设反映时间为 Δt,前车在 t 时刻的动作,后车要经过 Δt 在($\Delta t+t$)时刻才能作出相应的动作,这就是延迟性。

3. 传递性

由制约性可知,第一辆车的运行状态制约着第二辆车的运行状态,第二辆车又制约着第三辆车,……第 n 辆车制约着第 $n+1$ 辆,一旦第一辆车改变运行状态,它的效应将会一辆接一辆向后传递,直至车队的最后一辆,这就是传递性。这种传递性由于具有延迟性,所以,信息沿车队向后传递不是平滑连续而是像脉冲一样间断连续的。

制约性、延迟性和传递性构成了车辆跟使的基本特征,同时也是车辆跟驰模型建立的理论基础。

第二节 跟车模型

跟车模型实际上是关于反应—刺激的关系式,用方程表示为:

$$\text{反应}=\text{灵敏度}\times\text{刺激} \tag{5-1}$$

一个驾驶员所能接受的刺激是指其前方导引车的加速或减速,以及随之而发生的这两车之间的速度差和车间距离的变化;该驾驶员对刺激的反应是指为了紧密而安全地跟随前车所做的加速或减速动作及其实际效果。根据表征刺激、反应参数的关系不同,将跟车模型分为线性跟驰模型与非线性跟驰模型。

一、线性跟驰模型

1. 线性跟驰模型的描述

假定驾驶人保持他所驾驶车辆与前导车的距离 $S(t)$,以便在前导车制动时能使车停下而不至于与前导车相撞。设驾驶人的反应时间为 T,而在反应时间内,车速不变,这两辆车在 t 时刻的相对位置用图 5-2 表示,图中 n 为前导车,$n+1$ 为后随车。两车在制动操作后的相对位置如图 5-2 所示。

图中:$x_n(t)$ ——第 n 辆车在时刻 t 的位置;

$S(t)$ ——两车在时刻 t 的间距,$S(t) = x_n(t) - x_{n+1}(t)$;

d_1 ——后随车在反应时间 T 内行驶的距离,$d_1 = T\dot{x}_{n+1}(t) = T\dot{x}_{n+1}(t+T)$;

d_2——后随车在减速期间行驶的距离；

d_3——前导车在减速期间行驶的距离；

L——停车后的车头间距；

$\dot{x}_n(t)$——第 n 辆车在时刻 t 的速度。

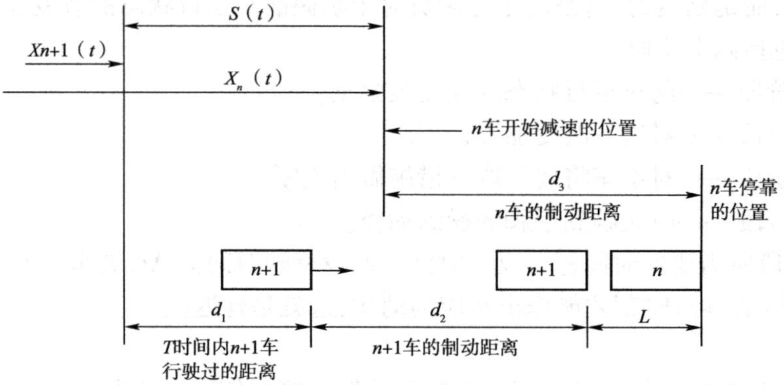

图 5-2　线性跟驰模型示意图

2. 假定条件

线性跟模型基于以下假定条件建立：

(1)前导车采取制动行为；

(2)假设 n 车与 $n+1$ 车制动距离相等，即 $d_3=d_2$；

(3)后车(第 $n+1$ 辆车)在反应时间 T 内速度保持不变，即 $\dot{x}_{n+1}(t) = \dot{x}_{n+1}(t+T)$。

3. 推导过程

如图 5-1 所示 n 车与 $n+1$ 辆车的空间关系可用下式表示：

$$S(t) = x_n(t) - x_{n+1}(t) = d_1 + d_2 + L - d_3 \tag{5-2}$$

假设 n 车与 $n+1$ 车制动距离相等，$d_3=d_2$

$$x_n(t) - x_{n+1}(t) = d_1 + L \tag{5-3}$$

假设后车在反应时间 T 内速度保持不变：

$$\dot{x}_{n+1}(t) = \dot{x}_{n+1}(t+T) \tag{5-4}$$

且

$$d_1 = T\dot{x}_{n+1}(t) \tag{5-5}$$

则

$$x_n(t) - x_{n+1}(t) = T\dot{x}_{n+1}(t+T) + L \tag{5-6}$$

在公式(5-6)两侧对 t 进行微分得：

$$\dot{x}_n(t) - \dot{x}_{n+1}(t) = T\ddot{x}_{n+1}(t+T) \tag{5-7}$$

变形为：

$$\ddot{x}_{n+1}(t+T) = \frac{1}{T}[\dot{x}_n(t) - \dot{x}_{n+1}(t)] \tag{5-8}$$

式中：$\ddot{x}_{n+1}(t+T)$——后车在时刻 $(t+T)$ 的加速度，称为后车的反应；

$\frac{1}{T}$——敏感度；

$\dot{x}_n(t) - \dot{x}_{n+1}(t)$ ——时刻 t 的刺激。

这样，式(5-8)就可以理解为：

$$反应 = 敏感度 \times 刺激$$

式(5-8)是在前导车制动、两车的减速距离相等及后车在反应时间 T 内速度不变等假定下推导出来的。实际的跟车操作要比这三条假设的情形复杂很多。例如，刺激也可能是由前车的加速度引起的，而两车在变速过程中行驶的距离可能不相等。为了适应更进一步的情形，把上式修改为：

$$\ddot{x}_{n+1}(t+T) = \lambda[\dot{x}_n(t) - \dot{x}_{n+1}(t)] \tag{5-9}$$

式中：λ ——反应强度系数；

这里 a 不能理解为敏感度，而应看成与驾驶人动作的强弱程度直接相关。式(5-9)表明后车的反应与前车发生的刺激成正比，此公式称为线性跟驰模型。

4. 稳定性分析

在研究跟驰特性时，车队中车辆的稳定性问题是很重要的。如果驾驶员的特性有变化，或车辆中的机械部件或信号有变化，一个重要的工作就是确定系统是否稳定。所谓稳定有两层意思，一是指前后两车之间的距离的变化是否稳定，例如车间距的摆动，若摆动大则不稳定，摆动越小越稳定，这称为局部稳定性；另一种是前车向后面各车传播速度的变化，如扩大其速度振幅，则不稳定，如振幅逐渐衰弱，则稳定，这称为渐进稳定性。

(1)局部稳定性

局部稳定性：关注跟驰车辆对它前面车辆运行波动的反应，即关注车辆间配合的局部行为(短期行为)。

线性跟驰模型是一个较复杂的二阶微分方程，利用拉普拉斯变换 $\int_0^{\infty}\dot{\chi}_{n+1}(t+1)dt = \lambda[\dot{\chi}_a(t) - \dot{\chi}_{n+1}(t)]$ 求解出该微分方程，并推导出如下关系式：

$$C = \lambda T \tag{5-10}$$

式中：C——车间距摆动特性的数值，该值越大表示车间距的摆动越大，该值越小表示车间距的摆动越趋近于零；

λ 同前，其值越大，表示反应越强烈；

T——反应时间(s)。

针对 $C = \lambda T$ 取不同的值，跟驰行驶两车的运动情况可以分为以下四类：

①$0 \leqslant C \leqslant e^{-1}$ 时，车头间距不发生波动；

②$e^{-1} < C < \pi/2$ 时，车头间距发生波动，但振幅呈指数衰减；

③$C = \pi/2$，车头间距发生波动，振幅不变；

④$C > \pi/2$，车头间距发生波动，振幅增大。

利用计算机模拟的方法给出了相关运动参数的变化曲线(其中反应时间 $T = 1.5s$，$C = e^{-1} \approx 0.368$)如图 5-3、图 5-4 所示。

模拟过程中假定头车采取恒定的加速度和减速度。

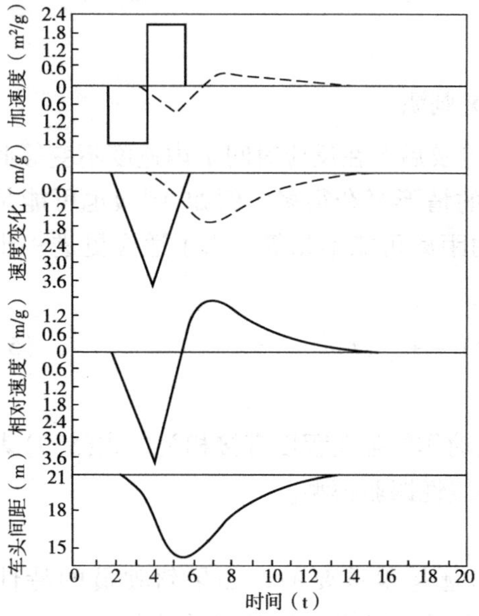

图 5-3　头车加速波动方式对两车运动的影响

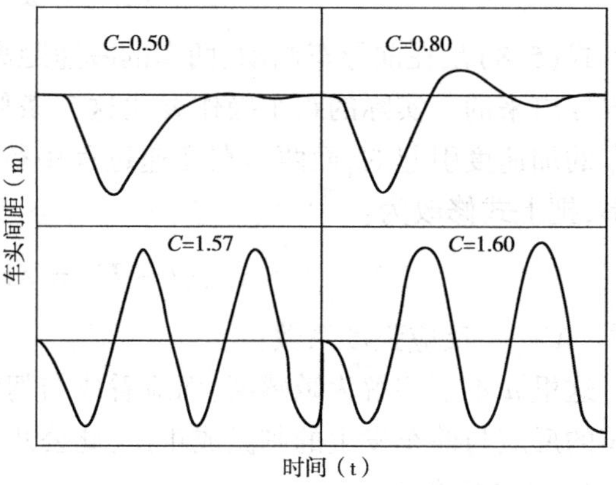

图 5-4　不同 C 值对应的车头间距变化

如果跟驰车辆的初始速度和最终速度分别为 u_1 和 u_2，则：

$$\int_{t_1}^{t_2} \ddot{x}_f(t+T)\,\mathrm{d}t = u_2 - u_1 \tag{5-11}$$

$$\lambda \int_{t_1}^{t_2} [\dot{x}_l(t) - \dot{x}_f(t)]\,\mathrm{d}t = \lambda \Delta s \tag{5-12}$$

式中：$\dot{x}_l(t)$、$\dot{x}_f(t)$ ——头车和跟驰车辆的速度；

Δs——车头间距变化量。

因为　$$\ddot{x}_{n+1}(t+T) = \lambda[\dot{x}_n(t) - x\dot{x}_{n+1}(t)]$$

所以：

$$\Delta s = \int_{t_1}^{t_2} [\dot{x}_l(t) - \dot{x}_f(t)]\,\mathrm{d}t = \frac{u_2 - u_1}{\lambda} \tag{5-13}$$

即：

$$s_2 - s_1 = \frac{u_2 - u_1}{\lambda} \tag{5-14}$$

如果头车停车，则最终速度 $u_2 = 0$，车头间距的总变化量为 $-\dfrac{u_1}{\lambda}$，因此跟驰车辆为了不发生碰撞，车间距离最小值必须为 $\dfrac{u_1}{\lambda}$，相应的车头间距为 $\dfrac{u_1}{\lambda} + L$（L 为车辆长度）。为了使车头间距尽可能小，λ 应取尽可能大的值，其理想值为 $(eT)^{-1}$。

(2)渐进稳定性

关注车队中每一辆车的波动特性在车队中的表现，即车队的整体波动特性（长期行为），如车队头车的波动在车队中的传播。

无论车头间距为何初始值，如果发生增幅波动，那么在车队后部的某一位置必定发生碰撞,上式的数值解可以确定碰撞发生的位置。

据研究,一列行驶的车队仅当 $C=\lambda T<0.5$ 时才是渐进稳定的,即车队中车辆波动的振幅呈衰减趋势。

二、非线性跟驰模型

线性跟驰模型假定驾驶员的反应强度与车间距离无关,即对给定的相对速度,不管车间距离如何变化,反应强度都是相同的。

实际上,对于给定的相对速度,驾驶员的反应强度应该随车距间距的减少而增加,这是因为驾驶员在车辆间距较小的情况相对于车辆间距较大的情况更紧张,因而反应的强度也会较大。为了考虑这一因素,反应灵敏度系数并非常量,而是与车头间距成反比的,由此得到非线性跟驰模型。

非线性跟驰模型的形式较多,本书仅介绍两个基本的非线性跟驰模型:车头间距倒数模型以及基于速度的车头间距倒数模型。

1. 车头间距倒数模型

1959 年,伽赛斯(Gazis)等人采用灵敏系数 λ 与车头间距成反比的关系,得到了非线性跟驰模型:

$$\ddot{x}_{n+1}(t+T)=\frac{\lambda}{x_n(t)-x_{n+1}(t)}[\dot{x}_n(t)-\dot{x}_{n+1}(t)] \tag{5-15}$$

式中:$\ddot{x}_{n+1}(t+T)$——后车在时刻$(t+T)$的加速度,称为后车的反应;

$x_n(t)$——第 n 辆车在时刻 t 的位置;

$\dot{x}_{n+1}(t)$——第 n 辆车在时刻 t 的速度;

T——反应时间;

λ——比例系数,单位是距离/时间。根据伽赛斯的推导:

$$\lambda=v_m=\frac{1}{2}v_t \tag{5-16}$$

v_m——最大流量时的速度;

v_t——畅行速度。

表 5-1 列举了参数 λ 的实验结果。

跟驰理论的实验结果　　表 5-1

实验地点	车辆数(辆)	λ(km/h)	反应时间 T(s)
通用汽车公司试验车道	8	44.1	1.5
荷兰隧道	10	29.3	1.4
林肯隧道	18	32.7	1.2

2. 基于速度的车头间距倒数模型

事实上,反应强度系数不仅与车头间距成反比,而且还与车辆速度成正比。因此,可对反应强度系数作如下改进：

$$\lambda = \frac{\lambda_2 \dot{x}_{n+1}(t+T)}{[x_n(t) - x_{n+1}(t)]} \tag{5-17}$$

则有：

$$\ddot{x}_{n+1}(t+T) = \frac{\lambda_2 \dot{x}_{n+1}(t+T)}{x_n(t) - x_{n+1}(t)}[\dot{x}_n(t) - \dot{x}_{n+1}(t)] \tag{5-18}$$

三、线性跟驰模型与非线性跟驰模型的比较

1. 相同点

线性跟驰模型与非线性跟驰模型均为基于反应—刺激关系式。

2. 区别

线性跟驰模型：反应强度系数为常量。

非线性跟驰模型：反应强度系数为变量，与速度成正比，与车头间距成反比。

第三节　跟驰行为模型的建立

自20世纪50年代以来，国外学者对车辆跟驰行为模型进行了大量、系统的研究，发表了众多的研究成果。依据建模思想将跟驰行为模型分为交通工程角度和统计物理角度。交通工程角度的跟驰行为模型包括刺激—反应类模型、安全距离类模型、生理—心理类模型及人工智能类模型；统计物理角度的跟驰行为模型包括优化速度模型、智能驾驶模型和元胞自动机模型。

一、刺激—反应类模型

1. 模型概述

刺激—反应类模型（GM模型）是从20世纪50年代后期逐渐发展起来的车辆跟驰行为模型。当初是在假设车辆在22.86m(75ft)以内未越车或未变换车道的状况下，是由驾驶动力学模型(Driving Dynamic Model)推导而来，并引入反应$(t+T)$ = 灵敏度刺激(t)的观念。其中反应以后车的加速度大小来表示，刺激以后车与前车的相对速度表示，灵敏度则视模型的应用持性不同而有所差异。根据灵敏度参数选择的不同，GM模型可以分为线性模型与非线性模型。

2. 基本形式

$$a_{n+1}(t+T) = cv_{n+1}^{m}(t+T)\frac{\Delta v(t)}{[\Delta x(t)]^{l}} \tag{5-19}$$

式中：$a_{n+1}(t+T)$——后车在时刻$(t+T)$的速度；

$v_{n+1}(t+T)$——后车在时刻$(t+T)$的加速度；

$\Delta v(t)$——前车和后车在时刻t的速度差；

$\Delta x(t)$——前车和后车在时刻t的距离；

m, l——待定常数，参数标定见表5-2所示。

GM 模型最优参数组合汇总表　　表 5-2

来　源	m	l	方　法
Gazis, Herman and Potts(1959)	0	1	宏观
Helly(1959)	1	1	宏观
Gazis 等(1961)	0 ~ 2	1 ~ 2	宏观
May and Keller(1967)	0.8	2.8	宏观
Heyes and Ashworth(1972)	-0.8	1.2	宏观
Coder and May(1976)(单阶段)	0.6	2.4	宏观
Coder and May(1976)(非拥挤、拥挤)	0/0	3/0 ~ 1	宏观
Aron(1988)(减速、稳定跟车、加速)	2.5/2.7/2.5	0.7/0.3/0.1	微观
Ozaki(1993)(减速、加速)	0.9/ -0.2	1/0.2	微观
Chandler 等(1958)	0	0	微观
Herman and Potts(1959)	0	1	微观
Hoefs(1972)(非减速停车、减速停车、加速)	1.5/0.2/0.6	0.9/0.9/3.2	微观
Treiterer and Myers(1974)(减速、加速)	0.7/0.2	2.5/1.6	微观

3. 基本假设

假设驾驶员的加速度与两车之间的速度差成正比；与两车的车头间距成反比；同时与自身的速度也存在直接的关系。GM 模型清楚地反映出了车辆跟驰行驶的制约性、延迟性及传递性。

4. 模型的特点

(1)优点

GM 模型形式简单，物理意义明确，作为早期的研究成果，具有开创意义，许多后期的车辆跟驰模型研究都源于刺激—反应基本方程。

(2)缺点

GM 模型的通用性较差，现在较少使用 GM 模型，这是因为：第一，跟驰行为非常易于随着交通条件和交通运行状态的变化而变化，至少在微观方面已经被 Rockwell 和 Treiterer 证明；第二，大量的研究和试验是在低速度和停停走走的交通运行状态中进行，而这种状态的交通流不能很好地反映一般的跟驰行为。

二、安全距离类模型

1. 模型概述

安全距离模型也称防撞模型(Collidion Avoidance Models，简称 CA 模型)。该模型最初由 Kometani 和 Sasaki 提出，其最基本的关系并非 GM 模型的刺激—反应关系，而是寻找一个特定的跟驰距离(通过经典牛顿运动定律推导出)。如果前车驾驶员做出了一个后车驾驶员意想不到的动作，当后车与前车之间的跟驰距离小于某个特定的跟驰距离时，就有可能发生碰撞。

2. 基本形式

安全距离类模型的基本形式：

$$\Delta x(t) = \alpha v_{n-1}^2(t) + \beta_l v_n^2(t+T) + \beta v_n(t+T) + b_0 \tag{5-20}$$

式中：$\Delta x(t)$——前后两辆车之间的距离；

$v_n(t)$——第 n 辆车在第 t 时刻的速度；

α、β_l、β、b_0——待定常数。

Gipps 考虑了车辆的加速度约束和安全距离约束，提出了一个新的安全距离模型。该模型考虑了驾驶行为中诸多因素的影响，至今仍然被广泛使用，该模型的形式如下：

$$\begin{aligned} v_n(t+T) = \min\{ & v_n(t) + 2.5a_nT[1 - v_n(t)/v_n][0.025 + v_n(t)/v_n]^{1/2}, \\ & b_nTn - 1 + \sqrt{b_n^2T^2 - 2b_n[x_{n-1}(t) - s_{n-1} - x_n(t) - v_n(t)T] - b_nv_{n-1}^2(t)/\hat{b}}\} \end{aligned} \tag{5-21}$$

式中：a_n——车辆 n 的驾驶员所愿意采用的最大加速度；

b_n——车辆 n 的驾驶员所愿意采用的最大减速度；

s_{n-1}——车辆 $n-1$ 的效用尺寸，其值等于车身长度加停车间距；

$\hat{b}$——车辆 n 的驾驶员认为车辆 $n-1$ 会采用的最大减速度。

上式右端共有两项：第一项由两个限制条件合并而成，即期望车速限制和由汽车动力特性决定的加速度限制，当该项对大多数车辆起作用时，交通流处于自由行驶状态；第二项是防止碰撞限制，当它起作用时，交通流处于拥挤状态。

Gipps 并没有用实测数据对模型参数进行标定，而是假定了一系列服从正态分布的参数值，来进行多车跟驰的模拟以再现实际交通现象。

3. 基本假设

试图寻找一个特定的跟车距离，当前导车驾驶员做了一个让后车驾驶员意想不到的动作时，认为在两车间距小于这个特定的跟车距离的情况下，就有可能发生碰撞。

4. 模型特点

(1)优点

①基于简单的牛顿运动学公式所推导得到的车辆速度与车头间距及车身长度之间的关系具有明确的物理意义。

②能更真实地模拟高速公路上的跟驰行为，并提供在拥挤状态下反复停车—起步过程的模拟功能。

③可以用一些对驾驶行为一般感性假设来标定模型。大多数情况只需知道驾驶员将采用的最大制动减速度，就能满足整个模型的需要。

(2)缺点

实地观测表明，后车驾驶员往往不满足于以安全距离跟随前车，他们心理上更倾向予以一个“期望间距”来跟随前车，这一期望间距往往是小于安全距离的。

三、生理—心理类模型

1. 模型概述

驾驶人是人、车、路交通系统的核心，虽然跟驰行为是描述前后两车之间的运动关系，但其本质是描述跟驰车驾驶人在特定状态下的行为。随着认知心理学的发展，许多学者试图在跟驰行为建模中引入更多人的因素。生理—心理类模型即是以驾驶人的感知与反应特性为基础来建立模型。

通过分析驾驶员生理和心理方面潜在的一些因素，于 1963 年首次提出生理—心理跟车模型的概念。驾驶员通过分析视野中前车尺寸的变化，即前车在驾驶员视觉中投影夹角的变化，感知前后车相对速度的变化，根据公认的感知阈值，判断是否正在与前车接近，一旦超过这个阈值，驾驶员将选择减速，使对相对速度的感知不超过这个值。

2. 基本形式

生理—心理类模型也称反应点模型(Action Point Models)简称 AP 模型。这类模型用一系列阈值和期望距离体现人的感觉和反应，这些界限值划定了不同的值域，在不同的值域，后车与前车存在不同的影响关系。生理—心理模型是一种跟驰决策模型(Car Following Decision Model)。

Michaels 将车辆跟驰状态划分为三个阶段：

第一阶段，两车的速度差低于速度感知阈值，驾驶员仅仅通过对距离变化的感知来确定他是否处于逼近状态；

第二阶段，速度差超过阈值，驾驶员降低车速，从而使视角变化率维持在阈值或其附近；

第三阶段，驾驶员在一个确保车辆驾驶和速度控制的车头时距下，尽量将相对速度保持为零。

Michaels 感知界限值模型：

$$d\theta/dt = -\frac{w\Delta v}{R^2} \tag{5-22}$$

式中：w——观察目标的宽度；

R——观察者与目标之间的距离；

θ——视角。

一旦超过这个速度感知阈值，驾驶员将选择减速，使相对速度的感知不超过这个阈值。

在 AP 模型中，如何最终确定感知阈值是非常重要的，因为驾驶员将根据它来决定是加速、减速还是保持原速，直到突破某个阈值为止，否则驾驶员感觉到状态没有发生变化或至少变化率没有改变。

Mcheals 模型中划分跟驰状态的阈值是驾驶员的感知阈值。但是在实际中存在大量超过感知阈值而驾驶员未有所反应的事例。

3. 模型特点

(1)优点

①行为阈值模型充分考虑了驾驶员的生理、心理因素对驾驶行为的影响和制约，及由此而产生的不同驾驶行为，从建模方法上更接近实际情况，也最能描述大多数我们日常所见的驾驶行为，这是行为阈值模型的最大优点所在。

②由于驾驶员的行为(受生理和心理因素制约)是影响交通安全和通行能力的一项重要因素，所以生理—心理模型的研究具有重要意义。

(2)缺点

行为阈值模型的缺点在于模型的参数较多，子模型之间的相互关系比较复杂，并且对于各种阈值的调查观测比较困难及其通用性比较差。

四、人工智能类模型

1. 模型概述

人工智能(Artificial Intelligence，AI)是研究、开发用于模拟延伸和扩展人的智能的理论、方法、技术及应用系统的一门新的技术科学。人工智能的许多理论方法可以应用于包括跟驰行为建模在内的诸多领域。人工智能方法可以有效描述难以用精确数学模型表达的驾驶行为特性,因而人工智能类模型是近年来进行跟驰行为建模研究的热点之一。

Kikuchi 等最早提出了基于模糊逻辑的跟驰模型。该类模型主要通过驾驶员未来的逻辑推理来研究驾驶行为。

这类模型的最大特色是将模型的输入项分为几个相互部分重叠的模糊集,每个模糊集用来描述各项的隶属度。

例如,一个模糊集可以用来描述或量化车头时距"太近"。

若车头时距小于0.5s,则"太近",这个模糊集的隶属度或真实度就为1;

若车头时距大于2s,则"太远",这个模糊集的隶属度或真实度就为0;

中间的数值表示了真实度或隶属度的等级,一旦定义清楚隶属度的等级,就可以通过逻辑推理得到输出模糊集,如果近而且继续近,那么就制动。

2. 基本形式

模糊推理模型的具体表达如下:

如果 Δx 适当,则

$$a_{n,i} = \frac{(\Delta v_{n,i} + a_{n-1,i} xT)}{\gamma} \tag{5-23}$$

式中:Δx——两车之间的距离;

$a_{n,i}$——隶属于第 i 个模糊集的第 n 辆车的加速度;

$\Delta v_{n,i}$——隶属于第 i 个模糊集的相对速度;

Δt——使用规则进行仿真的时间间隔,取为1s;

γ——跟驰车期望追上前导车的时间,取为2.5s。

如果 Δx 适当,则 Δx 每减少一个等级,a_i 将减少0.3m/s²;若 Δx 不适当 Δx 每增加一个等级,a_i 将增加0.3m/s²。

$$a_{n,i} = (\Delta v_{n,i} + a_{n-1,i} xT)/\gamma + 0.3\Delta x \tag{5-24}$$

跟驰模型变量的模糊集如表5-3所示。

跟驰模型变量的模糊集　　表5-3

类　型	相对距离	相对速度	跟驰车行为	
			加速度	减速度
1	很小	跟驰车慢	很大	很大
2	小	跟驰车较慢	有点大	有点大
3	充分	接近零	正常	正常
4	很充分	跟驰车有点快	小	小
5	大	跟驰车很快	很小	很小
6	很大	跟驰车非常快	无	无

3. 模型特点

基于模糊机理的车辆跟驰模型是近年来才发展起来,且发展较快的车辆跟驰模型。

该模型主要通过推理驾驶员未来的逻辑阶段,来研究驾驶员的驾驶行为。核心仍是刺激—反应关系。与传统 GM 模型相比,该模型具有局部稳定性。

两个因素可能导致模型与实际有较大的出入:一是该模型认为能够精确地得出 a_i 为 $0.3\mathrm{m/s^2}$;二是已经从线性模型中得知 Δx 对加速度的影响非常小。

该模型认为稳定跟驰距离仅与稳定跟驰状态的车速有关,而与初始跟驰距离和车速无关,这些都有值得商榷之处。

五、优化速度类模型

1. 模型概述

为了解决 GM 模型在停车启动过程中过大加速度的问题,Bando 提出了一个全新的优化速度(Optimal velocity,OV)模型,其本质上与 GM 模型具有相同的形式。

2. 基本形式

优化速度模型的表达式为:

$$a_n(t) = \alpha\{V[\Delta x_n(t)] - v_n(t)\} \tag{5-25}$$

式中:α——敏感系数;

$V(\cdot)$——优化速度函数,即根据车头间距优化出驾驶人期望的速度。

优化速度函数可以有各种不同的形式,两类典型的优化速度函数为:

$$V(\Delta x) = \frac{v_{\max}}{2}[\tanh(\Delta x - L) + \tanh(L)] \tag{5-26}$$

$$V(\Delta x) = \begin{cases} 0 & 0 \leqslant \Delta x \leqslant L \\ v_{\max}\dfrac{(\Delta x - L)^3}{1 + (\Delta x - L)^3} & \Delta x > L \end{cases} \tag{5-27}$$

六、智能驾驶模型

Treiber 等提出的智能驾驶人模型(Intelligent Driver Model,IDM)也是一类重要的跟驰模型,该模型由两项构成,包含自由状态下的加速趋势和考虑与前导车碰撞的减速趋势,其具体方程为:

$$a_n(t) = \alpha\left[1 - \left(\frac{v_n(t)}{v_{\max}}\right)^{\delta} - \left(\frac{s^*(v_n(t),\Delta v_n(t))}{\Delta x_n(t)}\right)^2\right] \tag{5-28}$$

$$s^*[v_n(t),\Delta v_n(t)] = s_0 + s_1\sqrt{\frac{v_n(t)}{v_{\max}}} + T_s v_n(t) + \frac{v_n(t)\Delta v_n(t)}{2\sqrt{a_m b_n}} \tag{5-29}$$

式中: α——敏感系数;

$a_i(t)$——第 i 辆车在 t 时刻的加速度;

$v_i(t)$——第 i 辆车在 t 时刻的速度;

$v_{\max}$——车辆的期望速度;

$s^*(\cdot)$——期望最小间距;

T_s——安全车头时距；

a_m——最大加速度；

b_n——期望减速度；

δ, s_0, s_1——相关参数。

通过数值模拟得到的结果与实测数据一致，能够再现复杂的宏观交通现象。之后，Treiber 等对 IDM 进行了一系列扩展，考虑了驾驶人延迟、不精确性等因素的影响，建立了 HDM(Hunman Driver Model)，使得跟驰模型更好地拟合驾驶人的特性。

七、元胞自动机模型

1. 元胞自动机基本理论

元胞自动机(Cellular Automaton，以下简称 CA)，也有人译作细胞自动机、点格自动机、分子自动机或单元自动机，它是一个时间和空间都离散的动力系统。散布在规则格网中的每一元胞取有限的离散状态，遵循同样的作用规则，依据确定的局部规则同步更新。大量元胞通过简单的相互作用而构成动态系统的演化。不同于一般的动力学模型，元胞自动机不是由严格定义的物理方程或者函数确定，而是用一系列模型构造的规则构成，凡是满足这些规则的模型都可以算作是元胞自动机模型。因此，元胞自动机模型是一类模型的总称，或者说是一个方法框架，其特点是时间、空间、状态都离散，每个变量只取有限多个状态，且其状态改变的规则在时间和空间上都是局部的。

尽管元胞自动机有着较为宽松，甚至近乎模糊的构成条件，但作为一个数理模型，元胞自动机有着严格的科学定义。元胞自动机是物理学、数学、计算机科学和生物学共同作用的结果。因此，对于元胞自动机的含义也存在不同的解释。在物理学方面，元胞自动机被视为离散的、无穷维的动力学系统；在数学方面，元胞自动机被视为描述连续现象的偏微分方程的对立体，是一个时空离散的数学模型；在计算机方面，元胞自动机被视为新兴的人工智能、人工生命的分支；在生物学方面，元胞自动机被视为生面现象的一个抽象。元胞自动机最基本的组成包括：元胞、元胞空间、邻居及规则四部分。简单地讲，元胞自动机可以视为由一个元胞空间和定义于该空间的变换函数所组成。

(1)元胞

元胞又可称为单元，或基元，是元胞自动机的最基本的组成部分。元胞分布在离散的一维、二维或者多维欧几里得空间的晶格点上，元胞自动机构成如图 5-5 所示。

元胞的状态可以是{0,1}的二进制形式，或是$\{s_0, s_1, s_2, \cdots, s_i, \cdots, s_k\}$整数形式的离散集。严格意义上讲，元胞自动机的元胞只能有一个状态变量。但在实际应用中，往往将其进行了扩展，例如每个元胞可以拥有多个状态变量。

(2)元胞空间(Lattice)

元胞空间就是元胞所分布在的空间网点的集合。理论上讲，元胞空间的几何划分可以是任意维数的欧几里得空间。目前研究多集中在一维和二维元胞自动机上。对于一维元胞自动机，元胞空间的划分只有一种。而对于高维的元胞自动机，元胞空间的划分则可能有多种形式。对于最为常见的二维元胞自动机，可按三角、四边形或六边形三种网格排列。

①边界条件

在理论上讲,元胞空间通常在各维向上是无限延展的,这有利于在理论上的推理和研究。但是在实际应用中,我们无法在计算机上实现这一理想条件,因此,我们需要定义不同的边界条件。归纳起来,边界条件主要有三种类型:周期型、反射型和定值型。有时在应用中,为了更加客观、自然地模拟实际现象,还有可能采用随机型,即在边界实时产生随机值。

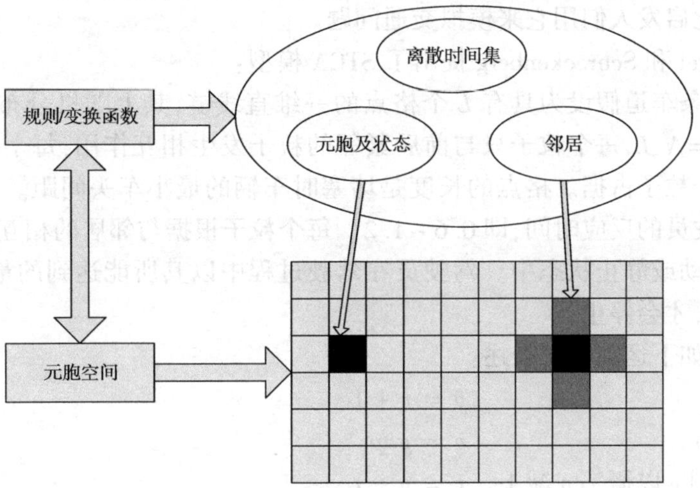

图 5-5　元胞自动机构成示意图

周期型边界条件是指相对边界连接起来的元胞空间。对于一维空间,元胞空间表现为一个首尾相接的"圈"。对于二维空间,上下相接,左右相接,而形成一个拓扑圆环面。周期型空间与无限空间最为接近,因而在理论探讨时,常以此类空间型作为试验。

反射型边界条件是指在边界外邻居的元胞状态是以边界为轴的镜面反射。

定值型边界条件是指所有边界外元胞均取某一固定常量,如 0,1 等。

②构形

构形是指在某个时刻,在元胞空间上所有元胞状态的空间分布组合。通常在数学上,它可以表示为一个多维的整数矩阵。

(3)邻居

以上的元胞及元胞空间只表示了系统的静态成分,为将"动态"引入系统,必须加入演化规则。在元胞自动机中,这些规则是定义在空间局部范围内的,即一个元胞下一时刻的状态决定于本身状态和它的邻居元胞的状态。因而,在指定规则之前,必须定义一定的邻居规则,明确哪些元胞属于该元胞的邻居。在一维元胞自动机中,通常以半径来确定邻居,在某元胞半径范围之内的所有元胞均被认为是该元胞的邻居。

(4)规则

根据元胞当前状态及其邻居状态确定下一时刻该元胞状态的动力学函数,简单讲,就是一个状态转移函数。我们将一个元胞的所有可能状态连同该元胞的状态变换的规则一起称为一个变换函数。

元胞自动机是一个动态系统,它在时间维上的变化是离散的,即时间 t 是一个整数值,而且连续等间距。假设时间间距 $d_t=1$,若 $t=0$ 为初始时刻,那么 $t=1$ 为其下一时刻。一个元胞在 $t+1$ 时刻只决定于 t 时刻的该元胞及其邻居元胞的状态,虽然,在 $t-1$ 时刻的元胞及其邻居元胞的状态间接(时间上的滞后)影响元胞在 $t+1$ 的时刻的状态。

2. 基本形式

交通问题中的研究对象,如车辆和人都是不连续的,车流运动有很大的随机性和不确定性。元胞自动机(Cellular Automation)在模拟各种具有离散性和随机性的自然现象方面的应用非常广泛,由此启发人们用它来模拟交通问题。

1992 年,Nagel 和 Schreckenberg 提出了 STCA 模型:

该模型将一条车道假设为具有 L 个格点的一维直线链,其上随机分布着 N 个粒子(车辆),平均密度 $\rho = N/L$,每个粒子只与前后紧邻的粒子发生相互作用,每个格点在时刻要么空着,要么被一个粒子占据。格点的长度是堵塞时车辆的最小车头间距。步长的设定是任意的,通常为驾驶员的反应时间,即 0.6~1.2。每个粒子根据与邻居的相互作用情况分别处于自后向前的运动或静止状态中。驾驶员在驾驶过程中以其所能达到的最大速度行驶,只有在必须停止时,才会停止。

该模型可用如下运动规则表述:

如果 $v < v_{max}$　　$v = v + 1$

$v > gap$　　$v = gap$

$v > 0$ 则 v 以概率 p 减 1　　$v = v + 1$

$x = x + v$

式中:v——车辆速度;

v_{max}——车辆最大速度;

gap——车辆车头间距;

x——车辆的位置。

3. 模型特点

(1)优点

元胞自动机模型对交通系统的描述实践了一种用离散化模型描述离散化问题的思想,避免了流动比拟下确定性方程的严格假设及求解离散化对真实信息的损失。

(2)缺点

元胞自动机模型的假设与实际的驾驶行为还存在着较大的差距,如何将元胞自动机模型与交通实际联系起来,还需要做大量的工作。

第四节　跟驰模型仿真示例

跟驰模型是交通流理论分析和计算机仿真中最常用的基本模型。采用跟驰模型的仿真软件主要有 VISSIM、CORSIM、PARAMICS、FLOWSIM 等。

一、VISSIM 软件

1. "Wiedemann"模型

VISSIM 的交通流模型是一个基于时间的、时间离散的、随机的微观模型,它以驾驶员—车辆—单元为基本实体。该模型的车辆纵向行为是根据生理—心理跟车模型,该模型是以

Wiedemann 连续发表的论著为理论基础。

1974 年 Wiedemann 提出以行为阈值划分跟驰状态，并建立了一个行为阈值模型（Behavioral Threshold Model）。该模型的基本思路是：一旦后车驾驶员认为他与前车之间的距离小于其心理（安全）距离时，后车驾驶员开始减速。由于后车驾驶员无法准确判断前车车速，后车车速会在一段时间内低于前车车速，直到前后车间的距离达到另一个心理（安全）距离时，后车驾驶员开始缓慢地加速，由此周而复始，形成一个加速、减速的迭代过程。该模型示意图如图 5-6 所示。

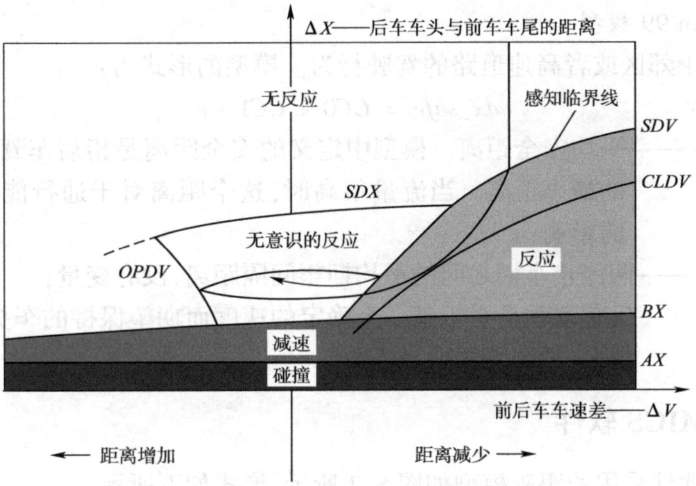

图 5-6 跟车模型（Wiedemann 1974）

Wiedemann 模型的基本观点是：可以把驾驶员的行驶状态分为四种类型：

①Free driving：后车驾驶行为不受前车的影响。此种驾驶模式下，驾驶员努力达到并维持一定的车速（期望车速）。实际上，此时的车速很难保持恒定，而是在期望车速附近摆动。

②Approaching：后车驾驶员减慢车速，以适应前车的车速。当后车接近前车时，后车驾驶员刹车减速以便到达他的期望安全距离，此时，前后车的速度差为“0”。

③Following：后车驾驶员跟随前车，没有意图加速或是减速。后车驾驶员基本保持恒定的与前车的安全距离，实际上，前后车的速度差在 0 附近摆动。

④Braking：当前后车间的距离小于期望安全距离时，后车驾驶员刹车减速，减速度从中等到最大值。这种情况发生在：前车车速突然变化，或者后车前方的第三辆车（非紧随的前车）变化车道。

对于每一种驾驶模式，后车的加速度由前后车的车速和速度差，前后车间的距离以及驾驶员和车辆的个性特征所决定。当驾驶员达到了某个以速度差和距离表达的阈值时，他将从一种驾驶状态转换到另一种驾驶状态。例如，近距离车辆间的速度差才比较小，而当前后车的速度差较大时，后车驾驶员必须在接近前车时更早的采取行动。不同驾驶员群体感知速度差和估计距离的能力不尽相同，他们的期望车速和安全距离也存在差异。由于 Wiedemann 模型综合考虑了驾驶员的心理和生理上的感知限制，故称其为生理—心理跟车模型。

2. Wiedemann74 模型

该模型适用于市区内的一般道路驾驶行为。模型的形式为：

$$d = ax + bx \tag{5-30}$$

$$bx = (bx\_add + bx\_mult \times z) \times \sqrt{v} \tag{5-31}$$

式中：d——停车时的平均车辆间距；

bx_add——安全距离附加部分；

bx_mult——安全距离倍数部分；

z——随机因子[0,1]，平均值0.5，标准差0.15的正态分布；

v——车速(m/s)。

3. Wiedemann 99 模型

该模型适用于郊区或者高速道路的驾驶行为。模型的形式为：

$$dx\_safe = CC0 + CC1 \cdot v \tag{5-32}$$

式中：dx_safe——平均安全距离。模型中定义的安全距离是指后车驾驶员跟车时保持的最小距离。当流量很高时，这个距离对于通行能力的具有决定性的影响；

$CC0$(停车间距)——两停止车辆之间的平均期望间隔距离，没有变量；

$CC1$(车头时距)——后车驾驶员对于某一个确定的速度而期望保持的车头时距(s)。该值越大，说明驾驶员越谨慎。

二、PARAMICS 软件

PARAMICS软件采用的跟驰模型如图5-7所示，形式如下所示：

$$dc_j(t) = x_{j-1}(t) - x_j(t) - l(j) + \dot{x}_{j-1}(t) \cdot \Delta t - d_s \tag{5-33}$$

式中：d_s——车辆在停止状态下的安全间距。

$$\dot{x}_j(t + \Delta t) = \dot{x}_j(t) + \ddot{x}_j(t) \cdot \Delta t \tag{5-34}$$

$$x_j(t + \Delta t) = x_j(t) + \dot{x}_j(t) \cdot \Delta t \tag{5-35}$$

方程本身保证了当前车行驶时，后车的减速响应仍能保持安全距离。

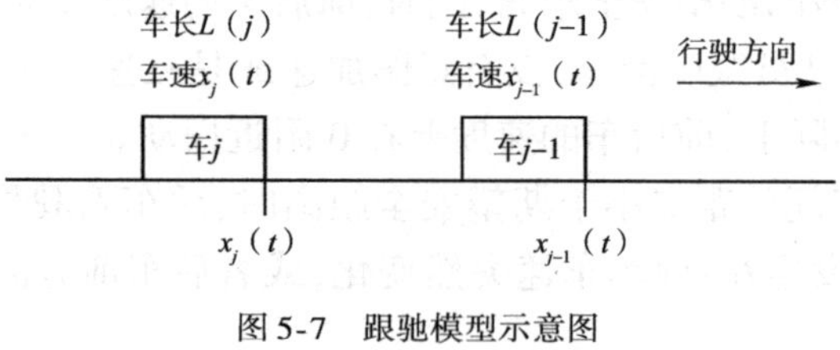

图5-7 跟驰模型示意图

复习思考题

1. 简述跟驰理论的概念，并分析车辆跟驰特性。

2. 简述线性跟驰模型的基本形式、前提假设，并分析模型的优缺点。利用计算机语言，实现线性跟驰模型仿真。

3. 简述非线性跟驰模型的构建原理，利用计算机语言，实现非线性跟驰模型仿真，并与线性跟驰模型进行比较分析。

4. 简述车辆跟驰模型的分类,并分析各跟驰模型的优缺点。尝试利用计算机语言,对各模型进行计算机仿真。

5. 选取城市某路段,对车辆跟驰行为进行调查分析,并利用 VISSIM 仿真软件或者 PARAMICS 软件,对跟驰模型参数进行标定。

参考文献

[1] 张秋,徐慰慈,严宝杰. 交通工程学[M]. 北京:人民交通出版社,1983.

[2] 丹尼尔 L · 鸠洛夫,马休 J · 休伯. 交通流理论[M]. 蒋璜,等译. 北京:人民交通出版社,1983.

[3] 任福田,徐吉谦,朱长仁,等. 交通工程学导论[M]. 北京:人民交通出版社,1987.

[4] 朱永明. 简明交通工程学[M]. 北京:人民交通出版社,1997.

[5] 罗霞. 高等级公路交通流理论[M]. 重庆:西南交通大学出版社,1999.

[6] 李作敏. 交通工程学[M]. 北京:人民交通出版社,2000.

[7] 徐吉谦. 交通工程总论[M]. 北京:人民交通出版社,1991.

[8] 张命生. 交通工程学基础[M]. 北京:人民交通出版社,2002.

[9] 李江. 交通工程学[M]. 北京:人民交通出版社,2002.

[10] 徐吉谦. 交通工程总论[M]. 北京:人民交通出版社,2002.

[11] 任福田,刘小明,荣建,等. 交通工程学[M]. 北京:人民交通出版社,2003.

[12] 马骏. 交通流理论基础[M]. 北京:中国人民公安大学出版社,2004.

[13] 任福田,等. 交通工程学[M]. 北京:人民交通出版社,2008.

[14] 尤晓炜,张恩杰,张青喜. 现代道路交通工程学[M]. 北京:清华大学出版社;北京交通大学出版社,2008.

[15] 李淑庆. 交通工程导论[M]. 北京:人民交通出版社,2010.

[16] 张生瑞. 交通流理论与方法[M]. 北京:中国铁道出版社,2010.

[17] 李杰,王富,何雅琴. 交通工程学[M]. 北京:北京大学出版社,2010.

[18] 李力,等. 现代交通流理论与应用(卷 I)—高速公路交通流[M]. 北京:清华大学出版社,2011.

[19] 王殿海,金盛. 车辆跟驰行为建模的回顾与展望[J]. 中国公路学报,2012.

[20] 姜桂艳,丁同强. 交通工程学[M]. 北京:国防工业出版社,2007.

第六章 换道模型

本章要求:本章主要介绍判断性换车道模型和强制性换车道模型等内容。从一般的换道行为过程入手,要求掌握换道行为过程的三大步骤,能够区分判断性换车道模型与强制性换车道模型之间的不同点,掌握这两类模型中的经典模型,能准确地判断出驾驶员的接受模型采用的是间隙接受模型或是加/减速度接受模型。掌握 VISSIM 换道原理,能够标定车道变换参数。在编程语言学习良好的基础上,尝试采集简单数据,提出换道流程,建立数学模型,运用编制程序,并最终进行模型标定和验证等。

第一节 换道行为

一、引言

车辆在道路上的车道变换行为是一个最常见的交通现象,车道变换描述的是车辆因各种需要由当前车道变换到相邻车道的行驶行为。驾驶员根据自身驾驶特性,对周围交通的实时信息如车速、位置等以及道路环境信息如限速、交通管制等,调整并完成自身驾驶目标策略的综合过程。

换道行为对交通流有着很大的影响,会引起交通流扰动,特别是交通拥挤路段。国外一些学者如 Daganzo 等人认为换道是导致交通堵塞的主要原因。

二、微观仿真机制对车辆行驶行为的描述

根据微观仿真机制,对车辆行驶行为的描述可以分为事件扫描法和时间扫描法两类。事件扫描法以预定事件的出现作为建立仿真程序的依据,用来建立仿真程序的事件必须是对仿真具有重要意义的事件。时间扫描仿真法将仿真时段分隔为若干个微小时间间隔,车辆行驶行为的微观仿真模型则描述每辆车在每一微小时间间隔内如何根据其本身的行车状态、周围其他车辆的行驶状态以及其他的道路交通约束条件来决定其在下一时刻的行驶行为,也由此确定其在下一时间间隔内的行车状态。现代微观交通仿真系统多采用时间扫描法,该方法更能反映路网车辆连续动态变化的特性。

车辆的行车状态通过车辆的属性变量来反映,如车速、加速度、位置等。一般情况下,由车辆行驶仿真模型来确定车辆在下一时刻的加速度,再根据当前时刻车辆的车速和位置即

可确定车辆在下一时刻的速度和位置。对车辆位置的描述是基于车道的,即由车道的编号及沿车道行车方向的纵向距离来表示。如果车辆进行车道变换后,车辆位置的变化既包括纵向距离的变化,也包括车道编号的变化。

三、换道过程描述

换道模型描述的内容为车辆换道行为的整个过程。换道模型一般将换道行为细分为三步:换道意图的产生、车道的选择和换道的实施。车道的选择过程亦是对车道变换的可行性分析的过程。车道选择行为产生两个结果:换至目标车道与维持在原车道。交通仿真软件换道模拟的有效性主要取决于车辆换道模型的质量。换道流程详情参见 Hidas 提出的图 6-1。

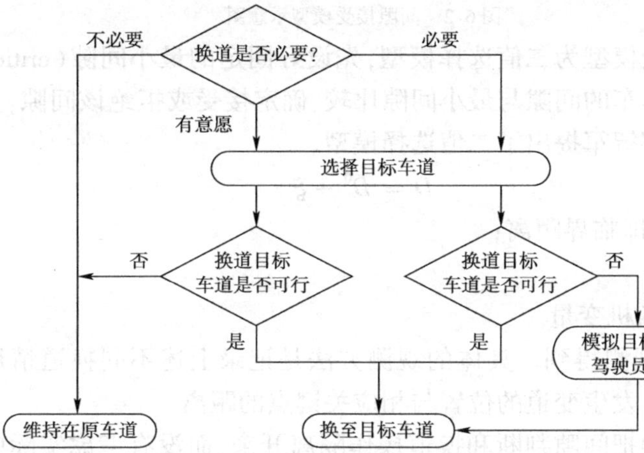

图 6-1 Hidas 换道流程图

1. 换道意图的产生

由于换道车辆的行驶速度达不到或者超出了驾驶员的心理期望值,也可能由于当前车道发生交通事故,或遇到车道使用的限制,或即将驶入驶出交织区段(匝道)等情况而产生了变换车道的意图。

2. 车道的选择

车辆汇入(lane merge)或是穿越(lane pass)时,驾驶员必须先看目标车道上的前、后车的位置和速度,判断它们之间是否存在足够的间隙来换道。因此,如何描述驾驶员的接受行为是换道行为研究的重点之一。驾驶员的接受模型主要包括间隙接受模型和加/减速度接受模型。

(1)间隙接受模型

这里"间隙"是指换道车辆能够安全汇入两车之间的间距或时距。"相邻间隙"指换道车辆相邻车道上的前车和后车之间的间距或时距。假如车辆汇入后,形成的两个新的间隙能满足安全要求,则这个"相邻间隙"是可接受的,就可以实行换道操作。完成换道操作所需要的间隙被称为"可接受间隙"。如图 6-2 所示。

从 20 世纪 60 年代发展起来的间隙接受模型(gap acceptance model)即是描述车辆如何根据间隙做出是否换道判断决策的模型。这种间隙可以是时间间隔,也可以是空间间隔,根据经验,对于处于自由流情况的道路主要考虑其时间间隔,而对于缓慢移动或者排队的车流主要考虑其空间间隔。

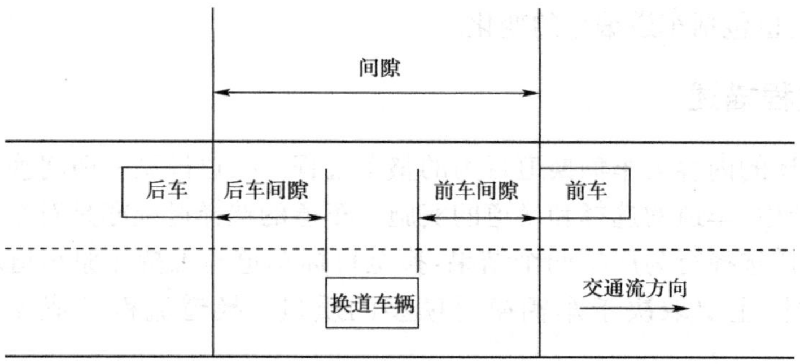

图 6-2　间隙接受模型示意图

最简单的间隙接受模型为二值选择模型,先设好固定的最小间隙(critical gap),然后将目标车道的前后车与本车的间隙与最小间隙比较,确定接受或拒绝该间隙,直接判定是否能安全汇入或是穿越。邹智军提出了二值选择模型。

$$D = D^0 + \xi \tag{6-1}$$

式中:D——最小间隙,即临界距离;

D^0——常数值;

ξ——正态分布随机变量。

D^0、ξ 可通过实地观测得到。具体的观测方法是记录上述不同换道情形下车辆在不受相邻车道上车辆干扰时发生变道的位置与相应关键点的距离。

这种间隙接受模型把间隙判断和换道操作隔离开来,而没有考虑实际中驾驶员之间的竞争、互相协作的关系,即缺乏机动性、灵活性。因此,只有在路段上车辆很少、存在很多较大车间距的时候换道行为才可能发生;而密度较大或是拥挤的情况下,换道将永远不会发生。

另一种更为常用的间隙接受模型为间隙概率选择模型,即假设不同驾驶员对于临界间隙的心理选择符合某种分布。在仿真中对于每名驾驶员根据给定的分布产生对应的特定临界间隙,然后根据当前间隙与临界间隙对比来接受或拒绝该间隙。当需要强制换道时,可令换道概率为 1,以避免换道永不发生的情况。

概率选择模型有助于对驾驶员判断的不确定性和非一致性进行建模。Herman 和 Weiss 认为临界车隙呈现指数分布,Drew 等认为临界车隙呈现对数正态分布,Miller 则认为临界车隙呈现均匀分布。

HCM(1985)将临界车隙设为所有观测到被接受间隙的中位数。而 HCM(2000)对此进行了修改,将临界车隙设为所有观测到被接受间隙的最小值。

Mahmassani 和 Sheffi 认为最小间隙的均值受到其他因素的影响,这些因素包括驾驶员的等待时间、行人干扰等。Daganzo 提出最小间隙分布由两部分相加而成:一部分是对于不同驾驶员符合正态分布的平均最小间隙;另一部分是对于同一驾驶员符合正态分布的个人最小间隙。

还有的模型引入所谓的"拒绝间隙"的概念。其定义为:换道车辆不能汇入相邻车道的间隙。而“最小拒绝间隙”指的是所有车辆的拒绝间隙中的最大值。如果当前间隙大于“可接受间隙”，则允许换道；如果当前间隙小于“最大拒绝间隙”，则禁止换道；而当前间隙小于“可接受间隙”且大于“最大拒绝间隙”时，驾驶员按一定概率换道。

Ahmed 提出了如图 6-3 所示的分层树状间隙接受模型。其中在决策树的第一层，第 n 辆车在 t 时刻选择进入强制换道的概率计算公式为：

$$P_t(MLC \mid v_n) = \frac{1}{1 + \exp[-X_n^{MLC}(t)\beta^{MLC} + \alpha^{MLC}v_n]} \tag{6-2}$$

式中：$X_n^{MLC}(t)$——行向量，该行向量的每个元素表征一个影响强制换道的因素，包括距离道路关键点的距离，一次性所需转移的车道数等；

β^{MLC}——对应的参数列向量；

v_n——标准正态分布的随机数；

α^{MLC}——控制参数。

α^{MLC}与 v_n 的乘积用来描述驾驶员的观测/判断误差。α^{MLC}、v_n 越大，进入强制换道状态的时间更早。

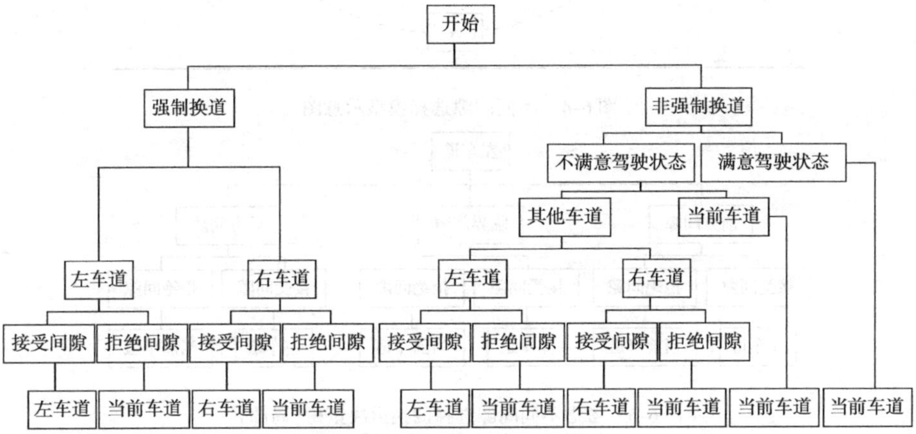

图 6-3 分层间隙接受模型示意图

类似地在决策树的第二层，第 n 辆车在 t 时刻选择进入不满意当前驾驶状态而选择换道（driving conditions not satisfactory）的概率计算公式为：

$$P_t(DCNS \mid v_n) = \frac{1}{1 + \exp[-X_n^{DCNS}(t)\beta^{DCNS} + \alpha^{DCNS}v_n]} \tag{6-3}$$

式中：$X_n^{DCNS}(t)$——影响不满意当前状态换道的因素；

β^{DCNS}、α^{DCNS}——相应参数。

在决策树的第四层，间隙接受模型为：

$$\begin{aligned} P_t(Accept\quad Gap \mid v_n) &= P_t(AcceptLead\quad Gap \mid v_n)P_t(AcceptLag\ Gap \mid v_n) \\ &= Pr(G_n^{lead}(t) > G_n^{critical,lead}(t) \mid v_n)Pr(G_n^{lag}(t) > G_n^{critical,lag}(t) \mid v_n) \end{aligned} \tag{6-4}$$

式中：$G_n^{lead}(t)$和 $G_n^{lag}(t)$——t 时刻的前车间隙和后车间隙；前、后向临界间隙 $G_n^{critical,lead}(t)$ $G_n^{critical,lag}(t)$的计算公式分别为：

$$G_n^{critical,lead}(t) = \exp[X_n^{lead}(t)\beta^{lead} + \alpha^{lead}v_n + \varepsilon_n^{lead}(t)] \tag{6-5}$$

$$G_n^{critical,lag}(t) = \exp[X_n^{lag}(t)\beta^{lag} + \alpha^{lag}v_n + \varepsilon_n^{lag}(t)] \tag{6-6}$$

式中：对于前车临界间隙，$X_n^{lead}(t)$——行向量，该行向量的每个元素表征一个影响前后临界间隙的因素；

β^{lead}——对应的参数列向量；

α^{lead}——控制参数；

$\varepsilon_n^{lead}(t)$——附加随机扰动项。后向临界间隙的情况类似。

依次计算该决策树每个叶节点的概率，然后逐层连乘即可得到总的换道决策概率。Toledo 进一步发展了该方法，特别分析了当有多个待选的换道间隙时的计算公式。如图 6-4 所示，此时 A 车驾驶员可考虑加速换道进入车辆 B 和 C 之间，也可转到临近的间隙车辆 C 和 D 之间，亦可考虑减速进入车辆 D 和 E 之间。此时，图 6-3 所示的决策树的第三层和第四层之间将插入新的一层，变成类似图 6-5 所示的形式。

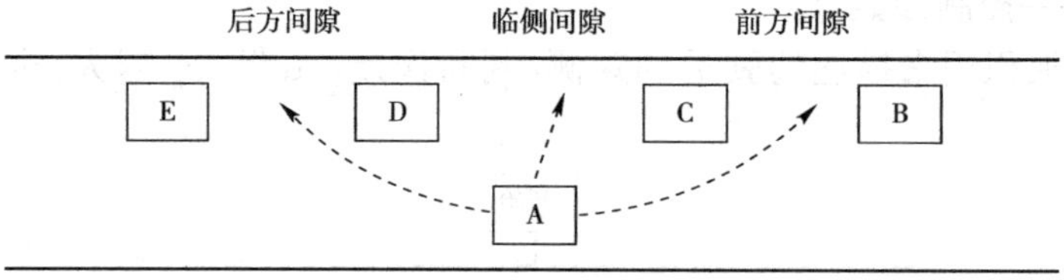

图 6-4　不同间隙选择模型示意图

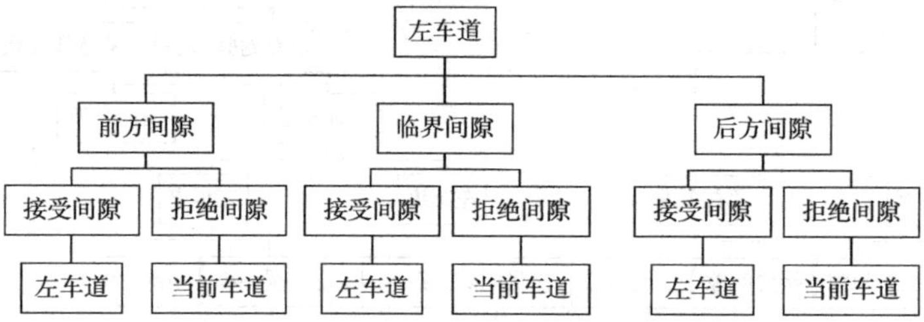

图 6-5　考虑不同间隙选择的换道决策树（局部）

Choudhury 进一步分析了换道作为一个持续性行为的特性并指出：在换道准备期间，驾驶员在 $t+1$ 时刻的决策与 t 时刻的决策相关，其行为有着内在的一致性。在 Choudhury 中，这种决策过程被称为 latent plan，并引入隐 Markov 模型（hidden Markov model，HMM）进行描述和分析。

（2）加/减速度接受模型

Gipps 提出了一种加/减速度接受模型来判断换道的可行性。这一模型要求后车与前车应保留足够的间隙，即使前车以最大减速度减速至停止，后车也有足够的反应时间跟着减速至停止而不发生碰撞。

对于换道模型而言，Gipps 换道模型将分别计算下述两个加速度：

①换道车辆进入新车道，开始对目标车道前车的正常跟驰所需要的减速度 d_1；

②换道车辆进入新的目标车道后，目标车道后车进入对该完成换道车辆的正常跟驰所需要的减速度 d_2。

如果 d_1 和 d_2 小于最大可行减速度 $d_{\max}$（刹车减速度），且 d_1 小于另外计算得到的换道

风险减速度 d_n，则接受换道。

其后的模型对于 Gipps 换道模型的换道风险减速度 d_n 有着不同的改进。例如将强制换道时的换道风险减速度公式改为

$$d_n = \left[2 - \frac{D - x_n(t)}{10V_n}\right] d_{LC}\theta_n \tag{6-7}$$

式中：D——道路关键点（车道封闭起始点、车道终点、道路拐弯点，前车车尾等）的位置；

$x_n(t)$——第 n 辆车在 t 时刻的位置；

V_n——第 n 辆车的期望速度；

d_{LC}——车辆换道时的平均减速度；

θ_n——第 n 辆车的换道主动性参数。仿真中常假设 θ_n 符合正态分布来模拟不同驾驶员的主动性差异。

Gipps(1986) 换道模型计算量较大且对于驾驶员的行为分析过于保守，计算得到的接受换道的可能性低于实际情况。其后的模型较少直接采用这种加/速度接受模型。

可行性检测主要是分析目标车道上是否有合适的间隙允许安全地执行换车道。传统的可行性检测模型大多是间隙接受模型（如 MITSIM 模型、Nagatani 模型）及加/速度接受模型（如 Gipps 模型、FRESM 模型、NETSIM 模型和 SITRAS 模型）。

间隙接受模型的缺陷是间距没有考虑车辆的速度，车辆速度不同时可接受的最小间距值应是不同，高速流时可接受的最小值明显大于低速流时的可接受值。

加/速度接受模型是比较换道车辆跟驰目标车道前车的加速度和目标车道后车跟驰主车的加速度是否大于某一临界值，这一检测的缺陷是在车流处于饱和且较为稳定状况时，前后车辆的加速度和速度几乎一致，这就容易存在加速度大于给定临界值但间距很小而发生了换道的不合理情况。

另外，现有换道模型分析的多为一种理想的换道情况，满足条件就换，不满足条件就保持原来的跟驰行为。不考虑前后间隙不足时，车辆间可能会先减速以拉大间隙，再寻找机会实施换道的情况。

3. 换道的实施

对车道变换的可行性分析后，驾驶员发出换道实施的指令开始变换车道。否则，维持在原车道行驶或者停车等待直到有机会完成换道行为。

换道模型按照意图产生的情况分为判断性换车道和强制性换车道。下面介绍这两种模型的内容。

第二节 判断性换车道模型

一、基本概念

判断性换车道（Discretionary Lane Change，DLC），又称随意性换道、自由换道、任意性车道变换，是指换道车辆在遇到前方同一车道内速度较慢车辆时为了追求更快的车速、更自由的驾驶空间（或者因为保持正常驾驶避开快速接近的后车）而发生的变换车道行为。这是由

于换道车辆的行驶速度达不到或者超出了驾驶员的心理期望值而进行换道。换道车辆在不变换车道的情况下也能在原车道上完成其行驶任务，因此变道不是强制的。

每一名驾驶员在特定交通流密度下都有一定期望车速，该期望车速与车辆机械性能、驾驶员特性、道路的限速措施等有关。当车辆在当前车道行驶时，由于受到前方慢车的影响而使其车速低于其期望车速的一定数值范围内，则车辆会产生判断性换道意图。而当车辆产生换道意图后，会确定目标车道并判断换道的可行性。若换道可行则实施换道，否则将继续在原车道行驶。

目前的仿真系统均根据其重要性，依次考虑不同交通场景对驾驶员换道决策和目标车道选择的影响。如已处于匝道区或道路交叉口时，需进行必要的强制换道；当在远离匝道区或道路交叉口的路段上，驾驶员先考虑换道能否提高行驶速度，再检测是否存在交通控制、前方是否为大车、是否有障碍物等因素，计算是否进行判断性换车道。

二、模型建立

1. 需求产生

需求产生算法主要有 PLC 法和综合评价法两种方式。

PLC 是换车道概率的概念。这种方法应用简单的驾驶满意状态的评判指标，对于处于不满意状态的车辆，由概率分布的方式初始化哪些车辆有换车道需求。

我国的张弘研究了基于效用选择的换车道模型，在对 PLC 应用中的局限性分析的基础上，从车辆的微观行为特征入手，将相邻车道中存在的间隙作为产生换车道需求的影响因素，评价车辆分别在本车道、相邻车道行驶的满意程度进而产生换车道需求，建立起基于效用选择的换车道模型，并给出了仿真结果，取得较好的效果，但是仍需要进行普适性的验证。

综合评价法满足了驾驶员驾驶策略中的实际需求产生过程，在模型的适用性、可转移性等方面更为可靠。但这样的模型文献中只是略有提及，对其详细实现过程介绍的很少。

2. 间隙检测

评价相邻车道是否有合适的间隙允许安全地执行换车道。

3. 换车道执行

一般有两种方法。一种是初始化一个换车道偏角。另一种更为普遍的方法是定义一个大致的完成换车道行为所需要的时间 T。一般 T 取 2 ~ 3s。

三、经典判断性换车道模型

1. MITSIM 模型

MITSIM（MIcroscopic Traffic SIMulator）模型是由 Q. Yang 和 H. N. Koutsopoulos（1996）在 Gipps 模型基础上提出的，并且对 Gipps 模型进行了补充发展。在该模型中首次把换道行为分为强制性换车道（Mandatory Lane Change, MLC）和判断性换车道（Discretionary Lane Change, DLC）。强制性换车道定义为由于当前车道发生交通事故，或者遇到车道使用的限制，或者即将驶入驶出交织区段（匝道）等情况而发生的换车道行为。该模型中强制性换车道采用的是 Gipps 模型的方法，本章第三节将详细介绍 Gipps 模型，此处不再赘述。

判断性换车道模型把换道过程分为三大步骤：

(1)首先判断是否有必要换道并确定换道的类型。在MITSIM的换道模型中,其换道需求由当前车道和目标车道的交通状况共同决定。对于强制性换车道类型,则为当前车道发生交通事故,或者遇到车道使用的限制,或者即将驶入驶出交织区段(匝道),车辆将强制变道,否则停车等待,直到有机会完成换道;对判断性换车道类型,该车道前方车辆运行速度低于期望速度或车道的最大速度,忍耐因子等参数被用来确定当前速度是否足够低,据此判断是否有换道的需求。

(2)检测间隙并选择换道方向

通常车道是否可换入需要考虑诸如速度差、车头间距、换道规则、车道使用权、车道间的连接、信号状态、事故、主要交通状况、驾驶员的期望速度和车道的最大速度等因素。

确定可换入的车道后,将检测目标车道的前后间隙是否充足。判断性换道的最小间距可表示为:

$$g_n^i = g^i + \xi_n, i = lead, lag \tag{6-8}$$

式中:g_n^i ——车辆 n 在判断性换道时能接受的最小间距;

g^i ——平均可接受间距;

ξ_n ——随机误差项。

(3)实施换道行为

确认最小间距,进行二值对比,从而判断变道与否。

MITSIM模型继承了Gipps模型的思想,提出的换车道行为的分类从实际情况来看有一定的合理性,给出了较为详细的判断性换道和强制性换道的规则,并把Gipps模型归类为强制性换车道模型。至今对换道行为的分类大多还是采用这种分类。在最小间距中引入了随机误差项。但它没有考虑间隙不足时,车辆间竞争合作下的减速让行行为。

2. CORSIM模型

CORSIM(CORridor traffic SIMulation)由美国联邦公路署(FHWA,1998)开发,整个模型采用的是MITSIM的模型框架。综合了用于高速公路的FRESIM和用于城市道路的NETSIM两大模型。

(1)FRESIM换道模型

FRESIM换道模型由动机、利益和紧急三个因素组成。动机因素由一个被定义为不可忍受的速度极限值的外生变量决定,当车辆的速度低于这一极限值时,驾驶员便会产生换道的动机;利益因素代表换道获得的利益;紧急因素则指换道愿望的强烈程度,驾驶员可接受的减速度与换道的紧急因素有关。可接受的减速度由下式得出:

$$d = \begin{cases} d_{\min} & U < (1 - 0.05 \times c) \\ d_{\min} + (d_{\max} - d_{\min}) \dfrac{U + 0.05 \times c - 1}{0.05 \times c} & U \geq (1 - 0.05 \times c) \end{cases} \tag{6-9}$$

式中:$d_{\min}$ ——可接受的最小减速度;

$d_{\max}$ ——可接受的最大减速度;

c——换道的反应延迟时间;

U——紧急因素,它由公式决定:

$$U = DAF \times NLC \times (V_F^{des})^2 \div [20(x - x_0)]$$

DT——驾驶员的类型编号,$DT = 1 \sim 10$,$DAF = [1.0 + (DT - 5.5)]/F_{DA}$;

F_{DA}——驾驶员驾驶倾向性指标；

NLC——换道所需的次数；

V_F^{des}——有换道意图车辆的期望速度；

x——车辆的当前位置；

x_0——换道的目标位置。

(2) NETSIM 换道模型

NETSIM 换道模型包括强制性换道和判断性换道。车辆在当前车道发生交通事故，或者遇到车道使用的限制，或者即将驶入驶出交织区段(匝道)的情况下的换道为强制性换道，只有后车能减速不至于与前车相撞时，车辆才会实施换道。

NETSIM 的判断性换道模型主要由换道动机和间隙检测两部分组成。换道动机由换道车辆的实际速度以及它与当前车道前车的车头间距共同决定，该模型假定当车头间距小至不可忍受或实际运行速度小于给定的不可忍受值的 1/2 时，车辆将尝试换道。不同驾驶员的不可忍受的车头间距值是不同的，具体值由下式决定：

$$DT > 9 \times \frac{\dfrac{S - 2 \times (V_F - V_L)}{V_F^{des}} - h_{\min}}{h_{\max} - h_{\min}} \tag{6-10}$$

式中：DT——驾驶员的类型编号，$DT = 1 \sim 10$；

S——换道车辆与当前车道前车的间距；

V_F——换道车辆的实际速度；

V_L——目标车道前车的实际速度；

V_F^{des}——有换道意图车的期望速度；

$h_{\min}$——所有车都试图换道的最小车头时距；

$h_{\max}$——没有一辆车试图换道的最大车头时距。

FRESIM 的换道模型由动机、利益和换道愿望的强烈程度三个因素组成，NETSIM 的换道模型则由选择性换车道和强制性换车道组成。软件综合性较强，是一个很好的集合了 Gipps 与 MITSIM 模型。

但是由于综合性过高，使得模型太过复杂，参数过多，有的参数不好标定，所以通用性不是很好。同时在 FRESIM 模型中不能体现道路通行能力的实际数据和模型理论数据之间的联系。为了修正这个不足，Cohen(2004)引入供应方、需求方和松弛过程。供应方指的是与目标车道前车、后车之间的合适的间隙。需求方指的是换道车的换道需求和对换道车与目标车道前车、后车之间的间隙是否可接受的预判。松弛过程完全缘于跟驰模型，也就是换道完成后，在换道间隙较小的情况下，目标车道的后车与换道车之间会出现小距离间距的跟驰行为，这种跟驰是现实中存在的。

第三节　强制性换车道模型

一、基本概念

强制性换道是指车辆由于当前车道发生交通事故，或者遇到车道使用的限制，或者即将驶入驶出交织区段(匝道)而必须换道的情况;当驾驶员产生强制换道意图后,首先将减速并选择目标车道,在确定了目标车道后,再判断向目标车道换道的可行性。若换道可行则实施换道,否则停下来等待,直到有机会完成换道。因此,在换道行为仿真中,不仅要知道附近车辆的信息,还需要知道相关道路的信息。图6-6显示了几种常见的强制换道场景。

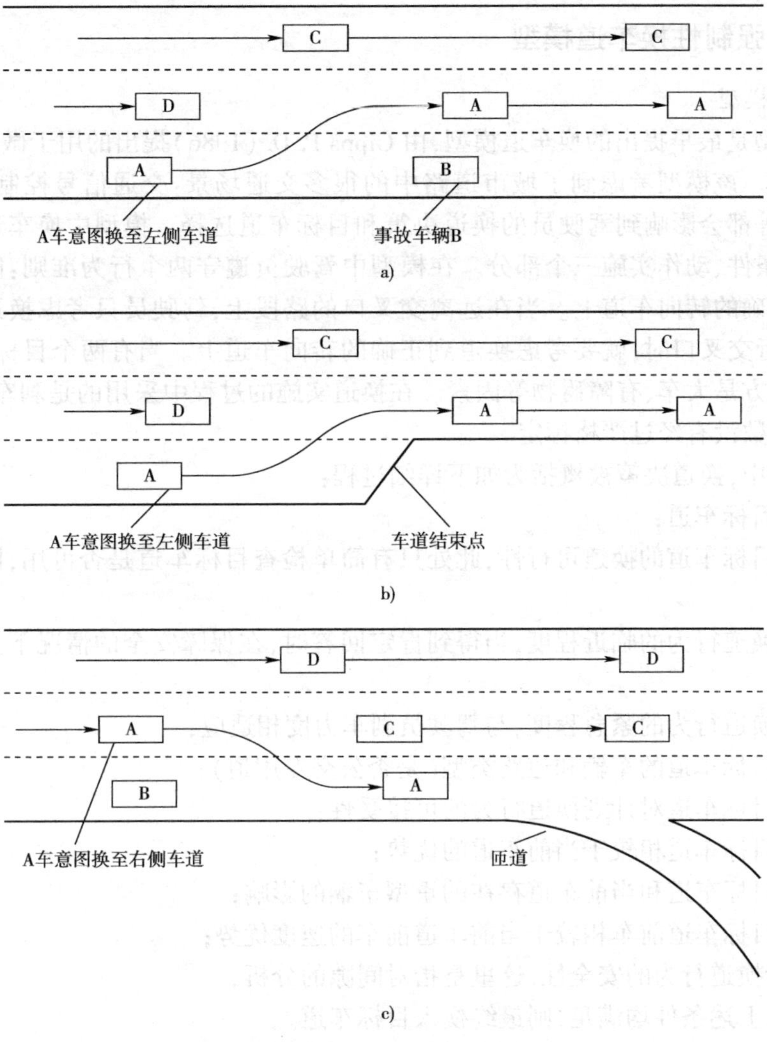

图6-6 常见的强制换道情况

不难看出,强制换道过程中车辆必须在道路某一关键点之前完成其车道变换行为,而决定是否会产生编导意图的最直接因素是车辆与关键点之间的距离。驾驶员特性、车辆的机械特性等因素决定了该临界距离的大小。

二、模型建立

1. 强制请求

假设车辆初始化时就具有换道需求并不停地检测目标车道的车辆接受间隙从而尝试完成换车道。

2. 判断请求

判断请求的换道车辆在每一步对相邻的数个间隙同时进行检测，选择满意度大的间隙作为目标间隙，调整自身的驾驶行为方式。交织区的强制性换车道行为有它的特殊之处。比如，车辆越接近交织区末尾，驾驶员可接受的临界间隙越小。

三、经典强制性换车道模型

1. Gipps 模型

Gipps 模型是最早提出的换车道模型，由 Gipps P. D.（1986）提出的用于微观交通仿真的换道决策模型。该模型考虑到了城市道路中的很多交通场景：交通信号控制、障碍物的阻滞、前方大车等都会影响到驾驶员的换道决策和目标车道选择。模型中换车道行为分为产生意图、探测条件、动作实施三个部分。在模型中驾驶员遵守两个行为准则：能提高驾驶速度和行驶在正确的转向车道上。当在远离交叉口的路段上，驾驶员只考虑换道能否提高行驶速度；在接近交叉口时，就要考虑换道到正确的转向车道上。当有两个目标车道时，驾驶员就要考虑前方是大车、有障碍物等因素。在换道实施的过程中采用的是刹车减速的行为。此模型中的参数没有经过严格标定。

在该模型中，换道决策被概括为如下详细过程：

（1）选择目标车道；

（2）估计目标车道的换道可行性，此处只有简单检查目标车道是否可用，同时避免遭遇阻碍；

（3）决定换道行为的临近程度，当得到肯定回答时，在保障安全的情况下立即执行换道行为；

（4）决定换道行为的紧急程度，与驾驶员刹车力度相适应；

（5）分析目标车道的车辆和道路类型（是否公交专用道）；

（6）分析目标车道对计划换道行为的可接受性；

（7）分析目标车道相较于当前车道的优势；

（8）考虑目标车道和当前车道存在的重型车辆的影响；

（9）考虑目标车道前车相较于当前车道前车的速度优势；

（10）估计换道行为的安全性，这里是指对间隙的分析；

（11）如果上述条件均满足，则最终换入目标车道。

Gipps 模型假定驾驶员行为是理性的，据此重点分析了潜在冲突影响下的换道决策过程。该模型认为车辆是否换道主要取决于以下 6 个因素：①确认换道是否安全、可行，能否避免碰撞发生；②障碍物的位置；③专用车道的出现；④驾驶员预定的转向运动；⑤重型车的出现；⑥当前车道和目标车道的相对速度优势。换道是否安全可行由换道所需的减速度（$[V_n(t+T)-V_n(t)]/T$）是否大于可接受的减速度（一般假定为 -4m/s^2）。$V_n(t)$ 为车辆 n 在 t 时刻的速度，而 $V_n(t+T)$ 由下式决定：

$$V_n(t+T) = b_nT + \{b_n^2T^2 - b_n[2x_{n-1}(t) - 2x_n(t) - 2s_{n-1} - V_n(t)T - V_{N-1}^2/\lambda b]\}^{1/2} \tag{6-11}$$

式中：$V_n(t+T)$ ——车辆 n 在 $t+T$ 时刻的速度；

b_n ——车辆 n 能接受的减速度，$b_n < 0$；

T ——速度和位移的计算步长；

$x_n(t)$ ——车辆 n 在 t 时刻的位置；

s_{n-1} ——车辆 $n-1$ 的有效长度；

λb—— b_{n-1} 的一个估计值。

显然 Gipps 模型只考虑了有障碍的情况下的换道行为，在实际换道行为中除了有障碍的情况还有无障碍的情况下驾驶员也会实施换道行为。

同时，Gipps 模型在换道需求的判断之前就先进行可行性检测，这与现实逻辑不符，且存在计算量庞大，计算无效率等缺陷；另外，Gipps 模型也没有得到实测数据的验证。尽管如此，Gipps 模型作为早期工作，首次建立了换道决策的结构框架，具有开创意义，许多后期的模型（如 AIMSUN2、MITSIM、SITRAS 等）都源于这一思想框架。

2. SITRAS 模型

SITRAS 模型（Simulation of Intelligent Transport Systems）是由 Hidas（2002）等开发的一个基于人车单元的智能化的仿真系统，主要对交通系统在堵塞、事故的情况下进行分析和管理的模型。在该模型中采用了 Multi－agent 智能主体，同时对换车道的方式进行了划分。

该模型的换道可行性判断基于以下两个条件：①主车跟随目标车道前车的减（加）速度是否大于主车可接受的减速度；②目标车道后车跟随主车时的减速度是否大于目标车道后车可接受的减速度。主车和目标车道后车的减速度由跟车模型算出，而可接受的减速度由下列公式算出，这一公式是对 Gipps 提出的公式的一个改进，具体为：

$$b_n = \frac{[2 - (D - x_n(t))]}{(10v_n)} b_{LC}\theta \qquad (6\text{-}12)$$

式中：b_n ——车辆 n 在 t 时刻可接受的减速度；

D ——预定的转向或障碍物的位置；

$x_n(t)$ ——车辆 n 在 t 时刻的位置；

v_n ——车辆 n 的期望速度；

b_{LC} ——车辆愿意接受的减速度的平均值，一般取最大减速值的一半；

θ ——驾驶员的风险系数，它代表驾驶员间的个体差别，服从正态分布，取值范围为0～99。条件 1 中的 θ 为平均风险系数（$\theta = 50$）与主车驾驶员的风险系数的比值，条件 2 中的 θ 为主车驾驶员的风险系数与目标车道后车驾驶员的风险系数的比值。

SITRAS 模型把人车单元当作一个多智能体，考虑了后间距不足时，车辆间的竞争合作关系及其减速让行行为，能很好地反映受事故影响的交通状况下的换道行为。正是由于这一模型的专用性，使得它并不能推广到一般的交通状况。

随着 ITS 等新技术的开发和应用，对车辆行驶关键过程的深入理解再次受到交通学者们的重视。用仿真方法模拟换道行为的基本步骤包括明确换道流程、建立数学模型、编制程序、模型标定和验证等。然而，换道行为及其模型的研究仍不成熟，还有很多方面值得深入探讨。目前的研究还没有分析 ITS 等新技术对换道行为的影响，未能详细论述换道对周边车辆以及整个交通流的影响，也缺乏基于我国交通特性的实证研究。

智能交通系统（ITS）、驾驶员信息诱导系统和车辆自动智能巡航系统（ACCS）等新技术的开发和应用，驾驶员的换道决策行为将在很大程度上有别于过去。比如，随着ITS的迅速发展，在交通控制系统中驾驶员能得到周边多辆车的速度、间距等精确信息，这些信息的获得都会对驾驶员的换道选择产生影响。

目前的换道研究大多侧重于需求产生、间隙检测等决策过程，而却较少研究换道对周边车辆的影响及对整个交通流的影响。在不同的车流密度下，驾驶员的换道动机以及换道对交通流的影响是不同的。在密度较小时换道主要是为了绕开前面的慢车，提高车速，此时，由于前后间隙较大，换道对周边车辆的影响很小，对提高整条道路的通行有积极作用；当密度较大时，不同车道上的车辆几乎是以相同的较慢速度向前行驶，此时的换道大多是种“见缝插针”行为，对提高本身的车速没有多大益处，反而对周边车辆的影响较大，易导致交通流从有序到无序的转变。

国外的换道模型大多是基于对他们本国的交通调查数据的基础上建立起来的，而我国的交通环境、交通组成、驾驶员心理特性、法规意识等方面都与国外有着较大差异，国外的模型并不一定适合我国的交通状况，完全运用国外模型所进行的管理控制决策不一定能解决好我国的交通问题。目前，我国在换道模型方面的研究还非常薄弱，尤其缺乏换道行为的实证数据。国内学者建立的换道模型大多缺少实测数据的标定和验证，其成果直接应用于实际仍需谨慎。

第四节　VISSIM软件中换车道模型

一、软件中车道变换的分类

VISSIM的换道模型采用的是基于规则的换道模型。VISSIM中的车道变换类型分为两种：强制性换道和判断性换道。强制性换道的目的是为了到达下一个路径的路段连接器。在强制性换道中，驾驶行为参数包含了该车辆和换到新车道上的车辆的最大可接受减速度，这个减速度取决于车辆与下一个路径的路段连接器上紧急停车位置的距离。判断性换道的目的是为获得更大的行驶空间或更高的行驶速度。在判断性换道中，VISSIM会检测新车道上与跟随车辆的期望安全距离，这个安全距离取决于前面车辆和想变换车道车辆的行驶速度。用户可通过改变期望安全距离来影响判断性换道。

在这两种换道情况下，当驾驶员试图变换车道时，首先需要在他的行驶方向上寻找合适的空挡（车头时距）。空挡的大小由变道车辆的车速、需要变换到的车道上的后面紧随车辆的车速，此外对于必要的车道换道，取决于对应的最大减速度。

二、车道变换参数标定

1. 一般行为：定义超车行为的方式

（1）自由车道选择：允许车辆在任何车道上超车。

（2）右行规则或者左行规则：仅当快车道车速高于60km/h时，允许在快车道上运行的车辆超车。在慢车道上时，车辆之间的速度差最大为20km/h时，允许慢车道上的车辆被超车。

2. 强制性换道行为（路径）

对于行驶路径引起的车道变换，需要考虑驾驶员可以接受的减速度、变道车辆和变换到的车道上的后面紧随车辆的最大减速度。减速度的上限定义为最大减速度,下限为可接受的减速度。此外,还需定义减速度的变化率(单位为 m/s^2),表示的是最大减速度随着与紧急停车位置之间的距离的增加,车道变换参数设置如图 6-7 所示。

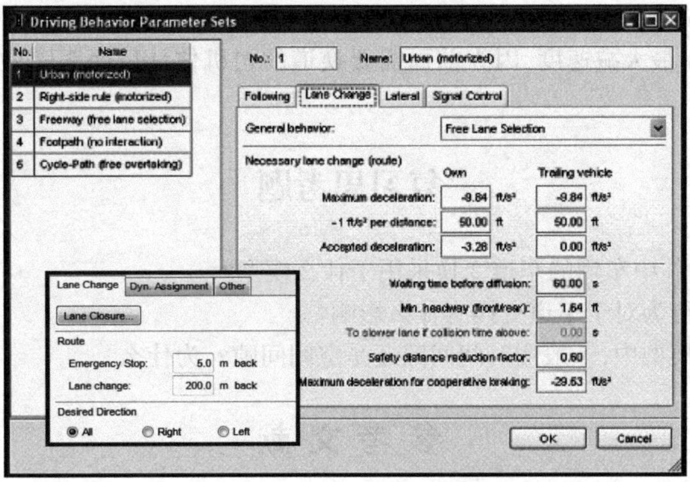

图 6-7 车道变换模型参数设置界面

3. 其他参数

(1)等待换道消失时间,车辆在停车线前等待换道知道小时的最大时间(发生在主动变道中)。当车辆达到等待换道消失时间后就会自动从路网中小时,VISSIM 程序默认为车辆已完成换道,软件中缺省值为 60s,建议值 45~120s。

(2)紧急停车距离,对于必须换道的车辆(被动车辆换道),由于流量太大而无法完成换道,车辆将在此等待机会换道。通常此值对仿真结果影响不是很大,取固定值 6m。

(3)最小车头间距,车辆换道所需要的与前方车辆的最小距离,VISSIM 中缺省值为 0.5m,按照中国国情,此值偏小,通常取 0.5~4m。

(4)在慢速车道上,超车所需的最小时间间隔:仅当车道变换行为设置为右行规则/左行规则时使用。它描述了慢车道上前后车间的最小车头时距,超过该最小时间间隔后,快车道上的车辆可以变换车道到慢车道上。

(5)安全距离折减系数:该参数在每一次的车道变换时都会考虑,它包括:

①与新车道上的要被超车的车辆之间的安全距离,影响决策是否进行换道行为;

②换道车辆自身的安全距离;

③与前面行驶的,车速较慢的换道车辆的距离。

当发生车辆换道时,安全距离缩减了,其计算方法如下:原始的安全距离 x 安全折减系数,参数的建议值为 0.1~0.7,默认的折减系数是 0.6,那么通过计算,安全距离值就比初始值减少了 40%。只要换道行为结束,安全距离重新恢复到原始的初始值。

(6)协调刹车的最大减速度:被超车的车辆驾驶员决定是否开始相应协调地刹车,来允许其他车辆从相邻的车道上变换到他自己行驶的当前车道上。这个值比较大的话,将导致更有力的刹车以及更大的车道变换可能性。前面的车是否仍旧进行换道,取决于换道和跟车参数的安全距离折减系数。由于受到重力加速度($9.81m/s^2$,$32.2ft/s^2$)的影响,最大的值建议取当前加速度的0.7～1.0，参数的建议值为$-9 \sim -3m/s^2$。对于协调刹车的车辆，它的减速度为：

①最大值是期望减速度的50%，直到前面的车辆开始换道行为；

②介于期望减速度的50%和用户定义的协调刹车的最大减速度之间。通常在换道时的减速度要远远小于最大减速度，因为前面需要换道的司机估计后面跟随的车辆不会有很强的减速行为。

复习思考题

1. VISSIM软件中车辆的车道变换采用了什么模型？
2. 驾驶员的行为对于车道变换有什么影响？
3. 间隙接受模型中，一般用时间间隙还是空间间隙？为什么？

参考文献

[1] P. Hidas, "Modelling lane changing and merging in microscopic traffic simulation", Transportation Research, Part C, Emerging Technologies, vol. 10, no. 5 – 6, pp. 351-371, 2002.

[2] 邹智军. 微观交通仿真中的车道变换模型[J]. 中国公路学报, 2002, 15(2):105-108.

[3] R. Herman, G. H. Weiss, "Comments on the highway crossing problem", Operations Research, vol. 9, no. 6, pp. 828-840, 1961.

[4] D. R. Drew, L. R. LaMotte, J. A. Wattleworth, "Gap acceptance in the freeway merging process", Texas Transportation Institute Report, no. 430 – 432, 1967.

[5] A. J. Miller, "Nine estimators of gap acceptance parameters", Proceedings of 5th International Symposium on the Theory of Traffic Flow and Transportation, pp. 215 – 235, 1972.

[6] A. J. Miller, "A note on the analysis of gap – acceptance in the traffic", Applied Statistics, vol. 23, no. 1, pp. 66 – 73, 1974.

[7] Highway Capacity Manual, Transportation Research Board, National Research Council, 1985, 2000.

[8] H. Mahmassani, Y. Sheffi, "Using gap sequences to estimate gap acceptance functions", Transportation Research, Part B, Methodological, vol. 15, no. 3, pp. 143-148, 1981.

[9] C. F. Daganzo, "Estimation of gap acceptance parameters within and across the population from direct roadside observation" [J], Transportation Research, Part B, Methodological, vol. 15, no. 1, pp. 1-15, 1981

[10] K. I. Ahmed, Modeling Drivers' Acceleration and Lane Changing Behavior [N], Ph. D. Dissertation, MIT, Cambridge, MA, 1999.

[11] T. Toledo, Integrated Driving Behavior Modeling [N], Ph. D. Dissertation, MIT, Cambridge, MA, 2003.

[12] C. F. Choudhury, Modeling Driving Decisions with Latent Plans [N], Ph. D. Dissertation,

MIT, Cambridge, MA, 2007.

[13] P. G. Gipps, "A model for the structure of lane changing decisions" [J], Transportation Research, Part B, Methodologies, vol. 20, no. 5, pp. 403-414, 1986.

[14] Yang Q, Koutsopoulos H N. A microscopic traffic simulator for evaluation of dynamic traffic management systems [J]. Transportation Research, Part C, 1996, 4 (3): 113-129.

[15] Shingo Kurata, Takashi Nagatani, Spatio - temporal dynamics of jams in two - lane traffic flow with a blockage [J], Physica A, 2003, 318: 537-550.

[16] Arif Mehmood. Integrated simulation model for driver behavior using system dynamic[D]. Canada: University of Waterloo, 2003.

[17] J. W. Zhang, Y. Zou and L. Ge. A force model for single - line traffic[J]. Physica A: Statistical and Theoretical Physics. 2007,628-640.

第七章　交通规则模型

本章要求:本章包括交通仿真系统的主要交通规则模型,要求掌握间隙穿越规则,主要指主路优先控制交叉口次路车辆穿越规则和全无控制交叉口车辆穿越规则;加减速模型,主要指匀速模型和线性模型;交通信号模型,主要指次路检测半感应控制规则,主路检测半感应控制规则和全感应控制规则;交通流分配模型,主要指路径决策模型和小区 OD 法。

第一节　间隙穿越规则

一、交叉口冲突点

间隙穿越模型主要用于无信号交叉口。对于无信号交叉口,不同方向之间的机动车存在着大量的“冲突”。主要有直行车流与对向左转车流之间的“冲突”,如图 7-1a)所示;垂直方向的直行车流之间的“冲突”,如图 7-1b)所示。在交通仿真系统中可采用间隙穿越模型来描述各方向交通流在冲突点的运动。

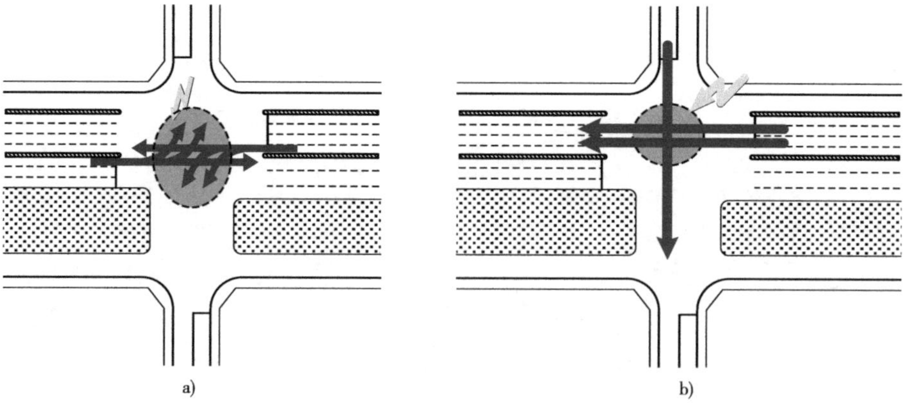

图 7-1　交叉口冲突示意图

二、车流运行原理

无信号交叉口控制方式分为主路优先控制和全无控制两种。主路优先式交叉口的两条相交道路具有明显的主次之分,全无控制交叉口的两条相交道路无主次之分。

对于主路优先控制的仿真必须考虑交通流优先权的不同，即次要交通流中的驾驶员进入或穿越主要交通流时必须判断潜在的冲突车辆与自己车辆之间的距离，并做出是否进入或穿越的决策。主次两条道路相交形成的交叉口，假设主路车流通过交叉口时不受影响，而次路车流必须利用主路车流的间隙通过，次要车流中驾驶员所能接受的主要车流的最小间隙称为临界间隙，一般记为 t_c 。根据通常假设的驾驶员行为模式，只有在主要车流的车辆间隙至少等于临界间隙 t_c 时，次要车流的驾驶员才能进入交叉口。例如，如果临界间隙是 4s，那么次要车流的驾驶员要驶入交叉口至少需要主要车流车辆间有一个 4s 的间隙。另外，在一个非常长的间隙中会有多名驾驶员从次路上进入交叉口，在较长时间间隙中进入交叉口的次要车辆间的车头时距为跟随时间，一般记为 t_f 。

对于全无控制交叉口，相交道路无主次之分，车流进入交叉口时具有明显的车队特征，即两路车流以车队形式交替通过冲突点，穿越通过交叉口。下面以最简单的单向交通交叉口为例加以说明。如图 7-2 所示，设两单向车流分别为 A、B，当 A 车流中出现大于 B 车流的可接受间隙 t_c 时，B 车流开始穿越，并通过一队车辆，直到 B 车流出现大于 A 车流可接受的临界间隙，A 车流开始穿越，如此循环往复，交替通过。需要指出的是，在 A(B) 车流穿越的过程中，首先是原排队等待的车辆以饱和流通过，此时不会出现 B(A) 车流可穿越的车头时距，而随之到达的车辆以自由流通过，此时才有可能出现 B(A) 车流可穿越的车头时距。

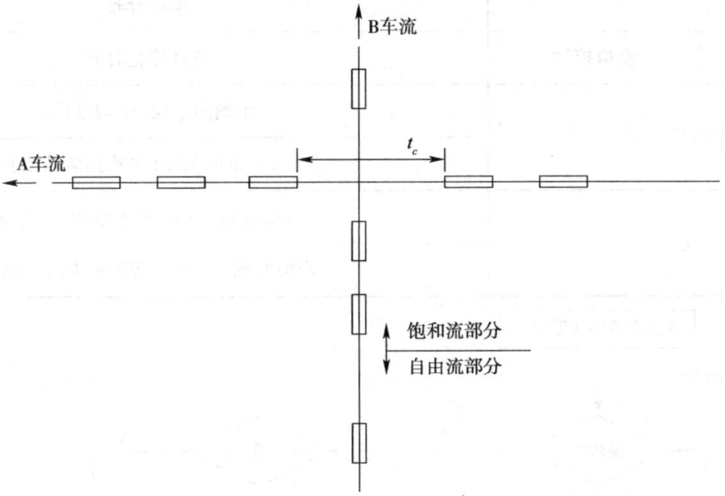

图 7-2 车队通行示意图

三、仿真模型建立

主路优先控制交叉口和全无控制交叉口区别在于二者的车辆运行规则不同，而系统的描述变量相同，如表 7-1 所示。车辆穿越交叉口的逻辑如图 7-3 和图 7-4 所示。图 7-3 为主路优先控制交叉口次路车辆穿越过程图，当次路车辆到达停车线时，判断是否有车辆在排队：①若无车辆排队再判断是否可以穿越，能够穿越则进入交叉口，不能穿越则排队等待；②如果有车辆在排队则判断车队是否可以消散，可以消散则采取跟驰行为，若不可以消散则排队等待。图 7-4 为全无控制交叉口车辆穿越过程图，对于两冲突车流 A 路和 B 路，假设 A 路车流以自由流状态通过交叉口，B 路车流到达停车线，则判断 A 路车流是否有足够的间隙可供 B 路车辆穿越，①若不可以穿越则 B 路车辆排队等待；②若可以穿越则 A 路车辆排队等待，B 路车以饱和流率通过交叉口，随着车队的消散最后以自由流通过交叉口，当 B 路车以自由流通过时，再判断 B 路车流间是否有足够间隙可供 A 路车辆穿越，有足够间隙可供 A 路车辆穿越则 B 路车辆排队等待，A 路车流以饱和流通过交叉口，随着车队的消散最后以自由流通过交叉口。依次循环。

无信号交叉口仿真系统描述变量 表 7-1

输入量	道路单元	交叉口控制类型
		交叉口的几何形状
		各进口道路等级
		各进口道数目、宽度
	人—车单元	各进口分流向交通量、车型构成
		车辆到达分布
		车头时距分布
		车速分布
	模拟控制	仿真停止时间
输出量		车辆的延误(平均延误)
		最大排队长度(平均排队长度)
状态变量		当前时刻车 i 位置、行驶状态、车速
		当前时刻车 i 个等待队列中的车辆数

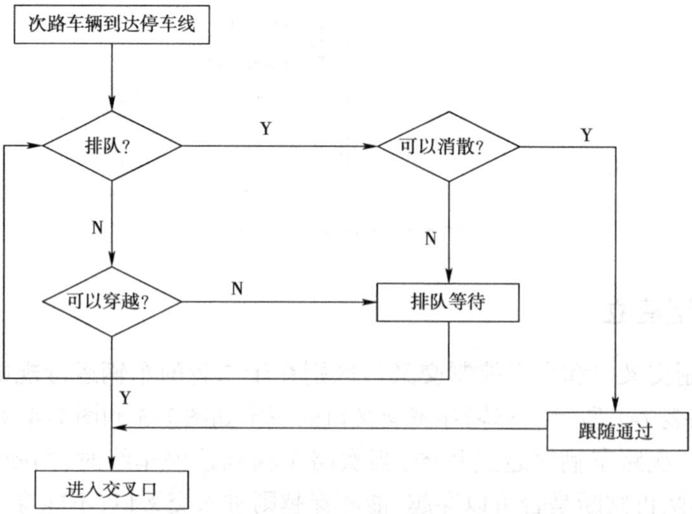

图 7-3　主路优先控制交叉口次路车辆穿越过程图

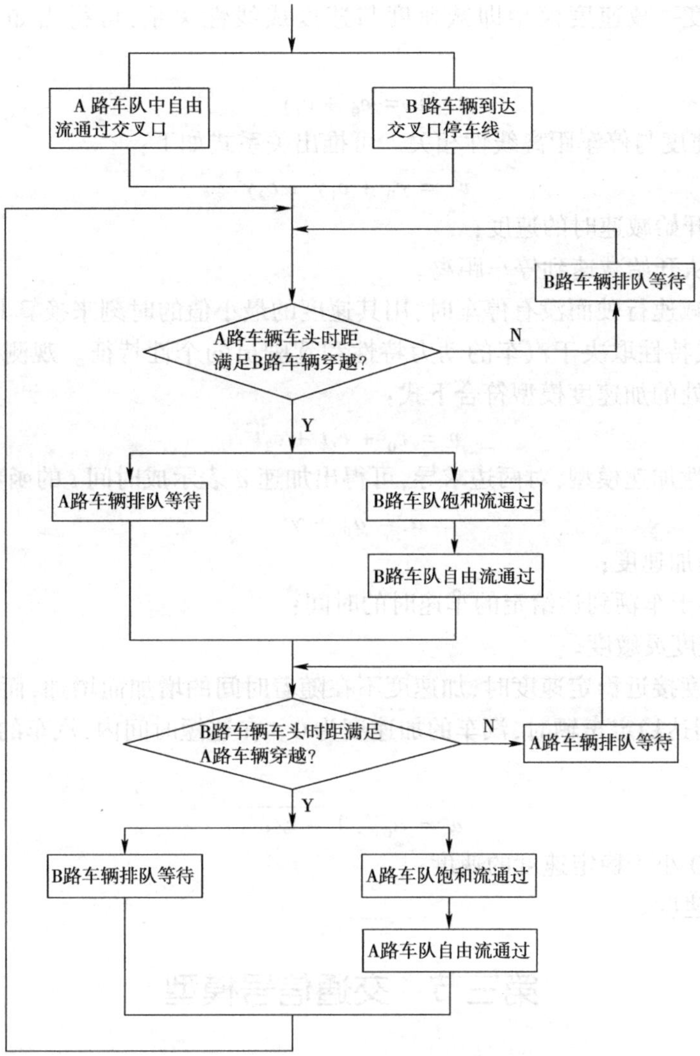

图 7-4　全无控制交叉口车辆穿越过程图

第二节　加减速模型

加减速度模型广泛用于路段、信号交叉口等处。车辆在驶入交叉口时遇到排队或红灯时,必然减速或停车。当其由于排队或红灯而减速或停车后,该方向绿灯闪亮而又一次获得通行权时,其必然有一个加速的过程,在交叉口处有相应的数学模型描述这一过程。

在车辆减速时,常用车辆速度与距离关系来描述车辆的减速运动,一般有以下三种关系形式。

(1)由速度—距离构成的匀速模型:

$$v^2 = c_0 + c_1 y \tag{7-1}$$

(2)线性速度—减速度模型即减速度与速度成线性关系,可得出如下速度—距离关系式:

$$v = c_0 + c_1 y \tag{7-2}$$

(3)假设减速度与停车距离线性相关。可推出关系式如下:

$$v^2 = c_0 + c_1 y + c_2 y^2 \tag{7-3}$$

式中:v——汽车开始减速时的速度;

y——汽车从开始减速到停车距离。

当汽车只是减速行驶而没有停车时,用其速度的最小值的时刻来换算其停车距离、汽车在加速时,其形式特性取决于汽车的动力特性和驾驶员的个性特征。观测数据发现再一般情况下信号交叉处的加速度模型符合下式:

$$v = c_0 + c_1 t + c_2 t^2 \tag{7-4}$$

这是一个线性加速模型,对两边求导,可得出加速 a 表示成时间 t 的函数形式:

$$a = a_0 + \gamma t \tag{7-5}$$

式中:a_0——初始加速度;

t——应小于车辆到达给定的车速时的时间;

γ——化速度灵敏度。

在车辆的速度接近稳定速度时,加速度不在随着时间的增加而增加,而随着时间的减少而减少,当车辆到达稳定车辆时,汽车的加速度为0。在这短时间内,汽车的加速度可由下式表示:

$$a = a_0 \sqrt{1 - v/v^*} \tag{7-6}$$

式中:v——大于0小于稳定速度的速度;

v^*——稳定速度。

第三节　交通信号模型

信号模型主要描述各信号相位开始时刻及结束时刻、信号周期、所控制进口编号等。信号可分为定周期式和感应两大类。

一、定周期信号模型

定周期式信号的仿真比较简单,只需输入信号的周期、相位、每相位的起始时间和黄灯时间即可仿真定周期信号。在仿真定周期信号交叉口时,应注意以下情况:

(1)行人应受信号控制,在待定的相位过街。车辆在绿灯期间直行和左转。原则上右转不受限制,但也可由红灯停止。

(2)在车流或行人流相互冲突时,如果相冲突的一方已经获得通行权,那么另一方的通行权就被禁止。当过街行人获得通行权并在过街时,车辆应该让行。当相毗邻的方向获得通行权且有车辆通过时,本方向右转车辆应该让行。当某一方向获得通行权,驾驶员会有一个绿灯反应时间。当信号变黄时,如果车辆能够通过减速停在停车线以内,则车辆应该停止。遇到黄灯时的减速率取决于驾驶员的类型。

(3)预定周期信号的转换。对于一个交叉口,如果存在多个信号配时方案,随着时间和预测流量的变化,信号系统采取不同的周期,那么信号转换一般依据以下次序,转换开始→仿真系统到达转换时间点,所有方向的信号灯同时变绿→调用新的信号配时方案→新的信号配时方案实施→转换结束。

二、感应信号模型

感应信号的仿真比较复杂,需要对车辆检测器进行适当设置。在系统运行时,每一个时间扫描段,车辆检测器都会对该路段是否有车进行判断,并将检测结果输入控制器。控制器依据一定规则对交通流进行控制,决定哪一方向车流获得绿灯并有通行权。

次路检测半感应控制流程图如图 7-5 所示。在一般情况下,主路上总是绿灯。当检测器测到有车时,立即改变相位,次路为绿灯,主路为红灯;当次路无车时,相位返回主路,否则,当次路到达最短绿灯相位时,强制转换相位。

主路检测半感应控制流程图如图 7-6 所示,在一般情况下,主路上总是绿灯。当检测器在一段时间内测不到主路有车时,才换相位,让次路通车。主路上测得车辆到达时,通车相位返回主路。

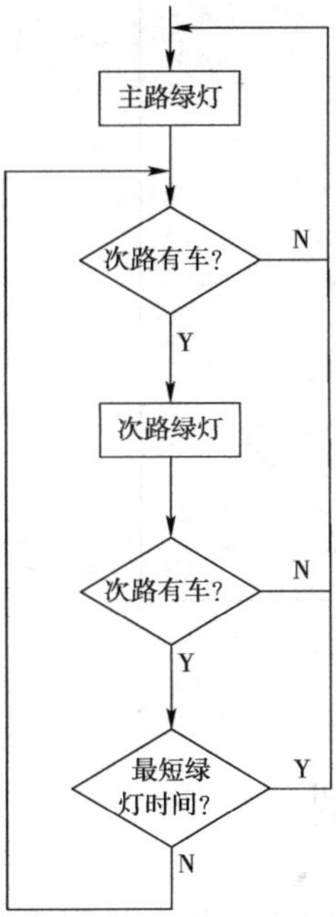

图 7-5 次路检测半感应控制流程图

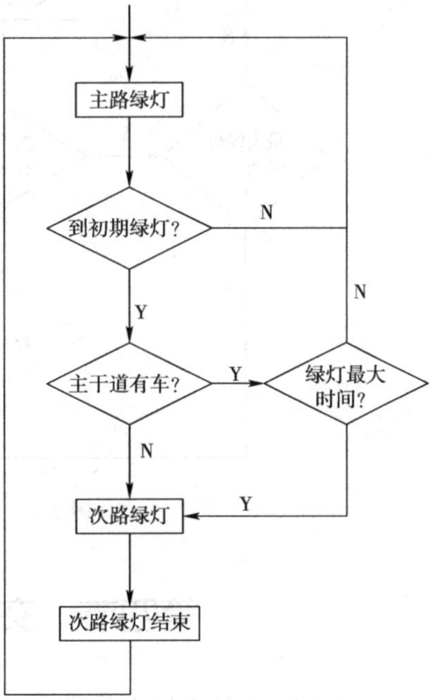

图 7-6 主路检测半感应控制流程图

全感应控制流程图如图 7-7 所示,在交叉口没有车辆到达时,信号系统以定周期方式按最小周期运行。当某一方向来车时,则对来车方向放行。来车方向一旦获得绿灯时,即保持一个最小绿灯时间。绿灯超过最小绿灯时间并没有达到最大绿灯时,如果还有车通过,则来车方向继续获得绿时;如果没有车辆通过,则转换到相反相位。当绿灯时间超过最大绿灯时,无论该方向是否有车,都转换到相反相位。

感应控制的控制方法多种多样,且在不断的完善中。在对感应控制的优化算法进行仿真方面,目前多数仿真软件还比较薄弱,需要通过比较复杂的操作才可能实现。

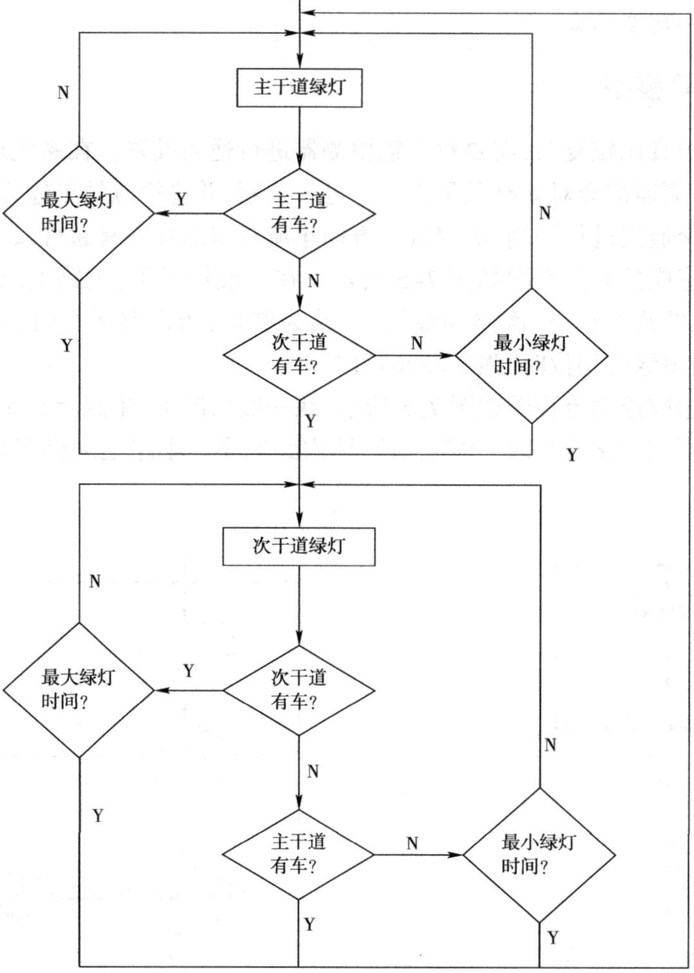

图 7-7　全感应控制流程图

第四节　交通流量分配模型

交通流分配就是将交通量根据路网的描述,按照一定的规则分配到路网中各条道路上去。目前交通仿真系统中较为成熟的流量分配模型有两种:路径决策模型和小区OD法。

一、路径决策模型

路径决策模型主要用于将仿真中交通流按照路径决策规则进行流量分配,如图7-8所示,在上游路段上定义路径决策点,在目的路段上定义路径决策终点。如图7-9所示,定义各路径的流量比例，当车流到达路径决策点时将按照已定的流量比例进行决策，当车流驶过路径决策终点后将不再受已定规则的约束。

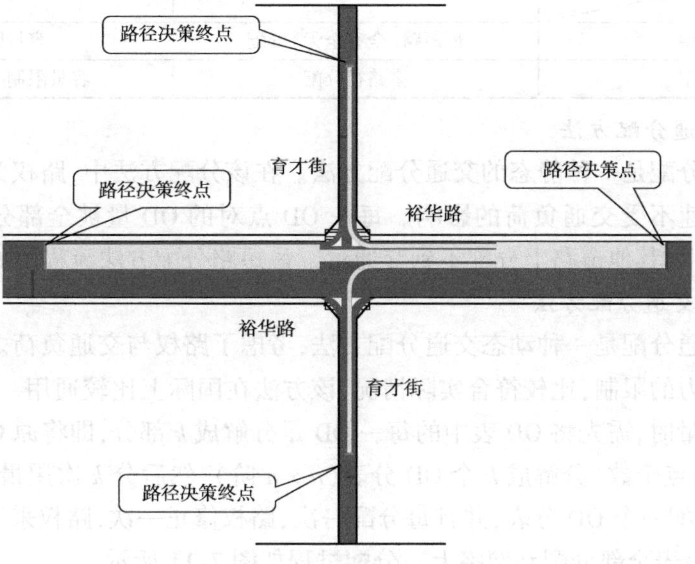

图 7-8　路径决策示意图

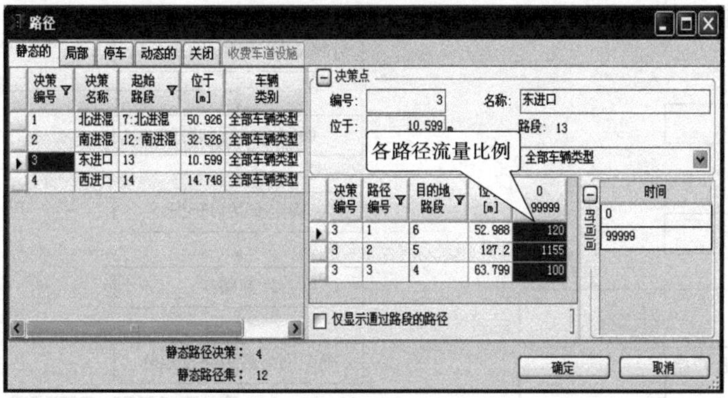

图 7-9　流量比例分配图

二、小区 OD 法

这种交通流分配方式基于 OD 和路径选择，需在路网中设置小区，然后根据各个小区之间的 OD 矩阵，采用交通分配模型计算出各个流向的车流量，并按照计算得到的流量分配到路网上。因此车辆在 OD 之间被分配了特定的路径。

目前国际上通常将交通分配方法分为平衡模型和非平衡模型两大类，并以沃德罗普第一、第二原理为划分依据。

非平衡模型具有结果简单、概念明确、计算简便等优点，因此在实际工程中得到了广泛的应用。非平衡模型根据其分配手段可分为无迭代和有迭代两类，其分配形态可分为单路径和多路径两类。具体非平衡模型可分为表 7-2 所示的四类形式。

非平衡模型分类　　表 7-2

形态 \ 分配手段	无迭代分配方法	有迭代分配方法
单路径型	最短路(全有全无)分配	容量限制分配
多路径型	多路径分配	容量限制—多路径分配

1. 最短路交通分配方法

最短路交通分配是一种静态的交通分配方法。在该分配方法中,路权为常数,即假设车辆的平均行驶车速不受交通负荷的影响。每一 OD 点对的 OD 量被全部分配在连接该 OD 点对的最短线路上,其他道路上分配不到交通量。最短路分配方法流程图如图 7-10 所示。

2. 容量限制交通分配方法

容量限制交通分配是一种动态交通分配方法,考虑了路权与交通负荷之间的关系,即考虑了道路通行能力的限制,比较符合实际情况,该方法在国际上比较通用。采用容量限制分配模型分配出行量时,需先将 OD 表中的每一 OD 量分解成 k 部分,即将原 OD 表($n \times n$ 阶,n 为出行发生、吸引点个数)分解成 k 个 OD 分表($n \times n$ 阶),然后分 k 次用最短路分配模型分配 OD 量,每次分配一个 OD 分表,并且每分配一次,路权修正一次,路权采用路阻函数修正,直到把 k 个 OD 分表全部分配到网络上。分配过程如图 7-11 所示。

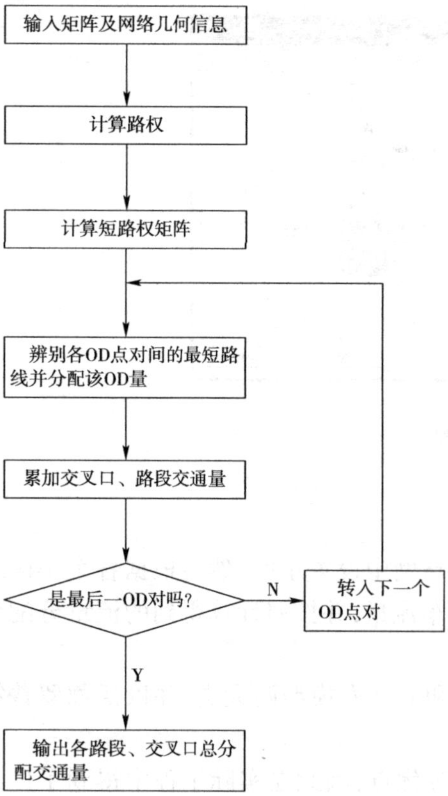

图 7-10　最短路分配方法流程图

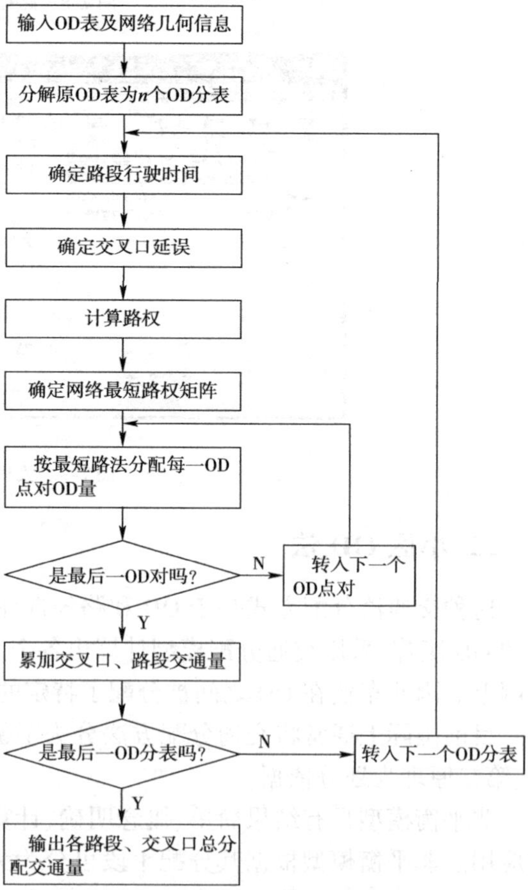

图 7-11　容量限制交通分配方法流程图

复习思考题

1. 在主路优先控制的情况下,次路车辆穿越主路车流的过程如何?
2. 常见的加减速模型有哪几种?
3. 全感应控制中交通信号的变化流程是什么?
4. 常见的两种交通流分配模型的原理是什么?

参考文献

[1] 王晓原,杨新月,张敬磊.交通流微观仿真与驾驶员行为建模理论及方法[M].北京:科学出版社,2010.
[2] 裴玉龙,张亚平.道路交通系统仿真[M].北京:人民交通出版社,2004.
[3] 吴娇蓉.交通系统仿真及应用[M].上海:同济大学出版社,2002.
[4] 刘运通,石建军,熊辉.交通系统仿真技术[M].北京:人民交通出版社,2002.
[5] 李杰,王富,何雅琴.交通工程学[M].北京:北京大学出版社,2010.
[6] 张生瑞.交通流理论与方法[M].北京:中国铁道出版社,2010.

第八章　非机动车交通模型

本章要求：要求掌握非机动车的线性跟驰模型和矢量场模型，了解二维微观行为运动模型和元胞自动机模型。掌握在VISSIM中设置自行车仿真的基本方法，能够标定自行车仿真中的基本参数。在具备一定的编程语言基础上，尝试采集简单数据，建立非机动车微观运动模型，运用编制程序的方法来进行模型的标定和验证等。

第一节　自行车线性跟驰模型

一、引言

非机动车包括自行车、电动自行车、电动三轮车等，而自行车是非机动车流中的主体，所以本章主要介绍自行车的交通模型。车辆的跟驰模型是微观交通仿真的一个基本模型。车辆跟驰模型通常描述的是无法超车的同一车道中相邻车辆间的相互作用。在现实生活中，道路上行驶的自行车流中发生车辆的相互作用时不可避免的会产生车辆的跟驰行为，由于机动车的跟驰模型主要研究的是同一车道中的前后两辆车，而自行车在行驶时没有规定意义上的车道之分，所以研究自行车线性跟驰模型时需要对非机动车道进行人为的车道划分，然后通过借鉴机动车跟驰模型，可建立自行车运动的基本模型，即线性跟驰模型。该模型原理清晰，构造简单，可以较正确地描述自行车运动的大致情况。自行车的三维仿真效果如图8-1所示。

图8-1　自行车微观仿真

二、模型建立

线性模型成立主要有3条假设：①车道的假定：研究过程中将自行车通过的区域划分成若干个虚拟自行车车道，假设每个自行车车道宽度为1m；②自行车跟驰的判断标准：前后自行车之间的最大临界跟驰间隔为4m；③自行车驾驶员的反应时间取为0s。

则自行车线性跟驰模型为：

$$\ddot{x}_{n+1}(t+T)=a[x_n(t)-x_{n+1}(t)]+b[\dot{x}_n(t)-\dot{x}_{n+1}(t)]+c\dot{x}_n(t) \quad (8\text{-}1)$$

式中：$x_n(t)$——第 n 辆车在 t 时刻的位置(m)；

$x_{n+1}(t)$——第 $n+1$ 辆车在 t 时刻的位置(m)；

$\dot{x}_n(t)$——第 n 辆车在 t 时刻的速度(m/s)；

$\dot{x}_{n+1}(t)$——第 $n+1$ 辆车在 t 时刻的速度(m/s)；

$\ddot{x}_{n+1}(t+T)$——第 $n+1$ 辆车在 t 时刻的加速度(m/s^2)；

其中，a,b,c 为变量的相关系数。

根据实验数据对自行车的跟驰数据进行拟合，得到如下公式：

$$\ddot{x}_{n+1}(t+T)=0.152[x_n(t)-x_{n+1}(t)]+1.653[\dot{x}_n(t)-\dot{x}_{n+1}(t)]+0.612\dot{x}_n(t) \quad (8\text{-}2)$$

第二节　非机动车流中非机动车矢量场模型

自行车由于自身启动快、灵活性强等特点，所以它的运动表现为不断地寻找最大空间以获得最高速度和最安全的间距，其运动行为随意性较大，行驶轨迹为曲线形，且是在不断变化的。因此，线性模型对自行车描述的精确程度有近一步提高的空间。目前较为精确的模型主要有矢量场模型和二维微观行为运动模型。本节介绍矢量场模型。

矢量场模型的基本原理是假设在所考察的建模对象周围存在一个由其周围运动物体与之相互作用形成的矢量场，建模对象的速度变化是它在矢量场中受到其他运动物体以及道路状况相互作用的结果。这种相互作用由运动物体的特性(车辆的运动特性和人们的心理特性)而产生。

设车道宽为 W，长为 L，建模对象 $Model_0$ 在 t 时刻的当前速度为 v_0，自由速度为 v_{0free}，距离道路左右边界的距离分别为 L_l 和 L_r，在其前方一定范围的场 S 内共有 N 个运动物体，第 i 个运动物体 $Model_i$ 的速度记为 v_i，位置为 (x_i,y_i)，与该车的间距为 d_{oi}，$i=1,2,\cdots,n$。如图 8-2 所示。

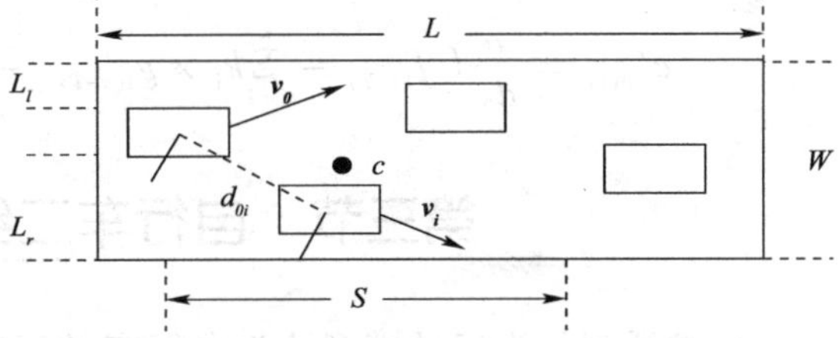

图 8-2　基于矢量场的非机动车运动示意图

根据车辆在车流中的运动存在紧迫性与安全性，非机动车流中的车辆需要考虑周围许多运动物体的影响，所以非机动车流中车辆的速度与加速度都是矢量。以机动车相互作用模型为参考，建立非机动车流中非机动车的矢量场模型，将机动车模型进一步改进后为：

$$a_{0(t)}=\partial\times(f_{(t-T)}-g_{(t-T)}) \quad (8\text{-}3)$$

式中：$a_{0(t)}$——t 时刻加速度；

∂——敏感系数；

$f_{(t-T)}$——加速影响；

$g_{(t-T)}$——减速影响。

式(8-3)中敏感系数∂不是常数，与相互作用的车辆之间的距离成反比，加速影响 $f_{(t-T)}$ 与车辆自身的当前速度与理想速度的比值有关，减速影响 $g_{(t-T)}$ 与被阻碍车辆的理想速度和阻碍车辆的当前速度的比值成正相关关系。在考虑非机动车的微观运动模型时，需要考虑在运动过程中来自范围 S 内的 n 个方向的阻碍 $g_{i(t)}'$，这 n 个阻碍的方向不同，需综合考虑这 n 个 $g_{i(t)}'$ 的影响，则非机动车 Model_0 加速度为：

$$a_{0(t)} = \partial \times [f_{(t-T)} - \sum_{i=1}^{n} k_i \times g_i(t-T)'] = \partial \times (f_{(t-T)} - g_{(t-T)}') \tag{8-4}$$

其中加权系数 k 为：

$$k_i = \frac{|g_{i(t-T)}'|}{\sum_{i=1}^{n} |g_{i(t-T)}'|} \tag{8-5}$$

表示物体对建模对象的阻碍越大，则加权系数也越大，且满足：

$$k_1 + k_2 + k_3 \cdots + k_n = 1 \tag{8-6}$$

借鉴万有引力原理，用点 c 表示 S 区域内的所有运动物体的质量重心（而非位置重心），质量重心 c 的位置为(c_x, c_y)。建模对象与质量重心之间的距离为 d_{0c}，敏感系数修正为$\frac{\rho}{d_{0c}}$，其中 ρ 为待定参数，模型变为：

$$a'_{0(t)} = \frac{\rho}{d_{0c}}(f_{(t-T)} - g_{(t-T)}') \tag{8-7}$$

考虑道路边界对运动物体轨迹的限制因素，车辆也需要同两侧的道路保持一定的安全距离。道路边界对建模对象运动的阻碍影响同前方运动物体对建模对象运动的阻碍影响是同一性质的。不同的是道路边界仅仅对建模对象的横向移动施加影响，并且这种影响贯穿车辆整个运动过程的始末。因此可以将道路边界假设为两个同建模对象，同速度且并列运动的物体，即为 Model_{n+1} 和 Model_{n+2}，其速度方向总是沿道路方向，它不计入周围物体的质量重心的计算，仅起到对建模对象横向移动的限制作用，这样就可以保证物体的运动轨迹不会越出道路边界，因此矢量场模型的最终形式为：

$$a'_{0(t)} = \frac{\rho}{d_{0c}}\left(f_{(t-T)} - \sum_{i=1}^{n} k_i \times g_{i(t-T)}' - \sum_{i=n+1}^{n+2} g_{i(t-T)}'\right) = \partial \times (f_{(t-T)} - g_{(t-T)}'') \tag{8-8}$$

第三节　自行车二维微观行为运动模型

二维微观行为运动模型认为自行车的运动总体上可以分为两个部分：第一部分是自行车的速度模型，第二部分是自行车的偏转角度模型。下面将分别介绍这两个模型。

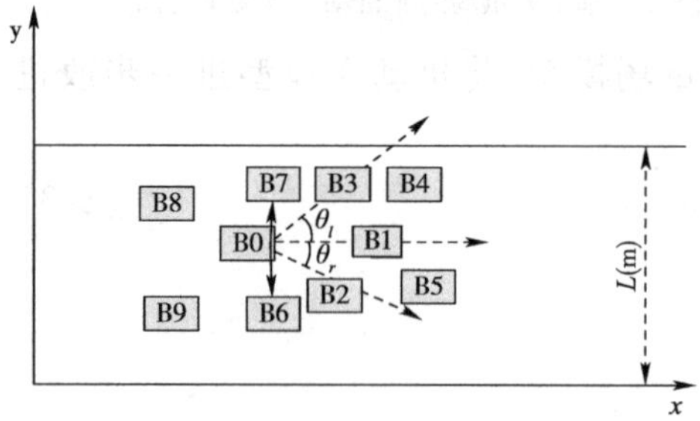

图 8-3　自行车二维行为示意图

(1) 自行车的速度模型

如图 8-3 所示，图中 B0 ~ B9 分别表示某一时刻 10 辆自行车的位置。θ_l 和 θ_r 分别为自行车 B0 最大左转角度和最大右转角度。x 轴表示自行车纵向前进方向，y 轴表示横向移动方向，以 B0 为分析对象可知，B0 正前方的 B1 则对 B0 的行驶速度有负面限制。结合跟驰理论的思想和以上分析建立自行车的速度模型如下式所示：

$$V_i(t+1) = V_{i,desired}\left(1 - e^{-\lambda\left(\frac{V_{i-l}(t)}{V_i(t)}\right)^m\left(\frac{x_{i-l}(t)-x_i(t)-S_i}{L}\right)^l}\right) \tag{8-9}$$

式中：$V_i(t+1)$——跟随自行车在 $t+1$ 时刻的瞬时速度(m/s)；

$V_{i,desired}$——跟随自行车自由行驶时的期望速度(m/s)；

$V_i(t)$——跟随自行车在 t 时刻的瞬时速度(m/s)；

$x_i(t)$——跟随自行车在 t 时刻的位置；

$V_{i-1}(t)$——被跟随自行车在 t 时刻的瞬时速度(m/s)；

$x_{i-1}(t)$——被跟随自行车在 t 时刻的位置；

S_i——静止时自行车的最小车头间距；

λ, l, m, L——待定参数。

由于自行车速度惯性小，驾驶比较灵活，并且在交叉口附近的行驶速度相对比较慢，可以不用考虑前后车的安全车头间距和速度差对后车速度的影响，所以式(8-9)主要考虑路段上的非机动车建模，而非交叉口上的自行车建模。

如图8-3所示，除了自行车B1，自行车B0前方一定范围内还有B2、B3、B4、B5。B3和B2分别是距B1左右前方最近的自行车，对B0产生一定的影响。而B4和B5距离相对较远，因此可不考虑它们对B0的影响。在行驶时一般只考虑正前方和前方左右两侧一定范围内的自行车的影响，B6、B7、B8、B9对B0的影响可以忽略。根据实际观测和经验认为 $0° \leq \theta_l \leq 45°$ 和 $0° \leq \theta_r \leq 45°$ 范围内的自行车对B0的行驶行为才有影响。当 $\theta_l > 45°$ 和 $\theta_r > 45°$ 时，即在B2和B3后边的自行车产生的影响可以不用考虑。由于B4和B5分别在B3和B2的前方，它们对B0的影响是通过B3和B2的影响来传递的，是间接的，因此可以不用考虑。经过以上分析可知，可以只考虑三辆自行车对B0的影响：分别是正前方的车辆B1，有前方45°范围内的自行车B3，左前方45°范围内的自行车B2。自行车成群行驶时，骑行者都会通过横向移动来达到最佳的位置。为此，提出采用纵向影响系数 ω 来表示前方两侧自行车的影响大小。自行车的平均车长为1.9m，平均车宽为0.6m，假设行驶时左右摇摆的安全间距各为0.2m。经过实验数据分析，以左前方自行车为例，其对后辆自行车的纵向影响系数 ω 可表示为下式：

$$\omega_{(y_{i,t}-y_{(i-1)l,t})} = \begin{cases} \dfrac{1}{2} & 若(y_{i,t} - y_{(i-1)l,t}) \leq 0.8 \\ \dfrac{0.5}{y_{i,t} - y_{(i-1)l,t}} & 若(y_{i,t} - y_{(i-1)l,t}) > 0.8 \end{cases} \tag{8-10}$$

式中：$y_{i,t}, y_{(i-1)l,t}$——第 $i, i-1$ 辆自行车在 t 时刻 y 轴的坐标；

$y_{i,t} - y_{(i-1)l,t}$——t 时刻第 $i, i-1$ 辆自行车在 y 轴方向的距离；

$\omega_{(yi,t-y(i-1)l,t)}$——纵向影响系数。

由于B0与B2、B3是纵向错开的不在同一车道上，所以在计算纵向影响系数 ω 时只考虑横向 y 轴的坐标，不用考虑纵向 x 轴的坐标。综合以上分析可得自行车纵向行驶时的速度模型如下：

$$V_{i(t+1)} = V_{i,desired}\begin{pmatrix} 1 - \omega_{(y_{i,t}-y_{(i-1)l,t})} e^{-\lambda\left(\frac{V_{(i-1)l}(t)}{V_{i(t)}}\right)^\alpha\left(\frac{x_{(i-1)l}(t)-x_i(t)-S_i}{L}\right)^\beta} \\ - \omega_{(y_{i,t}-y_{(i-1)r,t})} e^{-\lambda\left(\frac{V_{(i-1)r}(t)}{V_{i(t)}}\right)^\alpha\left(\frac{x_{(i-1)r}(t)-x_i(t)-S_i}{L}\right)^\beta} \\ - e^{-\lambda\left(\frac{V_{i-l}(t)}{V_i(t)}\right)^m\left(\frac{x_{i-l}(t)-x_i(t)-S_i}{L}\right)^l} \end{pmatrix} \tag{8-11}$$

式中：$V_{(i-1)l,t}$、$V_{(i-1)r,t}$——分别表示左前方、右前方自行车的速度；

$x_{(i-1)l,t}$、$x_{(i-1)r,t}$——分别表示左前方、右前方自行车的位置；

其余符号的含义如前所述。

(2)自行车的偏转角度模型

如图8-2所示，影响自行车B0横向移动的有左侧自行车B3和B7、右侧自行车B2和B6，骑车者在行驶过程中总会不断调整自己的横向位置获得更大的行驶空间。一般来讲骑车者会根据周围自行车的情况，选择处在左右两侧自行车的中间地带，这样距左、右两侧自行车的距离是一样的。所以可以根据实际调查数据，提出以纵向距离为自变量的横向影响系数来分析自行车B2、B3、B6、B7对自行车B0横向移动行为的影响。

以自行车B0右前方的自行车B2为例，其对自行车B0的横向影响系数如下式所示：

$$h_{(x_{2,t}-x_{0,t})}=\begin{cases}1 & 若0<|x_{2,t}-x_{0,t}|\leqslant 0.8\\ \dfrac{1}{|x_{2,t}-x_{0,t}|} & 若|x_{2,t}-x_{0,t}|>0.8\end{cases} \tag{8-12}$$

那么左右两侧对自行车B0横向坐标的影响记为：

$$\begin{cases}y_t^l=\dfrac{h_{(x_{3,t}-x_{0,t})}\times y_{3,t}+h_{(x_{7,t}-x_{0,t})}\times y_{7,t}}{h_{(x_{3,t}-x_{0,t})}+h_{(x_{7,t}-x_{0,t})}}\\ y_t^r=\dfrac{h_{(x_{2,t}-x_{0,t})}\times y_{2,t}+h_{(x_{6,t}-x_{0,t})}\times y_{6,t}}{h_{(x_{2,t}-x_{0,t})}+h_{(x_{6,t}-x_{0,t})}}\end{cases} \tag{8-13}$$

则自行车B0在$t+1$时刻横向坐标的基值为：

$$y_{0,t+1}=\frac{y_t^l+y_t^r}{2} \tag{8-14}$$

考虑自行车的横向偏转角度，通过对式8-14横向坐标基值的进一步修正，可以求得自行车下一步横向坐标的大小。在横向偏转时需要考虑最大左右转弯的角度问题，根据实测数据，正常情况下，自行车转弯的最大偏转角为$\gamma=30°$。实际中，特殊情况时自行车急转弯的偏转角度可以达到70°~80°。影响自行车转弯偏转角度的因素很多，如自行车密度、骑车人的性别、年龄、道路情况等。从图8-2中可知自行车左右转偏转角的大小可用如下两式表示：

$$\begin{cases}\tan r_l=\dfrac{\Delta y_l}{\Delta x}\\ \tan r_r=\dfrac{\Delta y_r}{\Delta x}\end{cases} \tag{8-15}$$

式中：r_l——左偏转角；

r_r——右偏转角；

Δy_l——自行车左偏转时横向移动的距离；

Δy_r——自行车右偏转时横向移动的距离；

Δx——自行车左偏转时纵向移动的距离。

设θ为自行车横向移动的偏转角，则当θ小于自行车的最大偏转角度时，自行车偏转角为θ；当θ大于或等于最大偏转角时，自行车偏转角为最大偏转角度。最后根据式(8-14)和式(8-15)可以求出自行车在下一时刻的横向坐标的大小。

同样 B3、B6、B7 对自行车 B0 的影响分析方法与 B2 类似。在此不在逐一列出。

第四节　基于元胞自动机的自行车模型

元胞自动机(CA)仿真方法是一种常用的交通仿真方法,其规则较为简单,可定性的分析一些较为复杂的交通现象,也可用于自行车的微观仿真。参照机动车辆 CA 交通模型的建立方法,可建立单向二维 CA 自行车模型定义如下:

1. *元胞尺寸*

由于停车时自行车最大停车密度为 0.63 辆/m^2,则平均一辆自行车占据 1.59m^2/辆。再根据自行车的物理尺寸:车身长 1.9m,宽 0.6m,定义自行车元胞的大小为:长 2.0m,宽 0.8m 的矩形,则每个元胞面积为 1.6m^2,符合最小停车密度值。

2. *速度*

纵向最大理论速度为 8m/s =4 个元胞长度,即 $v_{max}=4$。横向速度以超过前方临近元胞为限,规定最大为 2 个元胞,即 $v'_{max}=2$。

3. *元胞的状态空间*

网格的维数按照自行车道的长度和宽度设定,如车道宽度为 x(m),按每条自行车道 1m 计算,即有 x(x 为取整后数值)条车道。则元胞网格的宽设为 x 个元胞宽度;若车道长度为 y(m),则元胞网格的长设为 $y/2$ 个元胞长度。网格的边界条件定义为周期性的,易于分析同一密度下的自行车运行状态。

4. *元胞的状态属性*

每个网格的位置用二维坐标来表示,如图 8-4 所示。可采用矩阵的方法来表示每个网格的状态,元胞状态有 6 种可能:没有自行车占据、有自行车占据且纵向速度为 $v, v\in\{0,1,2,3,4\}$。采用矩阵变量 A 来表示元胞状态,假设当前元胞位置坐标为 (i,j),则 $A(i,j)=-1$ 表示没有自行车占据该元胞;$A(i,j)=v$ 表示该元胞有自行车占据且速度为 v。

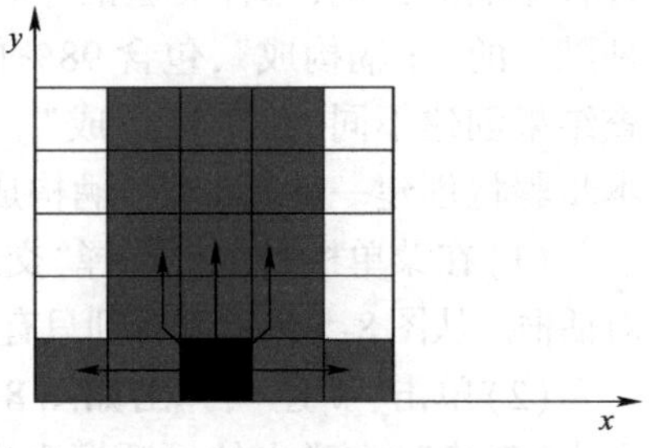

图 8-4　自行车 CA 模型运动方向及其邻域范围示意图

5. *元胞的邻域*

图 8-4 中深色的元胞代表当前元胞,定义其邻域为周围浅灰色的部分,对应着纵向最大速度 4 个元胞长度和横向最大速度 2 个元胞宽度。

6. *模型的局部规则*

假设当前元胞位置坐标为 (i,j),$A(i,j)\geq 0$,则该元胞有一纵向运动速度为 $v(t)$ 的自行车,设 d_1、d_2、d_3 分别为当前元胞正前方、左前方和右前方非空自行车元胞的纵向车头间距,s_1 和 s_2 分别为当前元胞与其左侧和右侧非空自行车元胞的横向车间距,当前自行车元胞演变规则如下:

(1)纵向加减速规则判断:

自行车在纵向的加减速判断与两个因素有关,即与当前自行车与前方自行车之间的距离有关;与当前自行车和前方自行车之间的速度差有关。设 $d=\max\{d_1,d_2,d_3\}$,即 d 取为

d_1、d_2、d_3 之间的最大值。当 d_1、d_2、d_3 之间有两个及两个以上的值与 d 相等时，则需要按照取值概率来选取，一般情况下 d_1、d_2、d_3 的取值概率分别为 2/3、1/3、1/3。基于以上考虑，再加之对前后自行车之间速度差的考虑，就可以对自行车加速或减速行为做一个定性的判断；

(2)纵向加速：

$$v_n(t+1) = \min\{v_n(t)+1, v_{\max}\}$$

(3)纵向减速：

$$v_n(t+1) = \min\{v_n(t), d\}$$

(4)横向速度：

令 $s = \max(s_1, s_2)$，则元胞的横向速度取值规则为：

如 $v_n(t+1)=0$ 则：

$$v'_n(t+1) = \min(s, v_{\max})$$

且：

$$v'_n(t+1) = 0$$

(5)位置移动：

$$x_n(t+1) = x_n(t) + v_n(t+1)$$

$$y_n(t+1) = y_n(t) + v'_n(t+1)$$

第五节　VISSIM 软件中自行车模型

一、创建自行车车辆构成

VISSIM 中“车辆构成”是指交通流的交通组成，即交通流中包含多少种类型的车辆以及每种车辆的比例，每种类型的车辆又有其不同的速度分布。例如该软件初始状态下只有一种默认的“车辆构成”，包含 98% 的小汽车和 2% 的大货车。具体实验时可根据实际交通调查结果创建不同的“车辆构成”。在 VISSIM 中把非机动车和行人也看做成一种车辆类型。本步骤将创建一种新的“车辆构成”，在其中只包含一种车辆类型，即自行车。

(1)在菜单栏中依次选择“交通”→“车辆构成”，此时会弹出如图 8-5 所示的“车辆构成”对话框。从图 8-5 中可以看到只有系统默认的一种车辆构成，本步骤将新建一种新的车辆构成。

(2)单击“新建”，弹出如图 8-6 所示的“车辆构成”设置对话框，将“名称”改为 Bicycle，点击“新建”，在弹出的对话框中进行相关设置，如图 8-7 所示。设置完成后点击确定，完成车辆类型的编辑。

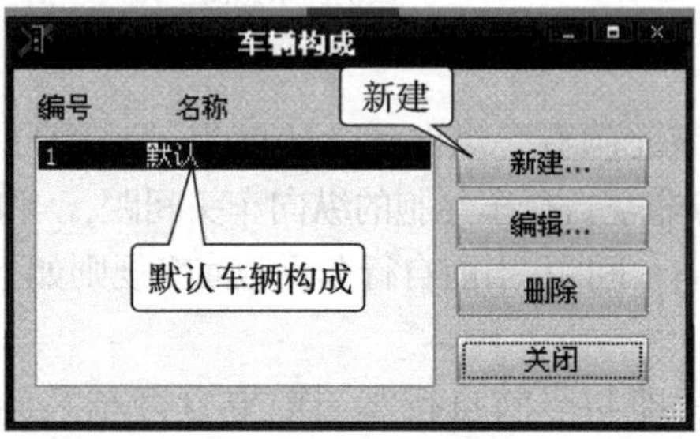

图 8-5　车辆构成

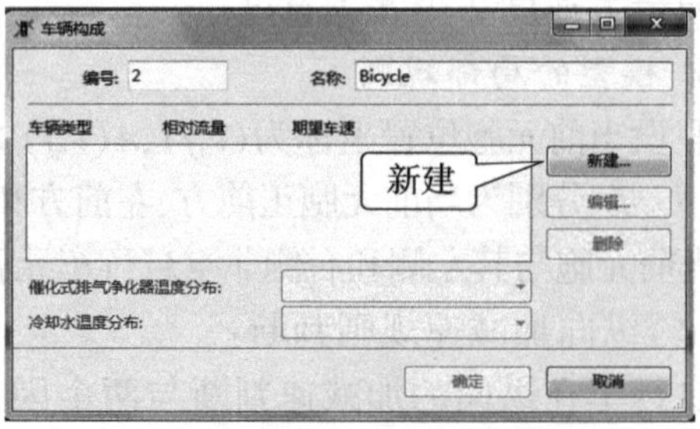

图 8-6　车辆构成设置对话框

二、创建自行车仿真

(1)创建基本路段。单击左侧工具栏“路段 & 连接器”按钮,切换到路段编辑状态。任意画一条基本路段,在弹出的“路段属性”对话框中“名称”设为非机动车道,“行为类型”一栏中选择“5:自行车道(随意超车)”,其他不做任何改动,如图 8-8 所示。点击“确定”,完成路段属性设置。

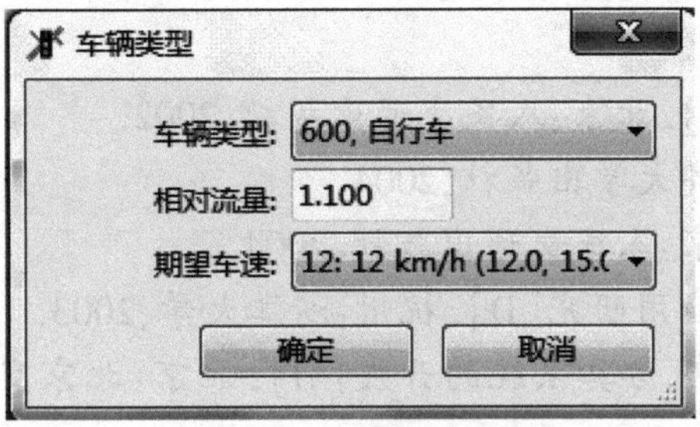

图 8-7　车辆类型对话框

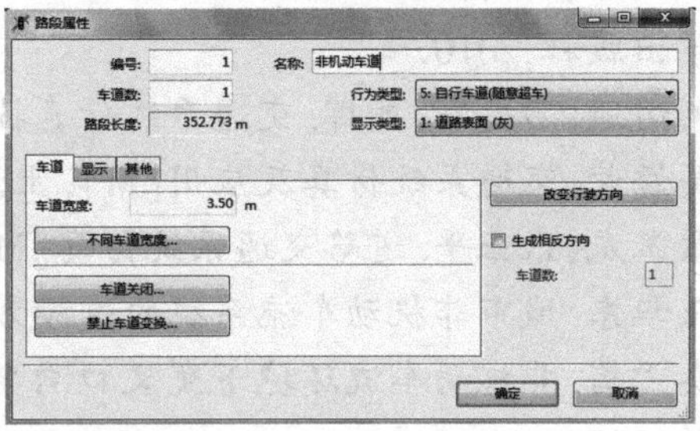

图 8-8　路段属性设置

(2)添加流量。单击左侧工具栏“车辆输入”按钮,切换到车辆输入状态下,结合实验数据为设置好的非机动车道添加流量,类型为“2:Bicycle”的非机动车交通流量。

(3)运行仿真,观察仿真效果,其三维仿真图如图 8-9 所示。

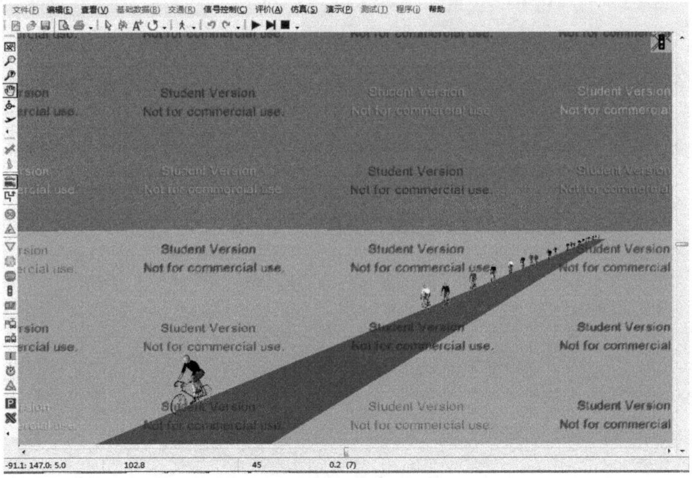

图 8-9　三维仿真

复习思考题

1. 自行车的微观线性模型和非机动车流中非机动车的矢量场模型的优缺点各是什么?
2. 如何利用 VISSIM 仿真软件进行自行车的微观仿真?
3. 非机动车微观仿真在未来将有哪些发展与进步空间?

参 考 文 献

[1] 钱大琳,李珊珊,陈小红.行人和自行车微观仿真和应用[M].北京:人民交通出版社,2011.

[2] 隽志才.交通系统建模与仿真[M].北京:科学出版社,2011.

[3] 王晓原,杨新月,张敬磊.交通流微观仿真与驾驶员行为建模理论及方法[M].北京:科学出版社,2010.

[4] 刘运通,石建军,熊辉.交通系统仿真技术[M].北京:人民交通出版社,2002.

[5] 吴娇蓉.交通系统仿真及应用[M].上海:同济大学出版社,2004.

[6] 裴玉龙,张亚平.道路交通系统仿真[M].北京:人民交通出版社,2004.

[7] 王华东.城市非机动车流系统的建模方法与应用研究[D].杭州:浙江大学,2003.

[8] 秦雪梅.非机动车流环境下交叉口自行车微观仿真系统的开发[D].北京:北京交通大学,2009.

[9] 黄玲.非机动车流无信号交叉口自行车微观行为研究[M].北京:北京交通大学,2007.

[10] 张晋.基于元胞自动机的城域非机动车流建模方法研究[M].杭州:浙江大学,2004.

[11] 蒋海峰.信号交叉口非机动车流干扰机理研究[D].北京:北京交通大学,2007.

第九章　行人交通模型

本章要求：了解行人交通模型和仿真研究的发展历程。在了解行人交通模型、行人交通需求等研究必要性的基础上，掌握行人交通的基本特征和基本特性，进一步重点掌握元胞自动机模型、社会力模型和基于 Agent 模拟技术型模型等使用较为广泛的行人交通模型，能准确地判断出各种模型的适用条件，并了解与之相关的行人仿真软件以及具体的仿真流程。掌握 VISSIM 软件中行人设置方法，能够应用行人速度期望分布描绘不同类型人群的步行特征。

第一节　概　论

步行是城市交通系统中最为基本的一种交通方式，采用任何交通方式的出行，其邻近起终点的交通均为步行，步行在城市交通系统中具有特殊重要地位。随着社会经济的不断发展和进步，人们对出行提出了更高的要求，在以交通可达性作为出行的基本要求之外，出行活动起讫点之间移动的安全性、舒适性、准点性等也成为行人交通的相关评价指标。

城市交通研究的历史进程中，与机动车相关研究占有绝对优势，行人交通一直处于被忽视的位置，而行人则沦为影响机动车通行的干扰因素。近年来，随着交通规划和管理的理念革新，行人交通问题开始成为人们关注的焦点。

一、国内外行人交通研究概述

国外对行人交通流理论方面的研究始于 20 世纪 50 年代。Hankin 和 Wright 于 1958 年对行人交通流理论进行了初步阐述。H. derson 于 20 世纪 70 年代初首次采用流体动力学模型分析行人交通；在此基础上，Helbing 于 90 年代提出了社会力模型。美国《道路通行能力手册》(HCM2000)提出了行人在行进服务水平下的标准和在排队等待服务水平下的标准，研究了行人在相对非自由条件下的聚集状态及形成队列的交通行为。近年来，我国地理学者和城市规划学者结合大型体育或集会活动和商业街区的步行行为，采用回游模型和仿真等方法研究行人交通特征，交通工程领域则关注道路交叉口的行人过街行为，以及由于危险行为带来的影响。

行人交通仿真研究滞后于步行模型，始于 20 世纪 80 年代，逐渐形成了一系列行人仿真模型，如元胞自动机模型，社会力模型，流体动力学模型，基于 Agent 的模型等。随着计算机技术的不断进步和发展，应用不同的行人模型，各类行人仿真软件于上个世纪末在国外得到了广泛的开发和应用，较为常见的有 SIMULEX、STEPS、Visual Simulation、Legion，以及 VISSIM 的行人仿真模块 VISWALK 等，其中 Legion、VISWALK 等软件为公认的最为有效地行人仿真和分析软件，广泛应用于大型活动、商业区、交通枢纽等的行人流模拟。北京工业大学应用 Legion、STEPS 等国际主流行人仿真软件，对奥运会示范场馆及北京五棵松、东四十条等地铁站进行了行人仿真，直观的反映了行人交通环境。中国建筑科学研究院承担的国家 863 课题"城市轨道综合交通枢纽数值仿真系统研究"开发了我国自主创新的第一个城市轨道综合交通枢纽仿真原型系统，是基于自主三维图形平台 PKPM3D 开发的，该系统能实现包括交通枢纽设施三维建模、仿真计算、动画录制等一系列功能，并能计算出枢纽中行人交通换乘距离和换乘时间以及交通流量等关键数据，以辅助设计人员进行枢纽设计。

二、行人交通研究需求

目前国内外的研究多集中于分析城市道路环境下的人车冲突、行人安全问题，而对作为独立交通现象的行人交通的研究较少。

1. 密集行人交通问题

(1)大型活动的举办和开展吸引大量人群，如世界级体育比赛、大型演唱会等。随着此类活动举办次数的增加，举办规模的扩大，如何引导活动中人流移动趋向有序化，如何避免出现超强的进散场高峰等成为密集行人交通的一大问题。

(2)大型综合交通枢纽的建成，如上海虹桥枢纽等，对行人换乘效率及危险情况下的紧急疏散等提出了更高的要求，如何通过行人设施的几何构造、空间布局的规划和设计，提升服务能力和水平，从而满足上述要求，成为新的研究课题。

(3)大型公共设施的建设和对外开放，如主题公园、购物中心等，同样可以吸引大量人流，且容易造成局部区域过高的人流密度，产生较大的安全压力，因此如何对行人设施及行人流流线组织进行合理的设计和规划，满足行人对于机动性、舒适性的要求，避免安全隐患成为密集行人交通的又一大问题。

实际上，密集人群在移动过程中存在跟随、徘徊等特定的行为特征，解释这些现象，并总结分析其内在的行为规律，能够更好地进行行人交通的规划和管理，且有助于上述三种密集行人交通问题的解决。

2. 突发事件交通问题

经济发展和社会交流的日益密切，使得大型活动举办的规模和频率均在上升。这些活动不仅能够造成上述密集行人问题，还容易造成踩踏伤亡事故等突发事件的发生。如何防止此类突发事件的发生，以及当突发事件发生后如何对高密度的人群进行紧急疏散，成为较棘手的交通问题。

近年来，突发事件人员疏散事故的频繁发生，除了一部分客观因素外，对人群自身交通特性研究不足也是造成此类事故发生的主要原因。事实上，突发事件发生的很多伤亡均为二次事故，如由于过度拥挤产生的人群踩踏事故等，而这类人员伤亡可以通过合理的步行设施设置以及合理的人群疏散管理和方案而得以避免。

行人交通模型的研究以及行人交通仿真的不断发展，已成为解决突发事件交通问题的重要技术手段，但现存仿真模型仍然难以模拟各种个体行人和群体行人的复杂集合特征，对行人流的特征规律等评价和控制指标的设置，仍然需要对行人交通系统进行更为深入的研究。

第二节　行人交通流特性

目前，行人交通流的研究主要包括宏观和微观两大部分。其中，宏观行人交通流的研究主要以行人群体为研究对象，讨论人流的整体运动特征，包括行人流"流量—密度—速度"之间的基本关系，行人的自组织行为等；而微观行人交通流的研究主要是以人群中的行人个体为分析对象，研究个体的行走特征以及个体之间的相互作用，包括个体行人的自由流速度分布、行走规则等。行人流的整体特征则通过所有个体行为特征呈现出来。

一、行人交通特征

与机动车相比，行人交通存在着显著的个性化特征：出行目的多元化、出行行为非均质性、出行过程受限性。

1. 出行目的的多元化

步行作为人们最基本的出行方式，既可以是有明确交通目的的交通行为，也可以是以出行为目的的非交通行为，如散步等，或者是两种目的的结合，如购物或者参观游览。不同出行目的的行人，其步行特征，如速度等都有明显的差异，如表 9-1 所示。

不同出行目的的行人特征　　表 9-1

出行目的	典型行为	步行速度(m/s)	对交通服务的要求
具有行为目的的两地间的位置移动	通勤	1.3 ~ 1.5	快速通过，便捷
伴随其他行为目的的随意移动	购物或游览	0.7 ~ 1.3	舒适的、有吸引力的空间环境
以移动为目的的随意移动	散步	0.8 ~ 1.2	

2. 出行行为的非均质性

步行是一种自主性显著的行为，与行人自身的生理和心理状况有直接的关系，具有典型的非均质性。行人个体之间存在差异，即使同一行人在不同的时间、空间、生理和心理的条件下，其步行的状况仍有很大的差异。与机动车相比，行人步行行为的非均质性对交通系统的影响往往比由于驾驶员之间的差异对机动车的影响更为直接和显著。

3. 出行过程的受限性

相比于机动车必须行驶在固定道路上而言，步行受到基础设施建设等影响较小，具有较高的自由度，但是步行仍然受到一些客观条件的限制，其中最为显著的是步行者自身技能的限制。由于行人的体力有限，使得步行速度低于其他交通方式，且要求出行距离不宜过长。统计结果表明，具有出行目的的一次出行中，比较恰当的步行时间不宜超过 5 ~ 6min，而步行距离则在 400 ~ 500m 之间较为适中。

二、行人和行人流交通特性

行人的交通特性可以从两个方面进行阐述：单个行人和群体行人。单个行人的主要特性指标为步行速度、步行幅度和占有空间等;群体行人特性则反映为路段行人交通量、行人密度和行人平均速度等,即行人流的特性指标。本节分别针对单个行人和群体行人的交通特性进行介绍。

1. 单个行人特性

(1)个体行人步行速度

速度是反应行人交通特性的主要参数,行人交通规划、交通设施设计以及行人运营组织等都是以行人速度为基本因素展开的。行人步行速度是矢量,但一般只指速率。各人步行速度受到很多方面因素的影响,包括行人自身条件(年龄、性别、文化、习惯以及行动能力)、出行目的、步行设施和外界环境等,因此步行速度的变化范围较大,综合研究成果表明,行人速度一般在 0.9 ~1.5m/s 之间。北京工业大学陈艳艳等在 20 世纪 80 年代初,对北京市的连续行人设施(人行道、广场等地)进行了步行速度调查,调查结果如表 9-2 所示。

连续行人设施的步行速度 表 9-2

序 号	行人类别	样本量	速度平均值(m/s)	速度方差	步幅平均值(m)	步幅方差(m)
1	全体	3 033	1.21	0.13	0.637	0.081
2	男性	1 591	1.25	0.14	0.666	0.078
	女性	1 349	1.16	0.11	0.666	0.069
3	男中青年	1 392	1.28	—	0.668	—
	男性老年	199	1.02	—	0.571	—
	女中青年	1 100	1.21	—	0.624	—
	女性老年	240	0.98	—	0.53	—
4	儿童	98	1.19	—	0.588	—
	中青年	2 492	1.25	—	0.66	—
	老年	488	1	—	0.548	—

行人流步行速度主要受移动人群中的老年人(大于 65 岁)所占比例的影响。如果行人流中老年人的比例为 0 ~20%,平均速度约为 1.2m/s;如果行人流中老年人的比例超过 20%,平均步行速度则降低到约 1.0m/s。针对不同交通设施环境下行人速度的调查结果如表 9-3 所示。如果人行道坡度超过 10% 时,平均步行速度以 0.1m/s 降低,行人道上行人自由流速度约为 1.5m/s。

(2)个体行人占有空间

行人自身的身体厚度、肩宽等尺寸在很大程度上决定个体的占有空间。利用该水平身体尺寸,将人体站立时所占用的空间近似为长轴为肩宽,短轴为胸厚的椭圆,从而计算行人站立所需的最小空间,根据 HCM2000 中关于行人特性的描述,一个行人最基本的行走空间为一个 0.5m ×0.6m 的简化人体椭圆,总面积为 0.3m^2,这是行人空间的最小值,仅能满足行人的身体空间。

除此之外,行人占有空间仍需包含心理空间,也就是所谓的前行空间。为了避免与其他行人产生身体接触或距离过近,行人一般需要一定的心理空间。心理学家关于人体缓冲区进行的测量实验表明,对于女性而言,人们一般会在其周围预留 0.37 ~0.46m^2 的身体缓冲空间;而对于男性而言,周围行人一般会预留 0.74 ~0.84m^2 的身体缓冲区间。行人空间占有偏好与文化习惯密切相关，与一些西方国家相比，亚洲地区的行人能够接受更小的个人空间，忍受更大的身体接触。

不同交通设施环境下的行人步行速度 表9-3

序　号	类　别	速度均值(m/s)	标准差
1	户外平地	1.242 3	0.251 4
2	上坡速度	1.297 2	0.229 3
3	下坡速度	1.364 9	0.231 0
4	户外下台阶	0.706 1	0.123 8
5	室内通道	0.959 9	0.178 3
6	室内上楼梯	0.640 1	0.208 9
7	室内下楼梯	0.781 8	0.139 0
8	户外上楼梯	0.820 0	0.211 7
9	户外下楼梯	0.796 3	0.130 2

2. 群体行人特征

群体行人的定性度量与机动车交通流相似，例如自由选择速度和超越他人的可能性等；且包含了更为直接的与行人流相关的度量，例如横穿行人流的能力，躲避冲突和调节步行速度的能力等。本小节主要介绍包括行人“流量—密度—速度”之间的基本关系，以及行人在正常行走条件下的自组织行为。

(1)流量—密度—速度

在介绍三者关系之前，首先明确行人流量、密度和速度的准确概念。行人流量是指人行道单位有效宽度上的平均人流量，单位是人/min/m；行人密度是指人行道或者排队区内单位面积上的行人数，其单位为人/m²；行人速度是指平均的行人步行速度，单位为m/s。

行人流速度、密度、流量之间的基本关系与机动车交通流相似，其关系式如式(9-1)所示：

$$\nu_{ped} = S_{ped} \times D_{ped} \tag{9-1}$$

式中：ν_{ped}——单位行人速率(人/min/m)；

S_{ped}——行人步行速度(m/min)；

D_{ped}——行人密度(人/m²)。

(2)行人速度—密度关系

当行人流量和密度增加时，行人速度下降。当密度增加时，行人空间减少，单个行人的机动性降低，行人流平均速度也是一样。图9-1表示了HCM200 0给出的学生、通勤者、购物者三类行人流速度和密度之间的关系。

(3)行人流量—速度关系

当人行道上的行人较少时，有空间选用较高的步行速度；当流量增加时，由于行人之间的互相影响增大，步行速度下降；当拥挤程度达到临界状态时，行走变得更加困难，流量和速度都降低。不同类型行人的流量和速度之间的关系如图9-2所示。

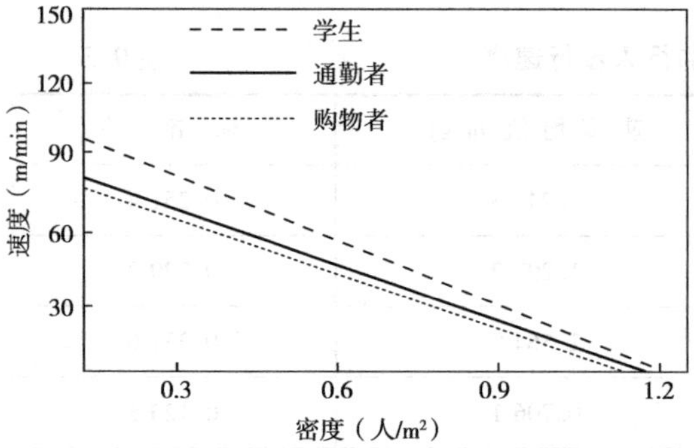

图9-1 HCM2000行人流速度—密度关系

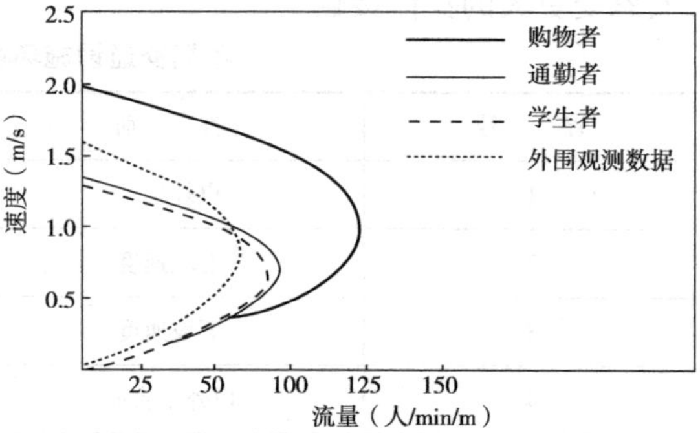

图9-2 HCM2000行人流流量—速度关系

(4)行人速度—空间关系

步行速度与可利用空间之间的关系如图9-3所示。当可占用空间较小时，速度的变化随空间变化的程度较大；而当可占用空间达到一定程度（空间大于3m²/人）时，步行速度几乎不会发生变化。

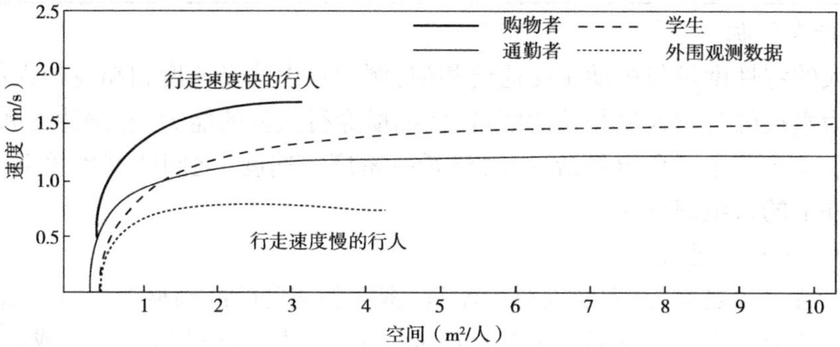

图9-3 HCM2000步行速度—空间关系

3. 行人自组织行为

行人交通流区别于机动车交通流的重要特征是它具有许多自组织特性。由于这些群体行人的这些行为并不是由外界因素设定（如信号灯、交通法规等）而形成的，而是由不同的个体行人在完成自己目标的同时无意形成的。较为典型的行人自组织行为包括：瓶颈扇形汇聚现象、双向行人流分层现象以及交叉人流成带现象等。

(1)瓶颈扇形汇聚现象

当上游行人到达率大于下游设施的通行能力时，就会形成瓶颈。在瓶颈处，由于到达速率大于瓶颈通行能力，会造成行人的堆积，并在瓶颈处形成扇形高密度区。以商店出入口（或步行街宽度突然减小处）为例，应用VISWALK软件抽象为如图9-4场景，行人从左侧开始运动，通过中间的商店入口，最终达到达右侧。

可以看出，行人流存在明显的自组织特性，这一特性是指“行人自由运动过程中整体上持续形成的有规则斑图的特性，这种现象不是指定规则下个体运动的结果，因此不能通过简单平均每个运动个体的行为来解释”。以商店出入口（瓶颈）的单向行人流动过程为例：行人在距离入口较远处时(方框1所示),行人呈无规则的随机分布;当行人接近商店出入口后,行人自发形成扇形分布(方框2所示),且越接近入口这一现象越为明显;当行人通过入口后,这一现象随即消失,行人又呈现自由分布向下一个目的地运动。

(2)双向人流分层现象

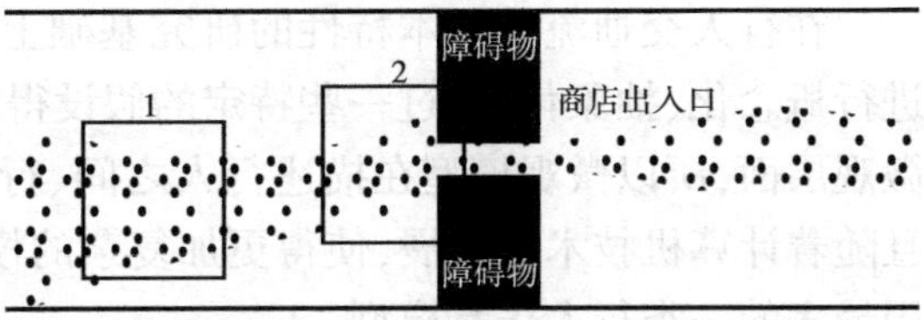

图9-4　行人出入口的自组织行为

在相向行人中,行人的主要运动方向有两个,且这两个运动方向间的夹角为180°。当处于低密度状态时,行人可以自由的运动而几乎不与其他方向的行人发生碰撞,然而当密度上升时,行人需要降低自身的运动速度,从而避免潜在碰撞的可能。同时,研究表明具有相同运动方向的行人倾向于跟随与他自身运动方向相同的前驱行人,因此出现了相向人流中的分层现象。以步行街为例,步行街内的双向人流抽象为图9-5场景,其中:空白处区域为行人可以移动的区域,深色椭圆表示从左至右运动行走的行人,浅色椭圆代表从右向左行走的行人。

研究表明具有相同运动方向的行人倾向于跟随与他自身运动方向相同的前驱行人,因此形成了相向人流中不同的“层(lane)”,分层现象的发生具有较为独特的时空特性(图9-6)。第一,即便在入口的边界密度给定的情况下,分层的数目也会发生改变;其次,相向人流中形成的分层是动态变化的,而非固定不变的。例如,某一相向行人流在初始观测时的分层数为两层,但在一段时间后,其层数有可能会变为三层甚至更多,且分层的位置也会随着时间的推移而发生相应的变化;第三,随着入口边界上行人密度的增加,通道内形成的层的数目也会相应的增加。

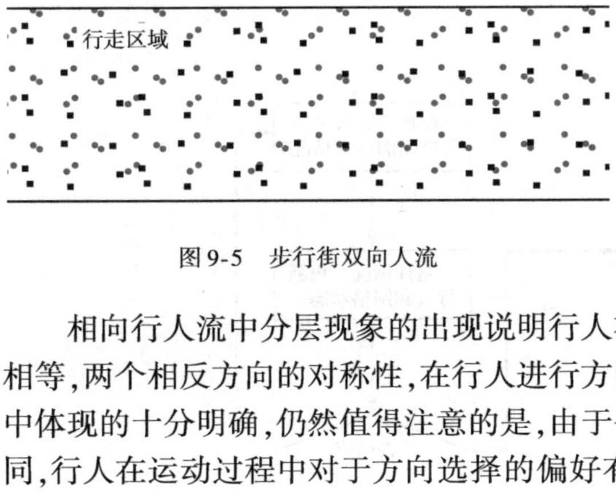

图9-5　步行街双向人流

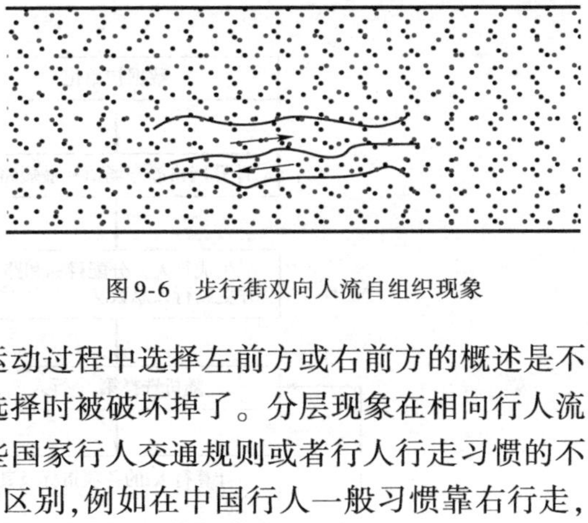

图9-6　步行街双向人流自组织现象

相向行人流中分层现象的出现说明行人在运动过程中选择左前方或右前方的概述是不相等,两个相反方向的对称性,在行人进行方向选择时被破坏掉了。分层现象在相向行人流中体现的十分明确,仍然值得注意的是,由于一些国家行人交通规则或者行人行走习惯的不同,行人在运动过程中对于方向选择的偏好有所区别,例如在中国行人一般习惯靠右行走,而在日本则刚好相反。

(3)交叉人流成带现象

当两组行人的主运动方向夹角不等于180°时,这两组行人的流动称为交叉人流。处于交叉流状态时,每个人需要穿越其他运动方向的行人的路径,因此在运动过程中自发形成不同的群体,从而避免与其他运动方向的行人发生碰撞,每个群体内部的行人具有相同的主运动方向。这种个体之间的相互作用就造成了在两组行人的交叉流区域内部形成了宽度近似相等的行人带状分布。与相向行人流分层现象相似的是,交叉流中的自组织的成带现象同样具有动态变化的特性。

三、人流交通特性与行人仿真模型

在行人交通流的基本特性的研究基础上，通过理论建模将实际观测到的行人交通现象进行概念化、抽象化，通过一些特定的假设得到行人流运动模型。由于行人的特性均表现在微观层面，所以微观模型在描述行人之间、行人与周边环境的相互作用方面具有很大优势，且随着计算机技术的发展，使得更加复杂的模型得以运用，因此，微观模型是发展最全面、应用最多的一类行人仿真模型。

依据模型中对行人行为描述的详细程度，将微观行人仿真模型分为3类：运动模型、部分行为模型以及行为模型。运动模型强调人的移动，对行人仅考虑客观性，不考虑其个人主观意愿对行为的影响，主要用于研究行人通道的拥堵区域、排队区域以及瓶颈区域。常见运动模型仿真软件有STEPS，FPETool，EVACNET4。部分行为模型主要模拟的仍然是行人的运动特性，但同时，通过分析行为调查数据，在这些模型中引入了对行人行为的描述，如超越、等待、对火灾烟雾的反应等行为，并可将这些特性应用于整个建筑物的模拟中。常见的部分行为模型有PEDROUTE/PAXPORT，EXIT89，Simulex。行为模型对行人的行为特性进行了详细的定义，考虑了由多种因素决定的选择行为对走行路径的影响，并考虑了人与人之间相互作用的影响。常见的行为模型仿真软件有NOMAD，ASERI，Legion等。行人微观模型的不断改进使准确模拟和解释复杂行人行为成为可能。图9-7显示了一个普遍的行人仿真核心流程。下面将主要介绍几种得到广泛认可和应用的行人交通模型，包括元胞自动机模型、社会力模型以及Agent模型。

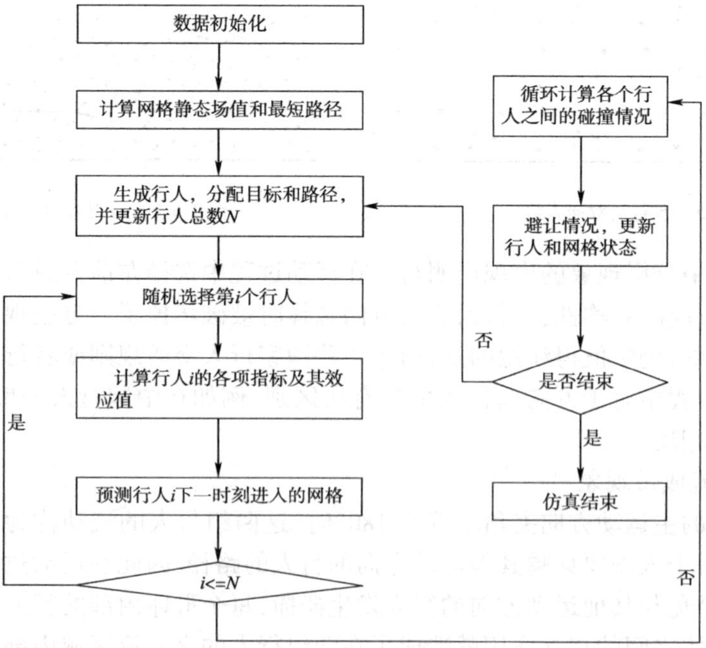

图9-7　行人仿真核心流程图

第三节 行人交通元胞自动机模型

元胞自动机最早是由冯·诺依曼(J. Von Neumann)提出来的,用于模拟生命系统所具有的自复制功能。元胞自动机是定义在一个由具有离散、有限状态的元胞组成的元胞空间上,并按照一定的规则,在离散的时间维上演化的动力学系统,是物理参量只取有限数集的物理系统的理想化模型。与一般的动力学模型不同,元胞自动机不是由严格定义的物理方程或函数确定的,而是通过一系列模型构造的规则构成,凡是满足这些规则的模型都可以算作元胞自动机模型。因此,元胞自动机模型是一类模型的总称。

一、元胞自动机定义

元胞自动机的严格定义为:

①规整的元胞网格覆盖 d 维空间的一部分;

②归属于网格的每个格位 p 的一组布尔变量 $\Phi(p,t)=\{\Phi_1(p,t),\Phi_2(p,t),\cdots,\Phi_n(p,t)\}$ 给出了每个元胞在时间 $t=0,1,2\cdots,n$ 的局部状态;

③演化规则 $R=\{R_1,R_2,\cdots,R_n\}$ 按公式(9-2)的方式制定状态 $\Phi(p,t)$ 的时间演化过程:

$$\Phi_i(p,t+1)=R_i[\Phi(p,t),\Phi(p+\varepsilon_1,t),\Phi(p+\varepsilon_2,t),\cdots,\Phi(p+\varepsilon_m,t)] \quad (9\text{-}2)$$

式中:$p+\varepsilon_m$——指定从属于元胞 r 的给定邻居元胞。

从定义中可以看出,元胞自动机模型的核心在于其演化规则。元胞网络在时间 $y+1$ 的状态是按照演化规则,在时间 t 的状态的基础上演化得来的。因此,在建模时,如需对个体的状态进行长期记忆时,仅需引入时间轴 $t-k,t-k+1,\cdots,t-2,t-1,t,t+1,\cdots$ 上的状态即可。

二、元胞自动机的构成

元胞自动机由元胞、元胞空间、邻居及规则四部分单位组成的。

1. 元胞

元胞是元胞自动机最基本的组成部分。元胞分布在离散的一维、二维或者多维空间的晶格点上。每一个元胞在某一时刻都有自身的状态,元胞的状态可表示为多种离散形式。按照元胞自动机的严格定义,元胞自身只包含一个状态变量,但在实际应用过程中,根据模型的需要,可以添加其他的状态变量。例如,在研究行人的元胞自动机模型中,元胞是被个体行人占据的,每一个被占据的元胞,其包含的状态变量包括有行人自身的属性,如性别、年龄等。

2. 元胞空间

元胞空间是指元胞所分布在空间网点的集合。元胞空间的几何划分:理论上,元胞空间可以是任意维数的欧几里得空间的规则划分。目前,大多数的研究集中在一维和二维元胞自动机上。常见的二维元胞自动机,其元胞空间通常分为三角网格、四方网格和六边形网格三种,如图 9-8 所示。

边界条件:理论上,元胞空间通常在各维上是无限延伸的,这有利于理论上的推理和研究，但实际应用中，无限网格系统的演化无法进行模拟处理，因此需要定义边界条件。常见的边界有四种，周期边界、固定边界、绝热边界和映射边界。

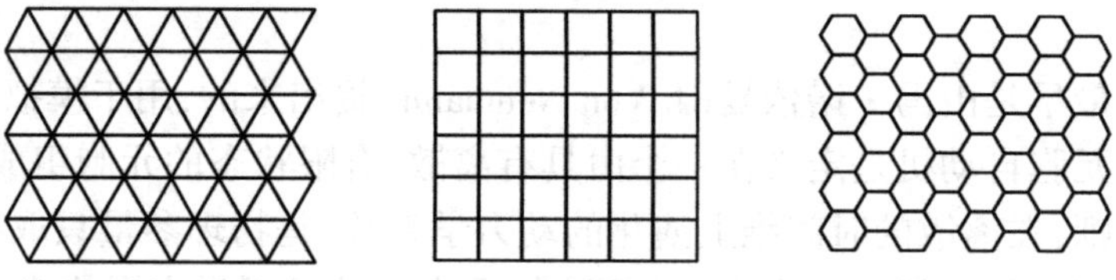

图 9-8　常见的三种元胞空间

3. 邻居

邻居是指某元胞需在其内搜索的空间域。模型对邻居的大小没有限制，但要求所有元胞的邻居大小都要相同。实际上，邻居往往是由邻接的元胞构成，如果邻居的空间域太大，则演化规则的复杂性会随着邻居元胞数量的增长，呈指数增长。常见的二维元胞自动机的邻居分为两种，即 Von Neumann 邻居和 Moore 邻居，其邻居特性如图 9-9 所示。

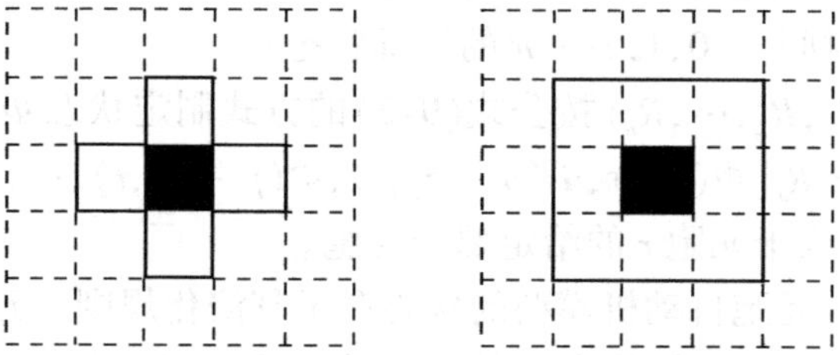

图 9-9　元胞自动机模型中两种常见的邻居

4. 演化规则

演化规则就是根据元胞的当前状态及其邻居的状况，确定下一时刻该元胞状态的动力学函数，简而言之，就是一个局部状态的转移函数。

设每个元胞在确定的时间 t 时的状态为 $S_i(t)$，则 $t+1$ 时刻的状态 $S_i(t+1)$ 只决定于 t 时刻的三元组(S_{i-1}, S_i, S_{i+1})，表达式如式(9-3)所示：

$$S_i(t+1) = \Phi(S_{i-1}(t), S_i(t), S_{i+1}(t)) \tag{9-3}$$

三、元胞自动机的特征

根据元胞自动机模型的定义及构成可知，标准的元胞自动机具有以下特征：

①指同质性、齐性：指同质性表现在元胞空间内每个元胞的变化都服从相同的规律，即元胞自动机的规则；而齐性是指元胞的分布方式、大小、形状相同，空间分布规则整齐。

②空间离散：指元胞分布在按照一定规则划分的离散的元胞空间上。

③时间离散：指系统演化是按照等间隔时间分步进行的，时间变量 t 只能取相等步长的时刻点，如 $t, t+1, t+2, \cdots$，并且 t 时刻的状态构形只对下一时刻 $t+1$ 的状态构形产生影响。

④状态离散有限：指元胞自动机的状态参量只能取有限个离散值($s_1, s_2, \cdots, s_k$)。

⑤并行性：指若将元胞自动机的构形变化看成是对数据或信息的计算或处理，则元胞自

动机的处理是同步进行的,特别适合于并行计算。

⑥时空局部性:指每个元胞在下一时刻 $t+1$ 的状态,取决于其周期半径为 r 的邻域中的元胞在 t 时刻的状态,即所谓时间、空间的局限性。

⑦维数高:由于任何完备元胞自动机的元胞空间是定义在一维、二维或多维空间上的无限集,因此,元胞自动机是一类无穷维动力系统。在实际应用中无法处理无限个变量,但由数量很大的元胞组成的系统是能够处理的。

在上述特征中,同质性、并行性、局部性是元胞自动机的核心特征,任何对元胞自动机的扩展应当尽量保持这些核心特征,尤其是局部性特征。

四、基于元胞自动机模型的行人仿真

使用元胞自动机模型的行人仿真有很多种,例如 Legion、Steps 等。其中 Legion 软件是目前世界上使用最为广泛、技术最为成熟的行人交通仿真软件。Legion 软件由 Model Builder、Simulator 和 Analyser 三个模块组成,能够一步一步地仿真行人步行运动,并考虑了行人相互间的作用和与周围环境中障碍物之间的作用。Legion 软件具有建模操作便捷,分析功能强大,人、车混合仿真等特征。与 Legion 软件相比,Steps 软件同样采用了基于实体的方法和元胞自动机模型,但是 Steps 软件不具备人、车混合仿真的功能。

根据元胞自动机模型的基本原理,建立一个模拟行人过街的仿真实例,考察行人通过人行横道穿越车流的情况。图 9-10 给出了该实例的基本道路信息,即行人流需通过一个双向两车道的交叉口,该交叉口受到信号灯控制,但无法判断交叉口是否设有专用行人信号灯。

在仿真软件中建立该交叉口,如图 9-11 所示。其中左右两个长方形为行人面域,即行人准备过街前的等待区域,连接两个行人面域之间的区域为人行横道,而与人行横道相交的则为车辆路段。由于基本道路信息中无法判断该交叉口是否设有行人专用信号灯,因此在仿真中应该同时考虑设置有行人专用信号灯和不设行人专用信号灯两种情况进行仿真分析。

图 9-10　行人过街仿真基本道路信息

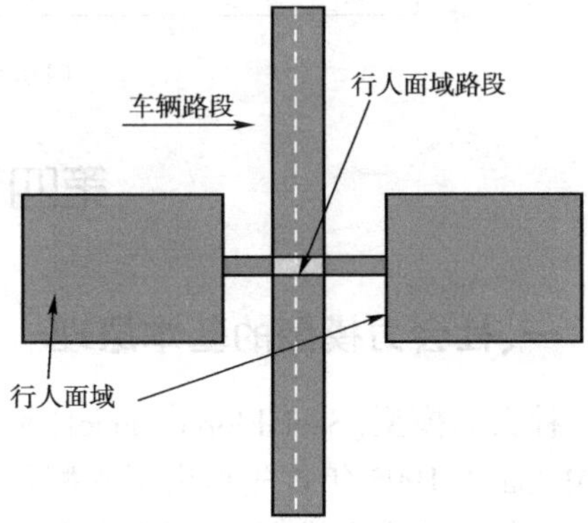

图 9-11　行人过街仿真模型建立

当交叉口设置行人专用信号灯时,行人在横穿马路的时候遇到的车辆较少,而且离行人最近的车辆一般都在人行横道附近,再加上行人在人行横道上有较大的优先权,所以行人在此时的视野是很小的。同时,由于行人群效应,行人会自觉地查看附近有没有行人群的存在,如果有的话行人将加入其中,此时除了排在最前面的行人之外,其他人将仅仅检查自己即将到达的地方是否存在车辆造成冲突。

当交叉口并未设置有行人专用信号灯时,则行人横穿马路的危险性增加,所以行人的行走策略和视野都会有明显的改变。由于行人的安全得不到保证,行人群效应将发挥更大的作用,行人将在更广的范围内查看是否有行人群。对于在有人行横道而没有信号灯的场景中,同样也可以采用上述的避让方法。综上所述,行人过街仿真原理流程图如图9-12所示。

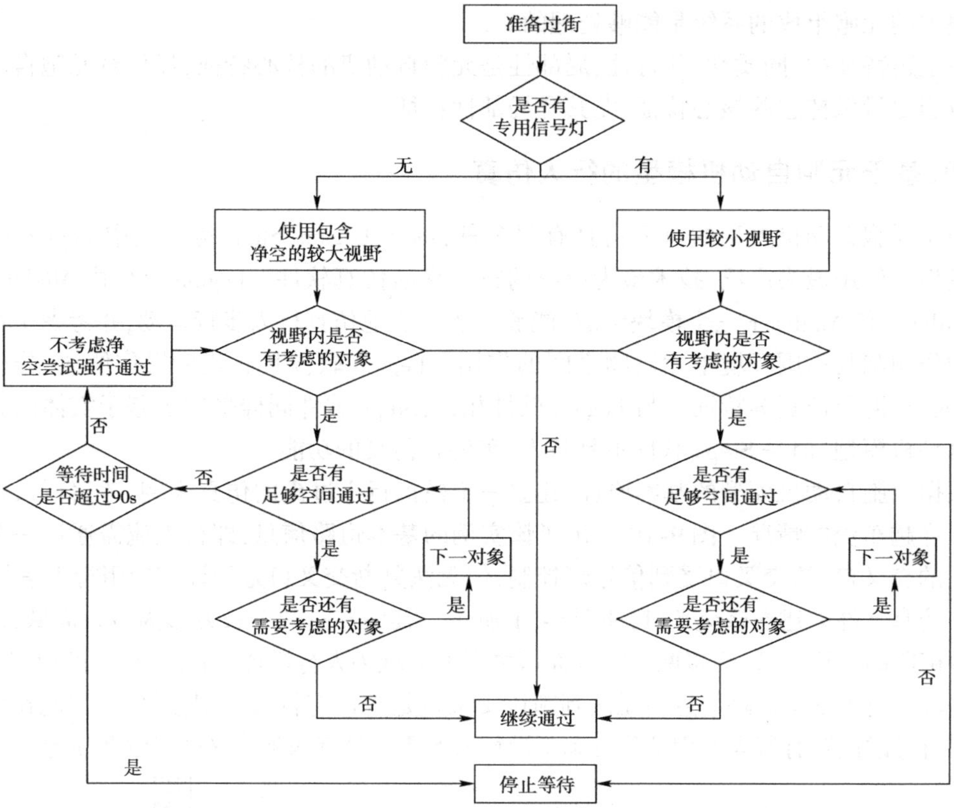

图 9-12　行人过街仿真流程图

第四节　社会力模型

一、社会力模型的基本原理

社会力模型(Social force model)是目前为止比较被认可的行人动力学模型,是由 Helbing 和 Molna 于 1995 年首先提出了支配行人运动的“社会力”的概念,在此基础上建立了正常状态下的行人社会力模型。该模型以牛顿动力学为基础,由各个力的表达式来体现行人不同的动机和影响。社会力模型的核心思想认为行人的运动受到来自环境及自身的目的性的影响,将这些影响用类似于力学的公式表示出来即形成了社会力模型。

在社会力模型中,由于对影响个体的因素考虑得很全面,对个体行为的建模比较合理。因此,该模型可以逼真地模拟人群的疏散过程。Helbing 和 Molna 在提出社会力模型的概念之后,即对人群运动进行了仿真,展现了人群疏散过程中的堵塞现象,研究表明行人流表现出来的各种集群效应是由行人个体之间的非线性作用而引起的。

行人个体的实际行为受个体的主观意识、个体与个体之间的作用以及障碍物这三个方面的因素的影响，均可将其看作力在个体上的作用，即驱动力、人与人之间的作用力以及人与障碍物之间的作用力，这些力的合力作用于行人，产生一个加速度，如下式所示：

$$m_i \frac{\mathrm{d}\boldsymbol{\nu}_i}{\mathrm{d}t} = m_i \frac{\boldsymbol{\nu}_i^0(t)\mathrm{e}_i^0(t) - \boldsymbol{\nu}_i(t)}{\boldsymbol{\tau}_i} + \sum_{j(\neq i)} f_{ij} + \sum_{w} f_{iw} \tag{9-4}$$

1. 驱动力

驱动力是个体主观意识对其行为的影响可化为个体所受自己作用的“社会力”，体现了行人以期望的速度移动到目的地的动机，则驱动力f_i^0的表达式如下式所示：

$$f_i^0 = m_i \frac{\boldsymbol{\nu}_i^0(t)\mathrm{e}_i^0(t) - \boldsymbol{\nu}_i(t)}{\boldsymbol{\tau}_i} \tag{9-5}$$

式中：m_i——行人i质量；

$\boldsymbol{\nu}_{i(t)}^0$、$\boldsymbol{\nu}_{i(t)}$——行人$i$的期望速度及实际速度；

$\mathrm{e}_i^0(t)$——期望的运动方向；

τ_i——适应时间。

2. 人与人之间的作用力

行人在运动过程中，最重要的交互作用是与其他人保持一定的距离，在社会力模型中，这种交互作用是以排斥力的形式表现出来的，即为人与人之间的作用力。排斥力取决于行人间的距离，在某一微小的距离内有一个最大值（阈值），作用力不会超过这一阈值，并会随着距离的增大而减小，直至作用力为零。

人与人之间的作用力是指行人试图与其他人保持一定距离所作用的“力”，包括“社会心理力”f_{ij}^s和身体接触力f_{ij}^p。设行人j对行人i的作用力为f_{ij}，则

$$f_{ij} = f_{ij}^s + f_{ij}^p \tag{9-6}$$

社会心理力是指两个行人i和j之间希望保留一定的距离的心理排斥力，其指数形式的函数表达式如下式所示：

$$f_{ij}^s = A_i \exp[(r_{ij} - d_{ij})/B_i] n_{ij} \tag{9-7}$$

式中：A和B——均为常数；

$d_{ij} = \|r_i - r_j\|$——两个行人重心间的距离；

$n_{ij} = (n_{ij}^1, n_{ij}^2) = (r_i - r_j)/d_{ij}$——从行人$j$指向行人$i$的标准化向量。

而身体接触力则分为身体挤压力及滑动摩擦力两种作用力，身体接触力f_{ij}^p的表达形式如式(9-8)所示：

$$f_{ij}^p = kg(r_{ij} - d_{ij}) n_{ij} + kg(r_{ij} - d_{ij}) \Delta \boldsymbol{\nu}_{ji}^t t_{ij} \tag{9-8}$$

综上所述，人与人之间作用力的方程如式(9-9)所示：

$$f_{ij} = A_i \exp[(r_{ij} - d_{ij})/B_i] n_{ij} + kg(r_{ij} - d_{ij}) n_{ij} + kg(r_{ij} - d_{ij}) \Delta \boldsymbol{\nu}_{ji}^t t_{ij} \tag{9-9}$$

3. 人与障碍物之间的作用力

人与障碍物之间的作用力与行人之间的作用力从定义到计算方法来讲均较为相似，在此不再赘述，其表达式如下式所示：

$$f_{iw} = A_i \exp[(r_{ij} - d_{iw})/B_i] n_{iw} + kg(r_i - d_{iw}) n_{iw} + kg(r_i - d_{iw})(\boldsymbol{\nu}_i \cdot t_{iw}) t_{iw} \tag{9-10}$$

式中：d_{iw}——行人 i 与墙 w 之间的距离；

n_{iw}，t_{iw}——分别表示行人与墙的法线方向和切线方向。

二、基于社会力模型的行人仿真

使用社会力模型的行人仿真软件也有很多种，如 SimWalk、AnyLogic 以及 VISSIM 中的行人仿真模块 VISWALK 等。其中 SimWalk 采用基于主体的技术，每个主体代表一位具有特定目的地、步行速度和避免拥挤的行人，其核心算法是基于社会力模型的势场算法。AnyLogic 的核心算法同样为社会力模型，但仿真的实现主要是依靠行人库，仿真软件由基础仿真平台和企业库等组成。VISSIM 中的行人行为也是建立在社会力模型之上的，其基本理念是通过与牛顿机械学相似的受力分析来建立行人基本行为趋向性的模型；从社会力的角度，心理和物理上产生的影响将共同构成对行人行为的推动力。

根据社会力模型的基本原理，对轨道交通车站内部行人进行仿真分析。图 9-13 显示了使用行人仿真软件对轨道交通站台上乘客上下车，以及进出站台的过程进行仿真的效果图。该站台为岛式站台，乘客可从站台两侧进行上下车；离开站台的路径同样有两种，即为站台的左右两侧。

由社会力模型的基本原理可知，行人个体的实际行为受个体的主观意识、个体与个体之间的作用以及障碍物这三个方面的因素的影响，当行人的期望速度与实际的行走速度之间存在差值时，即会形成由驱动力以及行人与行人之间、行人与障碍物之间的作用力。因此，在乘客进入轨道交通车站后，在确定其期望速度和目的地的基础上，需计算乘客所受到的各种力，即需要判断在乘客的检测范围之内，其他乘客的数量，距离该乘客的距离，障碍物的数量，以及障碍物距离该乘客的距离。根据各种力的合力，判断乘客行走的方向及加速度。综上所述，乘客在轨道交通车站内部的仿真原理流程图如图 9-14 所示。

图 9-13　轨道交通站台行人仿真

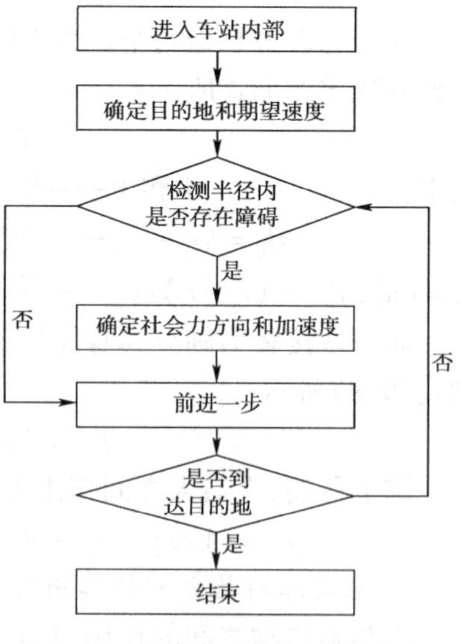

图 9-14　轨道交通车站内部的乘客仿真流程图

第五节　Agent 模　型

一、基于 Agent 模型的基本原理

Agent 技术在计算机领域的研究和应用源于 20 世纪 70 年代,研究人员开展了一系列关于分布式人工智能的研究,由此产生了使用具有一定智能,能被动地响应信息处理的需求,除了完成事先指定的任务外,还能够主动地预测、适应乃至积极地寻找途径以支持用户完成任务的软件 Agent 的概念和方法。

Toyama 等在元胞自动机的基础上提出一个基于 Agent 的模型,描述了不同行人的特性:性别、速度、空间几何知识、群体行为及避障行为。Braun 等在 Helbing 等人提出的社会力模型的基础上,提出了一个基于 agent 的模型,仿真紧急情形室内群体疏散时 agent 受到不同楼层、墙壁、障碍物、其他 agent 等周围环境的影响。Pelechano 等提出一个多 agent 而高密度自治的群体模型。该模型是一个参数化的社会力模型,它主要依赖于心理与几何规则;朱玮利用多智能体技术,借助消费者在南京东路的活动过程的调查数据,进行行为模型拟合,将模拟的代理人个体行为集合后,于三方面同观察到的消费者实际行为作比较,包括:从事不同活动的消费者数量随时间的变化、在各街道段中活动的消费者数量随时间的变化以及单个商店中的消费者人次和延时。

Agent 的字面含义是代理,即一些人或机构代替其他人或机构进行活动。而在此处,被引申为具有智能性行为的个体,即"software agent"。普通的研究者认为 Agent 是一个独立的、自治的实体,可以根据其他实体和系统反映出来的不同状态互相协调,决定自己的动作与状态。

从广义上讲,智能体 Agent 具有以下特性:

(1)自治性:即智能体运行时不直接由人或者其他东西控制,它对它们自己的行为和内部状态有一定的控制权。

(2)社会能力:即智能体能够通过某种智能体通信语言与其他智能体进行信息交换。

(3)反应能力:即对环境的感知和影响。智能体可以感知它们所处的环境,并通过行为改变环境。

(4)自发行为:即智能体的行为应该是主动的,或者说是自发的。智能体感知周围环境的变化,并基于目标实施行为。

基于 Agent 的模拟技术广泛运用于人群的紧急疏散研究和仿真中。通过虚拟的智能体仿真个体,以及从支配智能体之间相互作用的规则运作中创建紧急出现的组织,从而从个别到整体构建社会结构。集体恐慌行为是一种紧急现象,起源于相当复杂的个体层次行为及个体之间的相互作用,以及对因不合作而引起的恐慌与拥挤的机制及提供有价值的认识。

结合多智能体技术建立行人行走行为模型,将每个行人作为一个智能体,智能体的决策过程,在两相邻的逻辑区之间进行。参考 BDI 模型,将物理设施作为智能体的信念(belief),

将达到下一逻辑区作为智能体的愿望(desire),将搜寻路径、扫描其他行人、行走、躲避、排队等行为作为智能体的意图(intention),在每个仿真的步长,参考社会力模型,从意图集合中选择一个可行的动作作为当前实施的动作予以执行。每一行人都由两个线程控制——移动线程和避让线程,线程间通过共享的内存空间来交互信息,获取其他行人的状态。

二、基于 Agent 模拟技术型的行人仿真

基于 Agent 模拟技术型是近期才发展起来的一种行人交通模型,使用该模型的专业的行人仿真软件较少,但 Agent – based 的其他一些二次开发软件也能够应用到行人仿真中,例如 Netlogo。Netlogo 是一个适用于随着时间演化的复杂系统建模,它提供了一个二维平面以及能在该平面运动的智能体,通过控制智能体运动规则,从而探究微观层面上的个体行为与宏观模式之间的联系。使用 Netlogo 进行行人仿真时,将系统中的每一个 Agent 看作行人,按照行人自身特点在特定的交通区域内活动。

根据基于 Agent 模拟技术型的基本原理,模拟乘客从上车到选择自身满意的乘车位置过程中的移动行为。将乘客在公交车内的移动过程分为三个阶段:期望目标选择阶段、判断阶段和位置调整阶段。在目标选择阶段,判断公交车内是否仍有剩余座位,若有,则乘客将选择距离上车位置最近的空座位作为目标,入座后即停止移动;若没有,则假定每一位乘客均可选择期望的站立位置,由于所在位置空间的限制、拥挤程度、周围乘客数等因素的影响,移动过程即进入判断阶段。判断阶段,乘客根据环境影响因素,判断对目前的站立情况是否满意,若乘客对目前的站立情况满意,则停止移动,否则调整目前的位置,进入位置调整阶段。在位置调整阶段,乘客按照更新规则调整自身的位置,并再次进入判断阶段,依次循环。当且仅当判断结果为满意时,退出循环。综上所述,乘客在公交车内的移动过程如图 9-15 所示。

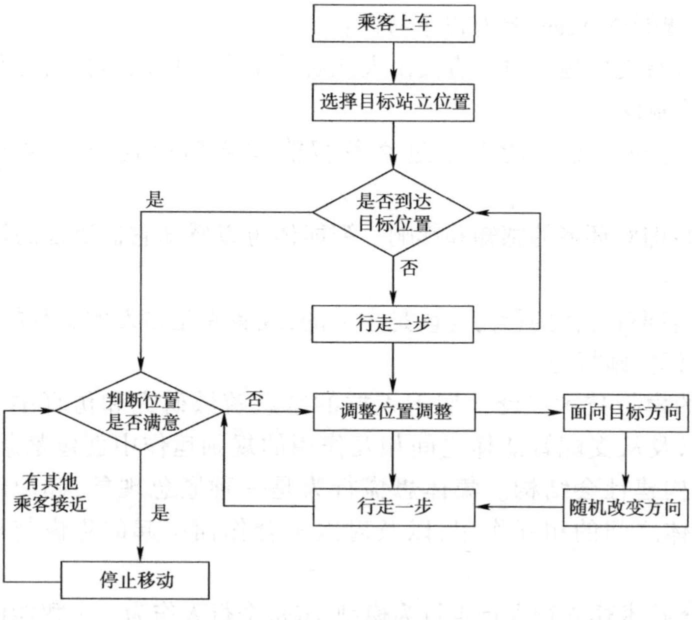

图 9-15 乘客在公交车内的移动过程仿真框架

第六节　VISSIM 软件中行人设置

一、创建人行横道

单击左侧工具栏“路段 & 连接器”按钮，切换到路段编辑状态，任意画一条路段，此时弹出“路段属性”对话框，在“行为类型”一项中选择“4：人行道（无交互作用）”的路段，“名称”改为“人行横道”，如图 9-16 所示，点击“确定”完成人行横道的设置。

二、添加行人速度期望分布

VISSIM 中有许多自带的速度分布，但没有比较适合行人的，所以进行行人仿真需新建一种适合行人的速度分布。

①在菜单栏中依次选择“基础数据”→“分布”→“期望速度”，弹出“期望车速分布”对话框，如图 9-17 所示，点击“新建”弹出“期望车速分布”设置界面，如图 9-18 所示。其中，图 9-17“期望车速分布”对话框中的每一条记录用来定义一种速度分布，用以描述某一种车辆类型的速度分布情况。

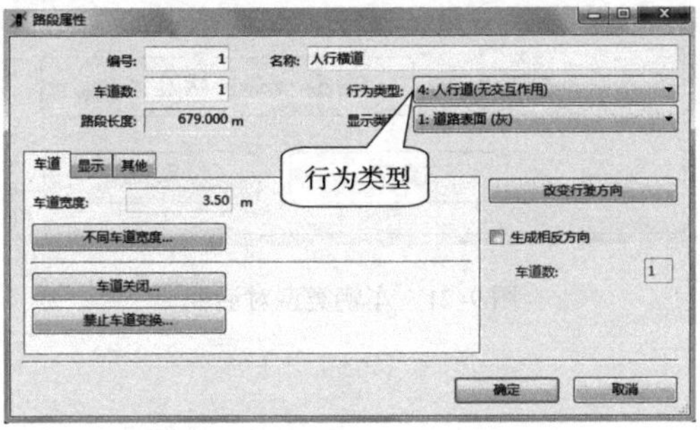

图 9-16　创建人行横道

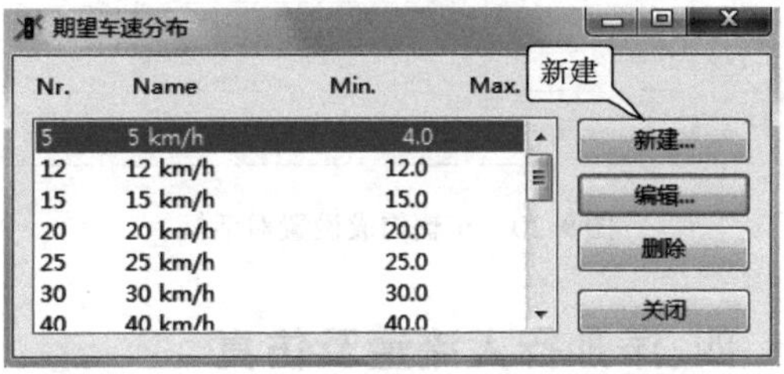

图 9-17　期望车速分布对话框

②创建行人速度期望分布。将图 9-18 中的“名称”改为 Pedestrian，左侧的速度框中的数字（最小速度）改为 3.6km/h，右侧速度框中数字（最大速度）改为 4.8km/h，点击“确定”，完成行人速度的最大最小值的设定。

三、创建行人车辆构成

VISSIM 中“车辆构成”是指交通流的交通组成，即交通流中包含多少种类型的车辆以及每种车辆的比例，每种类型的车辆又有其不同的速度分布。例如该软件初始状态下只有一种默认的“车辆构成”，包含 98% 的小汽车和 2% 的大货车。具体实验时可根据实际交通调查结果创建不同的“车辆构成”。在 VISSIM 中把非机动车和行人也看做是一种车辆类型。本步骤将创建一种新的“车辆构成”，在其中只包含一种车辆类型，即行人。

①在菜单栏中依次选择“交通”→“车辆构成”，此时会弹出如图 9-19 所示的“车辆构成”对话框。

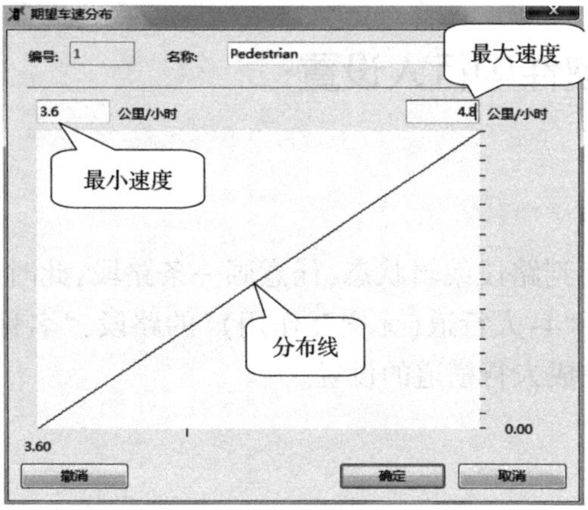

图 9-18　期望车速分布设置对话框

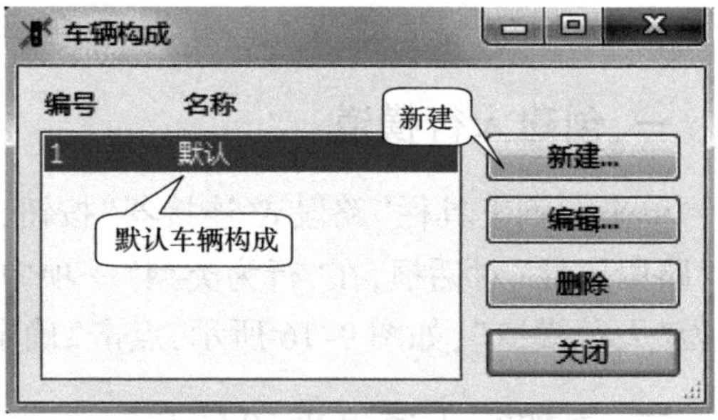

图 9-19　车辆构成

②单击“新建”，弹出如图 9-20 所示的“车辆构成”设置对话框，将“名称”改为 Pedestrian，点击“新建”，弹出“车辆类型”对话框，如图 9-21 所示。

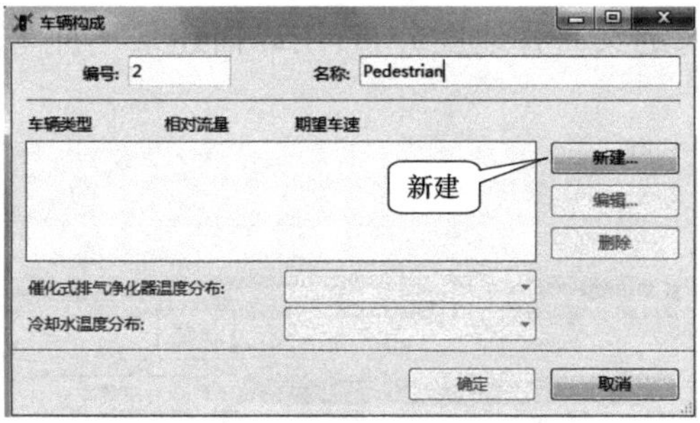

图 9-20　车辆构成设置对话框

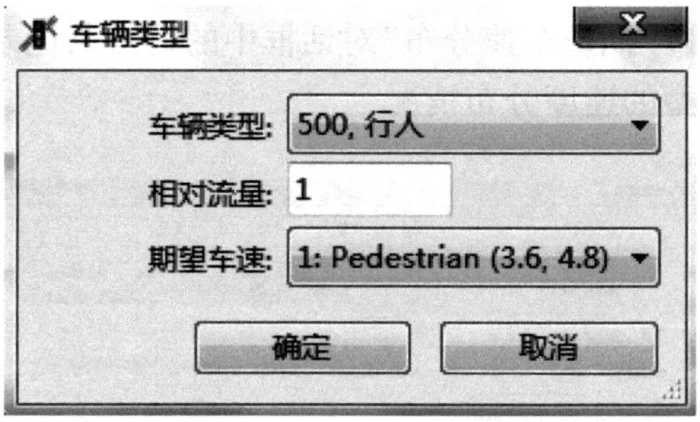

图 9-21　车辆类型对话框

四、添加行人流量及仿真

①单击左侧工具栏“车辆输入”按钮，切换到车辆输入编辑状态，双击人行横道路段，弹出车辆输入对话框，选择“2：Pedestrian”模式，流量输入 1 000，点击确定完成流量的设置，如图 9-22 所示。

②运行仿真。3D 效果图如图 9-23 所示。

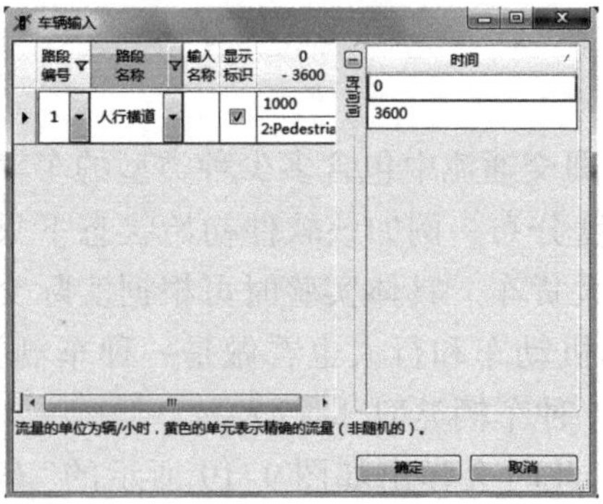

图 9-22　添加行人流量

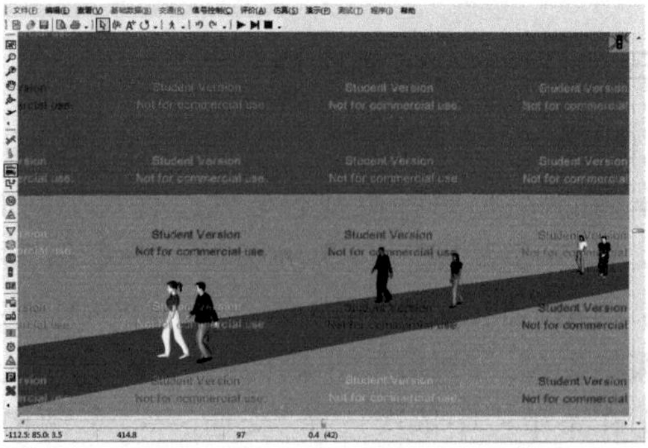

图 9-23　3D 效果图

复习思考题

1. 与机动车相比,行人交通存在着哪些显著的个性化特征?

2. 如何理解行人的自组织行为?举例说明至少两种典型的行人自组织行为。

3. 根据元胞自动机模型的基本原理,请设计一个能够反映行人交通特性的实例,并画出仿真流程图。

4. 根据社会力仿真模型轨道交通车站内部的乘客仿真流程图(图9-13),使用相应的仿真软件,模拟轨道交通车站内的行人的上下车过程。

参 考 文 献

[1] 叶建红. 行人交通行为与交通流特性研究[D]. 上海:同济大学,2009.

[2] Hankin, B. D. ,R. A. Wright,Passenger flow in subways, Oper. Res. Quart,1958.

[3] Henderson L F. ,The statistics of crowd fluids [J]. Nature, 1971.

[4] Dirk Helbing, Social force model for pedestrian dynamics[J],Physical Review E,1995.

[5] HCM2000, 美国交通委员会. 道路通行能力手册[M](4 版). 北京:人民交通出版社,2000.

[6] 陈艳艳,张广厚,史建港. 拥挤行人交通系统规划及仿真[M]. 北京:人民交通出版社,2011.

[7] 周晓红. 城市步行交通与步行空间的规划设计[D]. 上海:同济大学,1993.

[8] 张国斌. 综合客运枢纽站前广场行人交通行为及微观仿真研究[D]. 北京:北京交通大学,2009.

[9] 马剑. 相向行人流自组织行为机理研究[M]. 合肥:中国科学技术大学,2010.

[10] 朱玮,王德,Harry TIMMERMANS. 多代理人系统在商业街消费者行为模拟中的应用——以上海南京东路为例[J]. 地理学报,2009(4).

[11] 刘魏娜. 基于元胞自动机模型的公交车运行仿真与分析[D]. 合肥:合肥工业大学,2010.

[12] 胡明伟,史其信. 行人交通仿真模型与相关软件的对比分析[J]. 交通信息与安全,2009.

[13] 陈志鹏,薛惠锋,等. 基于元胞自动机的行人模型仿真研究[J]. 计算机仿真,2009.

[14] Toyama M C, Bazzan A L C, Da Silva R, An agent - based simulation of pedestrian dynamics: from lane formation to auditorium evacuation[C], New York: ACM Press,2006.

[15] Braun A,et al. Modeling Individual Behaviors in Crowd Simulation[C],Proceedings of the 16th. International Conference on Computer Animation and Social Agents (casa 2003),2003.

[16] Pelechano, N. , Allbeck, J. M. , Badler, N. I. , Controlling individual Agents in high - density crowd simulation [C], New York: ACM Press, 2007.

[17] 严飞. 基于Agent和元胞自动机的智能交通仿真研究[D]. 大连:大连海事大学,2004.

第十章　常规地面公交仿真

本章要求：通过本章学习，了解公共交通流整体运行特征，重点掌握公共交通车辆减速进站、上下客、加速离站过程的运行特征，同时了解公交车在各个过程中对道路交通流的影响，为公共交通仿真模型的建立奠定理论基础。此外，应在进一步了解公交减速进站、公交上下客以及加速离站三个过程运行影响因素的基础上，熟练掌握各过程的仿真模型建模基本原理以及方法，从而为实际研究与学习以及软件应用中打下坚实基础。

城市公共交通是社会经济正常运转的基础保障，同时也是衡量一个城市综合竞争实力的重要标志，更是解决当前大中城市交通拥挤和环境污染等问题的根本途径。而常规地面公交系统以其投资小、见效快、运量大、运输效率高、相对污染少等优点，成为目前我国大、中城市公共交通最主要的形式。此外，由于常规地面公交系统的规模、复杂程度，以及财力、物力、法规、时间和空间上的限制，现阶段不可能建立一个全球性的理论模型用于分析各地的城市公交系统。因而运用计算机仿真软件来模拟现实中的公交系统，成为当前解决公交系统存在的问题最好方法之一。本教材重点介绍常规地面公交在公交停靠站区域的运行仿真原理，即公共交通车辆减速进站、上下客、加速出站的仿真。

第一节　公共交通车辆减速进站过程

一、公交总体运行过程

1. 公交车流总体运行特征

公交车流作为交通流的一部分，若不考虑在公交站点的停靠，其在道路上的运行特征与其他社会车辆相差无几。一般在理想条件下可以按照："过上游交叉口→以路段设计车速匀速前进→过下游交叉口"的运行特征进行描述。运行车速变化如图 10-1 所示（其中图中 v_0 表示路段的设计车速）：

如果考虑公交在停靠站的进出站行为，公交流的运行特征则与社会车流明显不同，且对于不同类型的公交车站，运行过程也存在一定差异。一般情况下，公交车辆在公交站点处运行的总体特征可以表示为："减速进站→上下客过程→加速离站"三个阶段。即公交车辆的行驶速度先下降至零，再上升到行驶速度离开车站，该过程中公交车车速变化如图 10-2 所示。

图中，v_b 为公交车停靠过程行驶速度，t 为停靠过程消耗时间，ΔT 为公交车出站消耗时间。

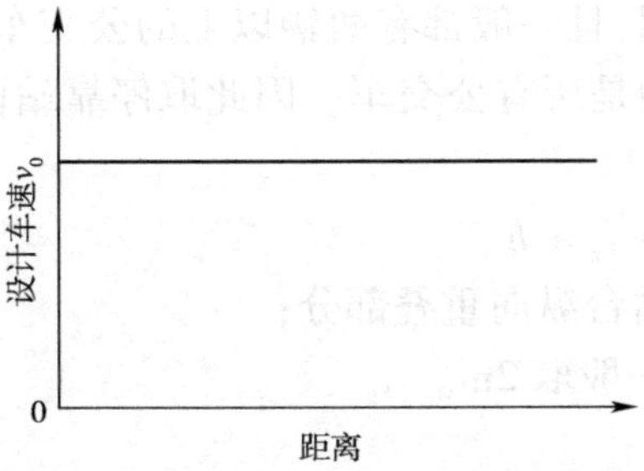

图 10-1　不考虑停靠站的公交车速变化

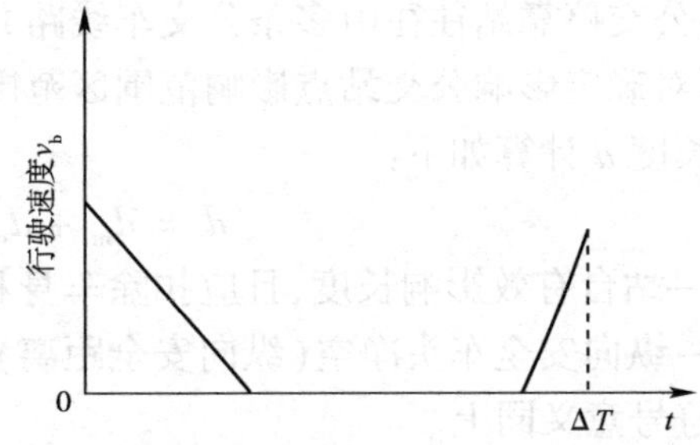

图 10-2　公交停靠过程车速变化

2. 公交站点影响范围

公交车辆无论是在直线式停靠站停靠还是在港湾式停靠站停靠，其进出站过程都有穿越车道与占用机动车道的可能，形成道路交通瓶颈，影响停靠站所在车道和相邻车道的社会车辆运行。研究公交站运行特性以及停靠站处公交车辆进出站行为对交通流的影响，首先需要确定公交进出站的影响范围。公交站点影响范围指当公交车辆进出公交站点时，停靠所占用的车道以及减速进站、加速出站影响其他车辆正常运行的车道长度。影响范围的确定对于公交车运行分析以及公交站点处的交通组织管理等都有重要的参考价值。公交站点影响范围由进站影响范围、站台以及出站影响范围三部分组成。假设公交车进站时的制动加速度及出站时的启动加速度保持定值不变且不计路面纵坡，由运动学知识，易得：

(1)公交进站影响范围

公交进站时间：

$$t_{in} = v_b / a_{in} \tag{10-1}$$

公交进站影响距离：

$$d_{in} = v_b t_{in} - 1/2 a_{in} t_{in}^2 \tag{10-2}$$

式中：t_{in}——进站时间；

v_b——进站初始速度；

a_{in}——进站加速度；

d_{in}——公交进站影响距离。

若取 $a_{in} = 1.5 m/s^2$，公共交通车辆减速进站停靠一般需要 5 ~ 8s，若取公交运行速度 $v_b = 40 km/h$，则公交进站段影响距离为 30 ~ 50m。

(2)公交出站影响范围

公交出站时间：

$$t_{out} = v_b / a_{out} \tag{10-3}$$

公交出站影响距离：

$$d_{in} = v_b t_{out} - 1/2 a_{out} t_{out}^2 \tag{10-4}$$

式中：t_{out}——进站时间；

v_b——进站初始速度；

a_{out}——进站加速度；

d_{in}——公交进站影响距离。

通常，公交停靠站往往由多条公交车线路共用，且一般都有两辆以上的公交车同时停靠或启动，而对确定影响公交站点影响范围区范围的是所有公交车。因此取停靠站两端延伸，影响区段长度 d 计算如下：

$$d = d_{in} + d_{out} + l_z + h \tag{10-5}$$

式中：l_z——站台有效影响长度，且应扣除车身和站台纵向重叠部分；

h——纵向安全车头净空（纵向安全距离），一般取 2m。

其他符号意义同上。

考虑到公交车辆在进站前的换道行为以及多线路多泊位公交站点处公交排队常超出站台占用车道，按照以上计算的换道轨迹距离，公交进站段影响距离一般取 60 ~ 100m。此外，由于 v_b 并不是固定值，它随路段饱和度变化而变化。因而然，d 将表现为一定浮动。

二、公交车辆减速进站过程

1. 公交车辆减速进站过程描述

公交车减速进站过程是指当公交车辆进入到公交停靠站范围内时，以匀减速度或者以较大减速度从行驶车速进站减速到静止停靠的过程，以港湾式停靠站为例，其过程如图 10-3 所示。此外，公交车减速进站过程中主要包括变换车道及减速的两个过程。其中根据观测，减速运动可分为以下两种：

（1）匀减速直线运动；

（2）在开始进入站点范围以后，公交车在保证能正确停靠的前提下，先不减速，而是以在路段上的车速行驶，然后在车辆与站台较近的距离内以较快加速度在短时间内停车。

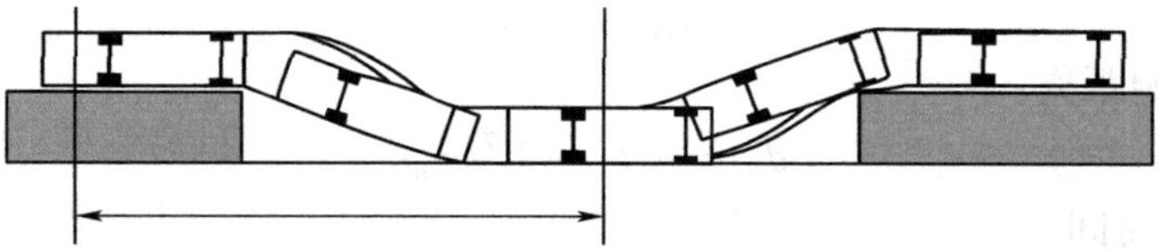

图 10-3　公交车辆减速进站过程

通常情况下，由于大多数驾驶员都想尽量减少公交延误时间，因而在实际情况中公共交通车辆减速进站多以第二种居多。

为了能更加准确地表示公交车辆减速进站的运行过程以及在该过程中与其他车辆产生的相互影响，根据公交车辆与站点的距离把整个路段分为两个区段即：站点远区段和站点近区段，如图 10-4 所示。在站点远区段，公交车辆的运行如同社会车辆，而在站点近区段，公交车辆的运行不仅受前车的影响，还受公交站点的制约，在距离站点不同位置公交车运行特性也并不相同。因而，把站点近区段进一步划分为三个子区域：准备减速区、减速区和停车区。

①准备减速区

公交车辆进入站点近区段通常首先进入准备减速区，在进入准备减速区后，公交车开始进入变换车道阶段。若此时公交车辆已在外侧车道，则跟驰前车行驶；若此时公交车在内侧车道，则采取强制性换道进入外侧车道，如图 10-5 所示。

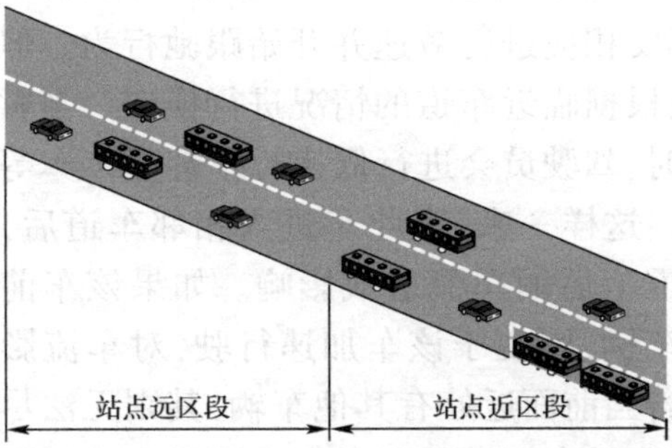

图 10-4　公交站影响区段划分图

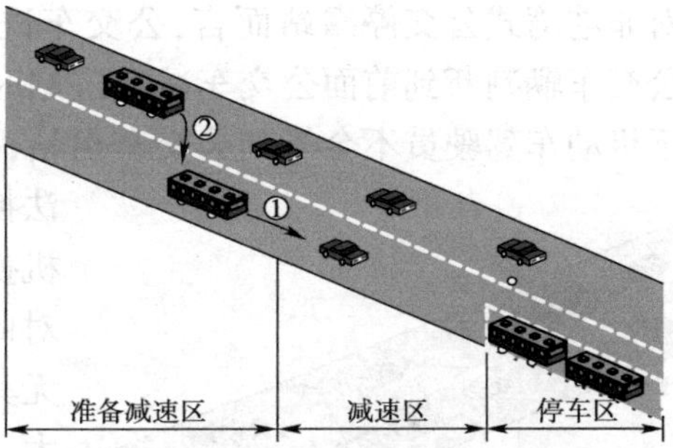

图 10-5　准备减速区公交运行过程

②减速区

在进入减速区后，公交车辆开始减速进站，此时公交车辆不仅受前车约束，同时还受公交站点安全停车的约束。如果公交车辆前方无车，则其根据与停车泊位的距离减速进站，否则继续跟驰前车行驶。若公交车在上一区域没有换道成功，则继续强制换道进入外侧车道。如图 10-6 所示。

③停车区

公交车进入停车区域后，进行制动停车。而在进入停车区的过程中公交运行过程因停靠站类型不同而不同。在进入非港湾式停靠站停靠时，公交进站主要采取跟驰行驶行为，如图 10-7 所示，而在进入港湾式停靠站停靠区时，公交进站首先进行换道行为驶进停车港，如图 10-8 所示。

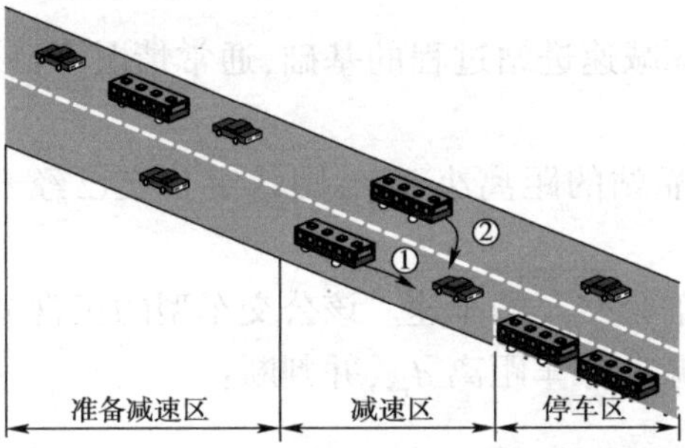

图 10-6　减速区公交车运行过程

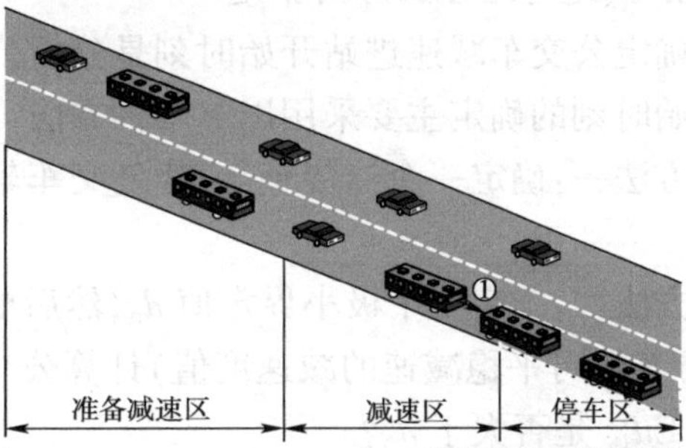

图 10-7　非港湾式停靠站进站行为

2. 公共交通车辆减速进站对道路交通的影响

公交车减速进站作为公交运行的一部分，该过程不仅影响着公交车自身的停靠情况，同时更影响着相邻车道交通流运行状况。特别在道路交通较为拥挤的状态下，良好的进站过程不仅会减少自身停靠延误，提高进站的安全度，同时也会减少对相邻车道车流的影响。相反，则会加大道路交通的拥挤状况，增加延误，甚至产生不必要的安全问题。一般情况下，公共交通车辆减速进站对道路交通流的影响因公交站点形式的不同而不同，具体如下：

对公交车专用道而言，当公交车进站时，只会影响同时到达的公交车的运行，对其他机动车影响不大，且对路段上机动车交通流的影响仅在公交车换车道时产生。但就实际情况来看，在各个城市中，公交车专用道并不普及，某些专用道是限时使用，因而大多情况下公交车进出公交停靠站对本路段和相邻路段的交通流仍存在一定干扰。

对非港湾式公交停靠站而言,公交车进入停靠站首先会影响本车道上后面的机动车。当非公交车辆判断到前面公交车减速进站时,其要相应进行减速并开始跟驰行为。但一般情况下机动车驾驶员不会等到公交车出站,而是根据临近车道的情况进行换道。当暂时无法换道时,驾驶员会进行低速行车甚至停车等待时机换道。这样一来,当此车进入相邻车道后,就会对此车道上后面车流造成影响。如果该车前面近无其他车辆,则便于该车加速行驶,对车流影响不大。但若当前面近处有其他车辆,其则无法尽快加速,而后面的车辆根据距离大小同样会进行跟驰行为直到速度达到平均才会恢复正常。

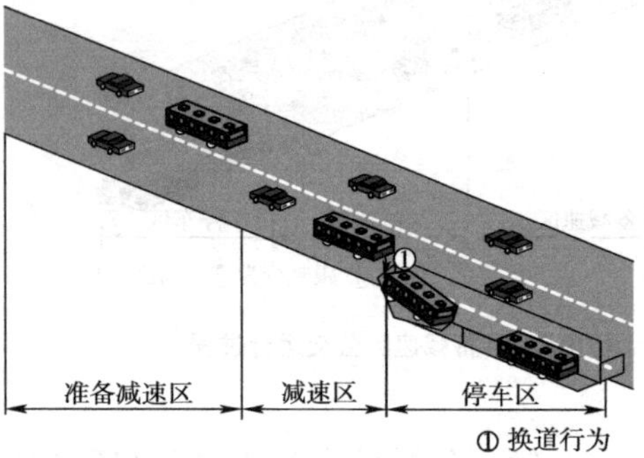

图 10-8　港湾式停靠站进站行为

对于港湾式公交停靠站而言,公交车进站对其他机动车车流的影响不大。当公交车减速进站时,跟随车辆要进行跟驰行为。但由于此时公交车进入港湾,不再占用机动车道,后面的车辆一般不会换道,而是稍稍减速等公交车进站后再加速到正常行驶,其相邻车道车流运行状况基本保持不变。但当此时公交站停靠的公交车较多,超出了港湾的容纳能力时,进站公交车可能会直接在车道上停靠,这时后面的车辆才不得不减速,进行换道。

综上,若要对公交车辆减速进站进行更好地模拟,解决公交进站时产生的交通问题,同时减少因公共交通车辆减速进站对路段上交通流的影响,应该对该过程进行详细分析研究。

3. 减速进站开始时刻界定

确定公交车减速进站开始时刻是分析公交车辆减速进站过程的基础,通常情况下,该过程开始时刻的确定主要采用以下两种方法:

方法一:确定一个边界值 L,若公交车辆与停靠站的距离小于 L,则认定公交已经开始进站。

方法二:确定一个极小界定值 d_0,然后根据当前公交车的车速。该公交车型的正常减速度(即车辆可平稳减速的减速度值)计算公交车的减速停车距离 $d_{停}$,并判断:

①$d_{停}$ 是否大于 d_0?

②d 是否小于 d_0?(其中,d 为当前公交车距站台距离)

若上述条件满足其中任一条件,则认为该公交车已经开始进站。

综上比较发现,方法一虽然较为直观,但由于受道路情况和车辆性能的影响,边界值难以准确确定。方法二在确定过程中综合考虑了公交车的当前速度、位置以及反映车辆性能的减速度,因而较方法一更为合理。

三、影响公共交通车辆减速进站因素

影响公交站进站主要有公交站形式、换道时穿越车道数以及换道距离、前方是否有停车排队情况、驾驶员驾驶行为等因素,具体如下:

1. 公交站形式

公交站一般分为非港湾式公交站及港湾式公交站两种。对于非港湾式公交停靠站而言,公交车辆需变换车道进入外侧车道后减速进站停靠,其停靠需要占用一条甚至两条机动车道，给本车道后面行驶的车辆及相邻车道的车辆造成较大干扰，同时降低路段通行能力。而对于港湾式公交停靠站，由于站台设置在车道之外的用地，公交车辆同时到达不多的情况下停靠不会占用机动车道，对道路车流影响较小。

2. 换道时穿越车道数以及换道距离

对于没有行驶在停靠站相邻车道的公交车辆，要进站完成停靠服务必须进行换道行驶，而换道过程会干扰路段上其他社会车辆的运行，通常换道时所穿越的车道数决定了对其他车辆的影响程度。一般来说，换道时穿越车道数越多，对路段交通流的干扰越大。同样，换道距离对路段交通流也存在相似影响。

3. 前方是否有停车排队情况

公交车停车排队现象对公交车减速进站过程存在一定影响。若公交车进站时，无停车排队现象，则公交车停靠过程较为简单。而当前面公交车的停靠产生了排队现象时，公交车停靠则受到前方排队车辆的影响。

4. 驾驶员驾驶行为

不同的驾驶行为对公交车进站行为存在很大的影响，主要表现在以下方面：

在反应能力方面，反应快的驾驶员对车辆间的可穿越间隙的大小十分敏感，其可接受穿越间隙相对较小，因此，可以减小公交车辆排队长度。

在气质和性格方面，由于不同气质和性格的驾驶员对前方车辆以及相邻车道车流的运行情况有着不同的认识，其做出的判断也不一样，从而对车辆之间干扰的影响程度也就不一样，进而对公交车减速进站的影响也就不同。目前，可将驾驶员的典型气质和性格分为冲动型及保守型两类。其中，冲动型驾驶员可接受穿越间隙相对较小，且在跟驰行车时，其与前方车辆间距也相对较小，因而在一定程度上可减小公交车辆排队长度。而保守型驾驶员则与其相反，可穿越间隙及车头间距相对较大。

四、公共交车辆减速进站过程的仿真模型

公交车减速进站仿真模型的建立视分类方向的不同，建立的方式也有所不同。通常情况下该过程的仿真主要由跟驰模型及换道模型进行组合模拟，并与公交站的类型联系密切。而有时为了简便，也可根据前方有无公交排队现象，运用运动学原理进行建模。下面分别就前方有无公交排队现象及公交站点类型分别进行阐述。

1. 按前方有无排队现象分类

公交停靠站可分为一个线路专用停靠站和多个线路共用停靠站两种。前者公交车只会遇到前方无车辆停车排队的一种情况，而在多个线路共用车站中公交车除了会遇到前方无车辆停车排队的情况外，还会遇到前方有车辆停车排队的情况。而在现实中大部分都是多个线路共用车站的情况，所以下面对两种情况分别建立进站模型。

(1)前方无公交车辆排队情况下的公交进站模型

在这种情况下，公交车进站过程比较简单，直接运用运动学原理进行建模如下：

$$\begin{cases} v_{下} = v_0 + a \times \Delta t \\ d_{下} = d_0 + v \times \Delta t \end{cases} \tag{10-6}$$

式中：v_0——公交车当前时刻的速度；

$v_{下}$——公交车下一时刻的速度；

d_0——公交车当前时刻距站台的距离；

$d_{下}$——公交车下一时刻距站台的距离；

a——公交车在路段跟车约束条件下的加速度值；

v——平均车速；

Δt——时间间隔。

若 $d_{下} > d_{停}$，（$d_{停}$ 为公交车需要停车时离公交车站的距离），则表明该车在下一时刻以跟车加速度行驶仍能保证正确停靠，即当前时刻可不考虑公交车停靠站影响。否则公交车将以试算减速进行停车。

$$d_{停} = \frac{v^2}{2 \times a_{试算}} \tag{10-7}$$

式中：$d_{停}$——公交车需要停车时离公交车站的距离；

$a_{试算}$——可取公交车车型最大减速度的 80% ~90%。

（2）前方有公交车辆排队情况下的公交车进站模型

如果当前公交车与站台之间由于前面公交车的停靠产生了排队现象，则公交车进入站台之前必须加入排队队列。此时计算当前公交车下一时刻的速度、加速度等与方法（1）相同，只是目标停车位置不是站台而是停车队列的尾部。当前公交车加入停车队列之后可能会出现两种情况：

①当前公交车加入停车队列后已经到达了停车区域，则公交车进站过程结束。

②当前公交车加入停车队列后没有到达停车区域，这时该车仍处于进站过程，并等待前面的停车队列消散后才能进入站台的停车区域。但这与多数交叉口处绿灯亮后停车队列均以加速度扩散不同，其主要是因为站台前停车队列中未达到停车区域的公交车启动后还要进行公共交通车辆上下客，表现为一种走走停停现象。这个消散过程叫做溜车过程。为了更好的对这一过程进行描述，引入公交溜车模型。溜车过程如下：

a. 如果当前公交车未启动，而它前面的车已启动，那么当前车下一时刻开始低速溜车行驶，即车辆以低速匀速行驶。此时车速一般取 15 ~20km/h，它可以保证车辆在较短时间内停住车。

b. 如果当前车辆正在进行低速溜车，且已到达了站台停车区域，则下一时刻该公交车将停车并结束进站过程。

c. 如果当前车辆正在进行低速溜车，但未达到站台区域，同时该公交车前方无停车车辆，则下一时刻该公交车将继续溜车。

如果当前车辆正在进行低速溜车，但未达到站台区域，同时该公交车前方有停车车辆，则该公交车将估计以当前的溜车速度会不会与前方车相撞，若不会相撞，该公交车继续溜车，否则下一时刻则停车。

低速溜车具体模型为：

当前方有足够溜车距离，则：

$$\begin{cases} a(t) = a_{正常加}[v(t)] & v(t) + a_{正常加}[v(t)] \times \Delta t \leqslant v_{max} \\ a(t) = [v_{max} - v(t)]/\Delta t & v(t) + a_{正常加}[v(t)] \times \Delta t > v_{max} \end{cases} \tag{10-8}$$

当前方无足够溜车距离，则：

$$a(t) = a_{正常减}[v(t)] \tag{10-9}$$

式中：$a(t)$——车辆在 t 时刻的加速度值；

$v(t)$——车辆在 t 时刻的速度值；

v_{max}——车辆低速溜车的最大速度，它可以保证车辆在任何时刻能够迅速停车，根据车型不同取经验值；

$a_{正常加}$，$a_{正常减}$——分别为车辆在速度时的正常加速度和正常减速度；

Δt——仿真扫描间隔时长。

决定车辆低速溜车行为的关键是当前车辆与前车的空间距离，或当前车辆与前方某一特定点的空间距离。

2. 按公交站台形式分类的仿真模型

按公交站台形式分类的仿真模型的建立主要采用跟驰模型以及换道模型，建模流程如图 10-9 所示。具体如下：

(1)非港湾式停靠站

公交车辆抵达非港湾式站点和其他车辆抵达红灯交叉口很相似，公交车辆的减速行为并不比通常的减速运动复杂。在仿真过程中若公交车辆站点在视距之内，那么对站点内的情况进行判断，如站点的泊位数和站点内停车的公交车辆数等；然后根据跟驰模型计算出公交车辆进站的安全刹车距离和适当的减速度。

(2)港湾式停靠站

如果站点类型为港湾式，则公交车辆的运行行为较为复杂。在仿真过程把公交车辆进入港湾式站点视作一种特殊的换道，公交车辆的运行轨迹由换道模型中的车道变换轨迹确定并结合跟驰模型对整个过程进行组合模拟。一般情况下，在模型中港湾式站点用站点的深度、长度等参数表示。

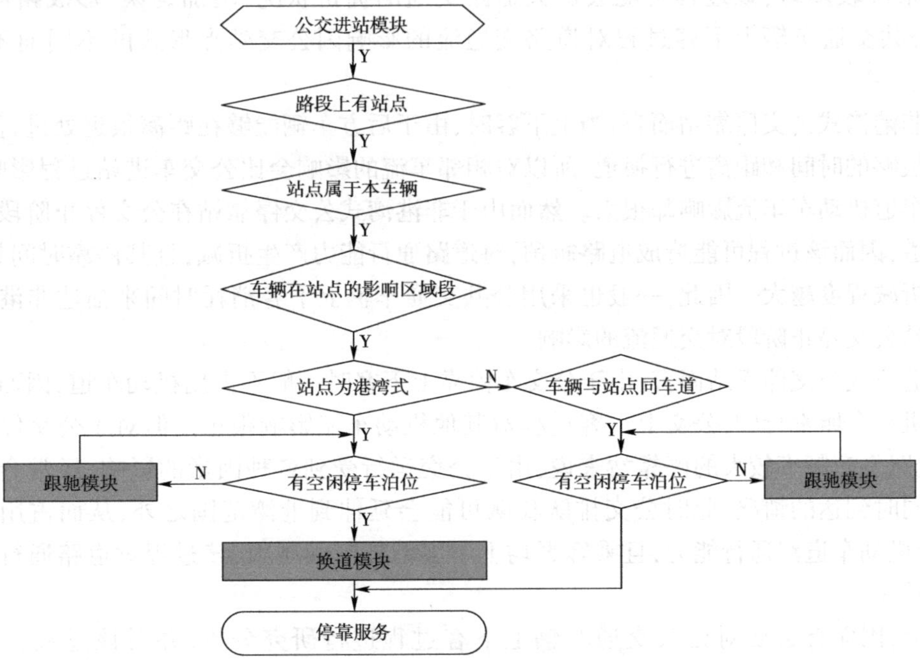

图 10-9　按公交站台形式仿真建模流程

第二节 公共交通车辆上下客过程

一、公共交通车辆上下客过程

1. 公共交通车辆上下客过程描述

公共交通车辆上下客过程(公交停靠过程)是指在公交车辆行驶车速降为零,即静止停靠的情况下进行的。该过程主要由开车门、上下客以及关车门三个过程组成。即车辆进入站点停靠后,开车门以完成乘客上下车服务,然后关车门准备驶离站点,如图 10-10 所示。通常开、关车门时间与驾驶员特性以及公交车辆的使用时间有关,根据相关统计数据,一般为 1 ~3s。此外,公交车辆停靠时间分布曲线比较接近正态分布,平峰期内公交车辆公共交通车辆上下客平均消耗时间(公交车平均停靠时间)约为 25s,而高峰期该过程平均消耗时间约为 29s。

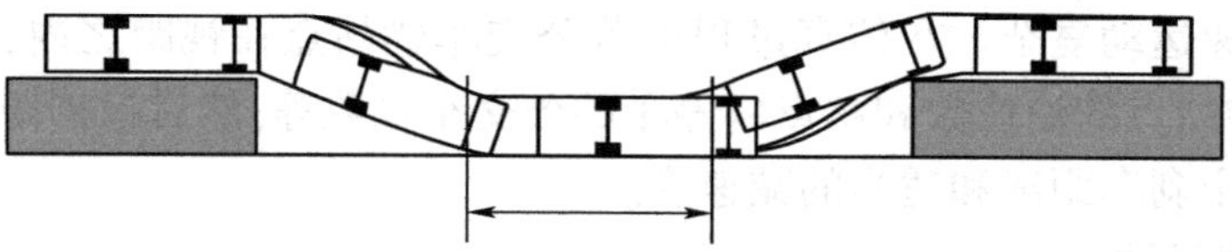

图 10-10 公共交通车辆上下客过程

2. 公共交通车辆上下客过程对道路交通的影响

作为公交运行过程的一部分,公交上下客过程不仅影响公交车在站点处的服务水平,同时也影响相邻车道交通流的运行状况。特别在高峰时期,道路交通较为拥挤且站点上下乘客较多时,该过程可能会加大道路交通的拥挤状况,增加延误,形成路段瓶颈。通常,公共交通车辆上下客过程对道路交通流的影响因公交站点形式的不同而不同,具体如下:

就非港湾式公交停靠站而言:当上下客时,由于后方车辆能够在距离很远处进行判断其是否有足够的时间和距离进行换道,所以对相邻车流的影响会比公交车进站过程影响要小,但对本车道机动车车流影响却很大。然而由于非港湾式公交停靠站在公交停止阶段将占用一条车道,因而该过程可能造成道路瓶颈,对道路通行能力产生折减,且其停靠时间越长,通行能力折减程度越大。因此,一般也采用公共交通车辆上下客消耗时间来描述非港湾式公交停靠站公交停止阶段对交通流的影响。

就港湾式公交停靠站而言:由于公交车停靠上下客时一般不占用机动车道,因而在此期间其他机动车照常行驶,公交上下客过程对其他机动车流影响很小。但对于公交停靠线路较多,线路发车频率较大的停靠站来说,由于公交运行受到各种因素的影响,经常会出现多条线路同时到达的情况,此时公交排队长队可能会延伸到港湾范围之外,从而占用外侧道路,降低机动车道路通行能力,且乘客平均上下客消耗时间越大,该过程对道路通行能力折减程度越大。

综上,因而有必要对公共交通车辆上下客过程进行研究分析,并对该过程进行量化处理。

二、公共交通车辆上下客过程消耗时间特征

公共交通车辆上下客过程消耗时间主要包括公交停靠时的开门时间、上下客时间与关门时间组成,其中开、关门时间较为固定,一般为 1 ~ 3s,由于这部分时间很短,因此,公交停靠时间主要取决于公交上下客时间。根据对不同车型结构和付费方式下每位乘客平均上下车服务时间进行统计得到不同车型、上下客方式及不同付费方式下乘客平均上下客时间,如表 10-1 所示。

不同车型、不同付费方式下每位乘客上下车服务时间表　　表 10-1

车辆类型	可利用和上下客方式		每位乘客的上车时间(s)		每位乘客下车时间(s)
	车门数量(个)	上客方式	车外预先付费	上车投币	
单机公交车辆	1	前门	2.0	2.6 ~ 3.0	1.7 ~ 2.0
	1	后门	2.0		1.7 ~ 2.0
	2	前门	1.2	1.8 ~ 2.0	1.0 ~ 1.2
	2	后门	1.2	—	1.0 ~ 1.2
	2	前门、后门	1.2	—	0.9
铰链公交车辆	2	后门	1.2	—	—
	2	前门、中门	—	—	0.6
	3	前门、中门、后门	0.9	—	0.8

同时,通过国内外对公共交通车辆上下客消耗时间(公交停靠时间)相关研究成果进行总结,可知其具有以下特征:

①乘客上车时间明显大于乘客下车时间;

②前门与后门下客时间没有明显差异;

③使用两个车门的下车时间比使用一个车门的下车时间省时,但平均每位乘客所用时间前者略大于后者;

④车门较宽,可容纳两路乘客下车比一路乘客下车节省 27% ~46%;

⑤高峰客流时,将车内两侧的双座改为单座可减少公共交通车辆上下客时间;

⑥当车内有站立乘客时,乘客服务时间将明显增加。

此外,在正常状态下,公交站点停靠时间具有随机性,因而在总体上把握公交车停靠时间的分布特征,能为公交线路和站点的合理规划和设置提供依据。通常,公交车停靠时间分布属于连续分布,它反映了停靠时间在每个时间区域内出现的概率。一般用负指数分布、韦布尔分布、爱尔朗分布来描述。一般来讲,爱尔朗分布在描述公交停靠时间时更加适用。

三、影响公共交通车辆上下客过程因素分析

公交停靠时间是表征公交上下客过程的一个重要指标,公交站的上下客数、上下客方

式、公交上、下客行为以及售票方式等是影响该站公交车辆停靠时间的主要因素。为了更准确地对该过程进行描述,有必要对相关影响因素进行分析。具体因素如下:

1. 乘客数量

乘客数量即上车乘客和下车乘客数量,该因素是决定公交上下客过程消耗时间的关键因素,一般情况下,公共交通车辆上下客消耗时间(公交车停靠时间)与上车/下车乘客数及每个乘客所需要的上/下车时间乘积成正比。

2. 上下客方式

公交上下客方式主要包括一个门上下客、前门上客后门下客、前后门上客中门下客三种情况,目前,我国公交车辆一般采用前门上客、后门下客的服务方式,且不同上下客方式对公共交通车辆上下客过程消耗时间影响有所不同。

3. 乘客上下车行为

乘客上下车行为对公交上下客过程消耗时间影响主要体现在上下客过程是否有序。通常情况下,在良好的上下客秩序下,该过程消耗时间相对较短。

4. 乘客特性

公交车站等候乘车乘客的组成对公共交通车辆上下客过程存在一定影响,其中,老人、小孩、病人、残疾人或者孕妇上下车时间要比一般的行动灵活的乘客要长。

5. 购票方式

公交车购票方式主要包括无人售票或者专人售票两种,一般情况下,由于无人售票方式的公交车辆在乘客上客过程中需排队等候投币或刷卡,而有专人售票的公交车,乘客可先上车后再购票,因而无人售票方式下消耗时间相对较长。

6. 公交车辆类型

公交车辆类型特性主要包括:公交车辆容量、公交车门数、车门宽、公交车门踏板高度。一般来说车辆地板高度比常规公交车低时,乘客上车时间减少 20%,前门下客时间减少 15%,后门下客时间减少 25%。

此外,乘客携带行李数量、公交停靠站间距、车辆停靠组织方式、车内空间以及驾驶员的反应能力以及车内拥挤程度也是影响乘客上下车消耗时间的因素。同时另据相关研究发现,当车内有站立乘客时,乘客上车时间增加 20%。

四、公共交通车辆上下客过程模型

1. 模型原理

公交车辆上下客过程仿真模型主要描述的是公交车上下客过程所消耗的时间 t。现阶段,该过程仿真模型的建立主要采用回归分析法,其基本思想是假定预测变量与某些影响因素之间存在某种关系,并通过建立回归方程进行预测。通常情况下,处在一个系统中的各种变量,可以有两类关系,一类称为函数关系,另一类称为相关关系。当事物之间具有确定关系时,则变量之间表现为某种函数关系。而有些事物,虽然它们之间有着密切的联系,但并不能准确地用某一函数式确定其间的关系,称这类事物间具有相关关系。具有相关关系的变量,虽然不能用准确的函数式表达其联系,却可以通过大量实验数据(或调查数据)的统计分析,找出各相关因素的内在规律,从而近似地确定出变量间的函数关系。而公共交通车辆上下客过程的回归模型各变量间主要反应的是相关关系。首先针对影响公共交通车辆上下客消耗时间的影响因素进行量化分析，而后基于调查的相关数据建立模型进行仿真模拟。具体模型如下：

$$t = k_0 + k_1x_1 + k_2x_2 + k_3x_3 \tag{10-10}$$

式中： t——上下客消耗时间；

x_1、x_2、x_3——回归因子即上下客消耗时间影响因素值；

k_0、k_1、k_2、k_2——回归因子。

该方法主要是从事物变化的因果关系出发进，对事物的内在进行分析，其精度较高，但由于所需的数据量较大，因而前期调查工作较为复杂。但在实际应用中回归分析法所考虑的因素只能是连续变量，对于某些非定量指标如：上下客方式、售票方式以及乘客特性等，则无法考虑。因而一般采用类别回归分析法对该过程进行分析。

2. 类别回归分析法

类别回归分析法是考虑非定量影响因素组成不同的类别，对各种类别分别建立交通生成与定量影响因素之间的回归方程。为简便起见，在实际模拟中，由于公交上下客数是影响该过程时耗的关键因素，且数据较易获得，因而通常将该因素作为回归因子。而不同的上下客方式及售票方式会对模型的建立影响不同，因此，采用类型回归分析法分别对一个门上下客、前门上客后门下客，有人售票、前门上客后门下客，无人售票、前后门上客、中门下客，有人售票五种情况的上下客数及公共交通车辆上下客过程消耗时间进行调查并建立回归模型，具体模型如下：

$$t = k_0 + k_1N_u + k_2N_d \tag{10-11}$$

式中： t——上下客消耗时间；

N_u——上客人数；

N_d——下客人数；

k_0、k_1、k_2——回归系数。

根据对重庆等多个城市的调查数据并利用上述模型进行统计回归分析，得到一个门上下客、前门上客后门下客，有人售票、前门上客后门下客，无人售票、前后门上客、中门下客，有人售票五种情况下，各参数值如表 10-2 所示。

回归分析参数表 表 10-2

情　况	k_0	k_1	k_2
一个门上下客	1.12	0.32	0.22
前门上客后门下客，有人售票	0.52	0.15	0.08
前门上客后门下客，无人售票	0.91	0.06	0.04
前后门上客、中门下客，有人售票	0.54	0.08	0.06
前后门上客、中门下客，无人售票	0.84	0.86	1

通过对比发现，上述模型反映的特性与实际情况基本相符，即公交车上下客时耗与上下客人数呈正比，上客人数比下客人数时耗影响，公交车车门越多，上下客时耗越小。

第三节　公共交通车辆加速离站过程

一、公共交通车辆加速离站过程

1. 公共交通车辆加速离站过程描述

公共交通车辆加速离站过程指公交车辆停靠完成乘客服务之后，从静止开始加速到行驶车速的过程，如图 10-11 所示。在这一过程中，对于不同类型的公交停靠站，公交车辆的出站运行行为各有不同。据相关统计，公交加速出站一般需要 9 ~ 12s，而加速影响距离为 50 ~ 80m。

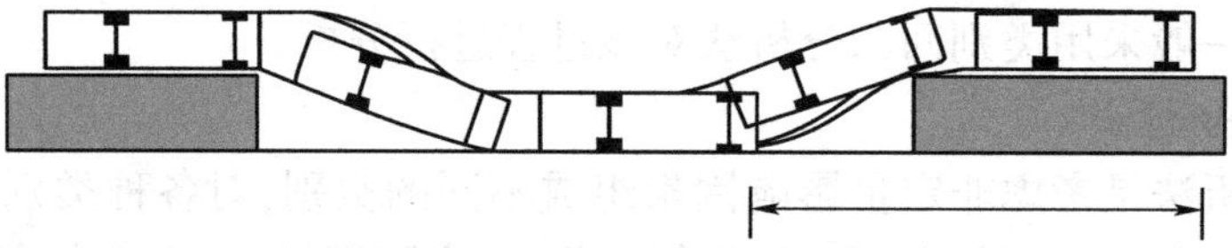

图 10-11　公共交通车辆加速离站过程

此外，公共交通车辆加速离站过程包含跟驰过程及换道过程两个过程，且根据不同公交站类型而不同。非港湾式停靠站公交车离站时以跟驰行为为主，如图 10-12 所示。而港湾式停靠站公交车离站时首先要进行换道行为，如图 10-13 所示。

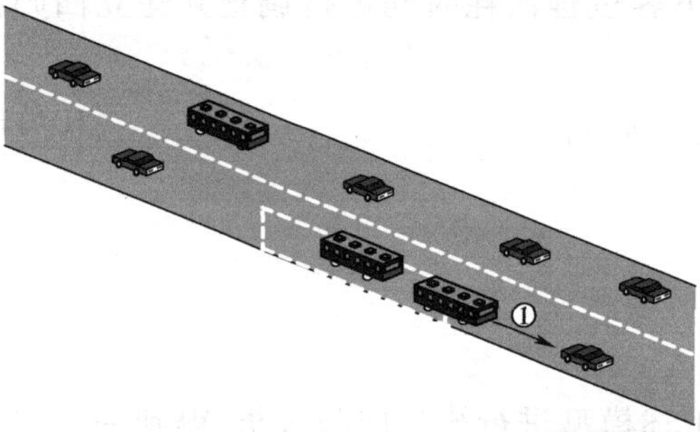

图 10-12　非港湾式公交停靠站公交出站过程

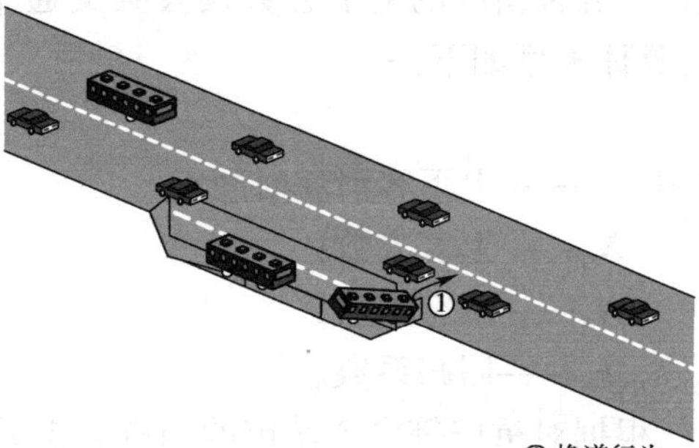

图 10-13　港湾式公交停靠站公交出站过程

2. 公共交通车辆减速进站对道路交通的影响

公交车加速离站的运行状况不仅影响公交车自身的停靠情况，更影响相邻车道交通流的运行状况。特别在道路交通较为拥挤的状态下，由于公交车出站会与相邻或本车道其他车辆交叉，可能会加大道路交通的拥挤状况。一般情况下，公共交通车辆减速进站对道路交通流的影响因公交站点形式的不同而不同，具体如下：

就非港湾式公交停靠站而言：公交车出站时如果前方无停靠的公交车辆，则可直接加速行驶，且短时间内不会换道，因而对相邻车道的车流没有影响。对本车道的车流而言，由于离公交车站较近的机动车辆早已转换到相邻车道而较远处的车辆则可跟在公交车后面正常行驶，因而公交车离站对本车道车流影响也并不大。综上，对于非港湾式公交车靠站来说，公交车出站时对其他机动车车流影响不大。

就港湾式公交停靠站而言：当公交车出站时，后面的机动车会根据转向灯判断前面的公交车是否出站,从而进行减速跟驰,并判断是否进行换道。根据相关研究,当车流较小时,机动车会执行换道的可能性较大。当车流较大时公交车后面的机动车一般会减速跟驰,且影响较大。

综上述分析,有必要对公共交通车辆加速离站过程进行研究分析,并对该过程进行量化处理。

二、公共交通车辆加速离站影响因素分析

影响公交车加速离站的因素与减速进站的影响因素相似,即要受到公交站台形式、相邻路段车道交通状况、前方是否有停车排队现象以及驾驶员行为等因素的影响。

1. 公交站形式

在影响公交车出站过程的诸多因素中,最主要的因素即为公交车停靠站的类型。对于港湾式公交停靠站来说,公交车辆出站后需要重新汇入相邻车道,过程较为复杂,且当相邻车道交通流量较大时,易与其他社会车辆产生干扰,从而降低路段通行能力,并降低公交车辆出站速度,增加出站延误,甚至可能会产生交通堵塞状况。对于非港湾式公交停靠站来说,公交车辆在完成上下乘客服务之后其运行主要表现为从静止加速至正常行驶车速的跟驰过程。因而,一般情况下,较非港湾式公交停靠站而言,港湾式公交停靠站形式对公交车加速离站过程的影响较大。

2. 相邻道路车流运行状况

相邻车道车流运行状况对公交加速出站过程影响较大,当相邻车道车流量较大时,出站公交车受到其影响,出站速度相对降低,延误增大。特别对于港湾式停靠站来说,由于公交出站要变换车道,从而会与相邻车道车流产生交叉冲突,增加延误。

3. 前方是否有停车排队现象

公交车停车排队现象对公交车加速离站过程存在一定影响。若公交车出站时,无公交车排队现象,则公交车加速出站过程较为简单,无需受到其他公交车辆的影响。而当前面公交车的停靠产生了排队现象时,公交车出站则受到前方排队车辆的影响,出站延误增大。

4. 驾驶员驾驶行为

驾驶行为对公共交通车辆加速离站同样存在着较大的影响,且与减速进站影响基本一致,即驾驶员的反应能力在一定程度上可影响公交车辆排队长度。而驾驶员的气质与性格则会影响车辆之间干扰的影响程度,特别是对港湾式公交车站公交车换道离站过程影响相对较大。

三、公共交通车辆加速离站模型

公交车站类型是影响公交车加速离站过程的关键因素,因而在该过程的仿真模型建立中,主要考虑停靠站类型对模型建立的影响,且在过程的仿真建模仍以跟驰模型、换道模型为基本模型。下面分别就不同的停靠站类型分别建立公交车出站模型,车辆加速离站仿真流程如图 10-14 所示。

1. 非港湾式停靠站公交车出站模型

公交车加速驶离非港湾式停靠站的出站过程较为简单。即表现为公交车在上下客服务

结束后从零速启动加速至正常的跟驰行驶状态的过程，主要采用跟驰模型进行模拟。该模型可参考第五章车辆跟驰模型进行建立。

此外，根据实际调查，在加速出站的过程中，公交驾驶员一般要进行三次换挡。第一挡位的车速一般取20～25km/h，时长为1s；第二挡位的车速一般取20～25km/h，时长为3s；而第三挡位车速一般取30～35km/h，且一般情况下，公交车从静止逐步加速至第三挡位车速时达到正常车速 v_0，就可认为该公交车完成出站过程，进入自由行驶状态。

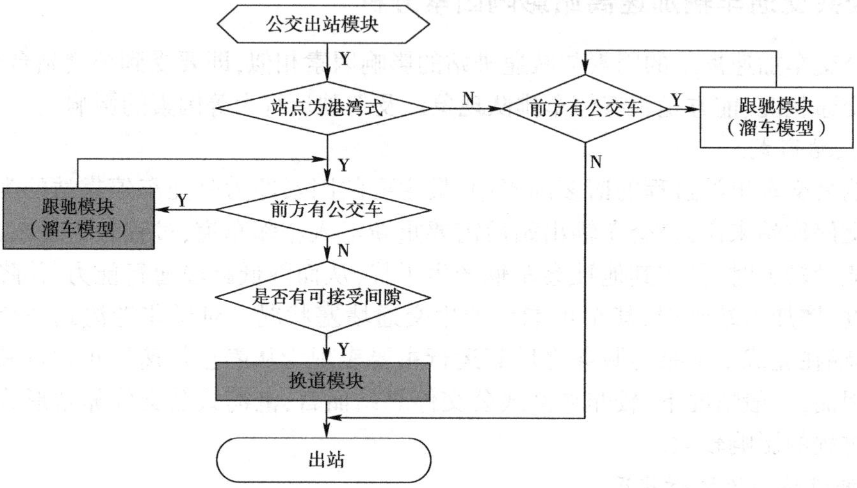

图10-14　公共交通车辆加速离站仿真流程

2. *港湾式停靠站公交车出站模型*

由于公交车加速驶离港湾式停靠站时不仅要考虑公交车的加速出站过程，还要考虑与停靠站相邻路段车道交通状态的影响，并执行换道行驶，因而该类出站过程模型的建立相对较为复杂。通常，公交车辆要换道进入拥有稳定交通流的相邻车道，必须寻找从静止加速进入相邻交通流的间隙。

通常换道模型中目标车辆是运行的，且目标车辆的可接受间隙模型是目标车与后随车、前导车的相关速度和目标车与临界点距离的函数。一般认为在没有可接受间隙下，一辆车不会让道于另一车辆，因此，速度为零的公交车辆在交通拥挤的情况下很难找到适当的间隙。因而，典型情况下，认为与停靠相邻的路段车道的交通流为优先交通流，停靠站的公交要让行。但从实际观测观察情况来看，情况并非如此，公交车辆不会为了等待其他车辆让道而花费过多时间，出站公交车量争道抢行迫使路段上的交通流减速甚至停车的情况比比皆是，因而，为了更好地反映这种情况，引用“优先通行原则”及“先到先行原则”相结合的建模分析法：

(1)当公交车刚完成上下客过程，且前方无其他公交车辆

当公交车刚完成上下客过程，且前方无其他公交车时，公交车开始启动出站。在这种情况下，公交车首先应对相邻车道的其他机动车辆的行驶状态进行判断，若能安全换道出站，则换道加速到正常速度 v_0（一般取30～35km/h），完成出站过程。该行驶过程的判断依据主要由公交车加速到冲突点的时间和路段上与当前公交车发生冲突的公交车到达冲突点的时间所确定的穿越空当决定。若存在可穿越空当，则当前公交车直接加速通过冲突点完成出

站,否则公交车就在停靠车道上以“低速溜车”的行驶方式等待可穿越空当的出现,这体现了道路交通流的优先原则。

(2)当公交车正在低速溜车,且前方无其他公交车

在这种情况下,公交车辆离站过程与前一种情况相同,首先要进行可穿越空当判断。但由于当前公交车正处于低速溜车状态,离冲突点越来越近,且到达冲突点的时间也在随之逐渐变短,因此其要求的可穿越空当也相应变小。一般情况下,只要判断当前公交车通过冲突点时不会与路段上的车辆发生尾撞,公交车即可进行穿越,而路段上其他车辆被迫减速甚至停车,这体现了先到先行的规则。若判断结果仍不能满足穿越空当,则当前公交车继续低速溜车或再次停车。

(3)当前公交车前方仍有其他公交车

当公交车前方仍有其他公交车辆时,当前公交车下一步的行驶状态由前面的公交车行驶状态决定。如果前方公交车正在加速出站,则当前公交车判断是否可尾随前车一起通过冲突点,如果可以,则当前车辆将加速紧跟前车出站,否则当前车进行低速溜车。如果前面的公交车正在低速溜车或停车,则当前车也会进行低速溜车或停车。

第四节 VISSIM 软件中公共交通运行仿真

较社会车辆而言,公共交通系统具有明显特点,如:公交线路的走向一定,且在公交站点处公交车辆必须停靠以完成乘客上下客等。因此,便于用户建立复杂的公交网络,VISSIM 软件对公共交通系统进行独立定义。

建立公交系统分两个步骤:

(1)定义公交站点;

(2)定义包括服务站点和时刻表的公交线路。

一、公交站点

VISSIM 提供了两类公交站点:路边站点(Street),即公交站点设置在选定路段的车道上;港湾式站点(Lay - by),即公交站点设置在紧邻慢车道的一条特定路段上。设置公交站点的步骤为:

(1)选择公交站点模式;

(2)选择需要设置公交站点的路段/连接器(港湾式站点只能设置在路段上);

(3)在公交站点的起点(路段/连接器内部)点击鼠标右键,沿着路段/连接器拖动到目标位置,与此也定义了站点的长度,长度显示于状态栏的中间部分;

(4)释放鼠标,打开创建公交站点窗口,如图 10-18 所示;

(5)定义站点属性,点击确定,其中:

No. :公交站点编号;

Name:公交站点名称;

Length:公交站长度(可调整);

Link:公交站目标路段;

Lane:公交站所在车道;

At:公交站的起点位置;

Label:标志,指单独设置公交站点的标志与否;

Type:公交站点类型:Street(路边式停靠站),Lay - by(港湾式停靠站),如图 10-15 ~ 图 10-16 所示;

图 10-15　路边式停靠站

图 10-16　港湾式停靠站

Passengers:上车乘客属性设置按钮,用于计算停车时间。点击打开上车乘客窗口,定义公交乘客属性:

①选择 New,新建上车乘客类型,弹出对话框,如图 10-17 所示;

②Volume:每小时乘客流量;

③from/until:产生乘客流量的时间间隔;

④Used Bus/Tram Lines:乘客能够使用的所有线路。按住 Ctrl 键可选择多条线路,创建公交站点窗口如图 10-18 所示。

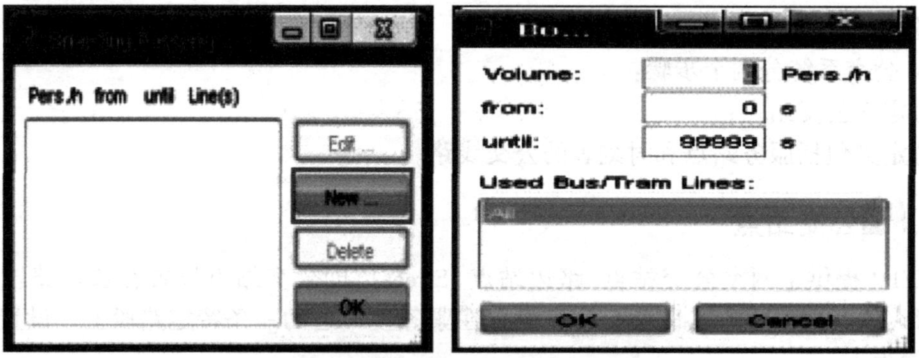

图 10-17　上车乘客属性设置窗口

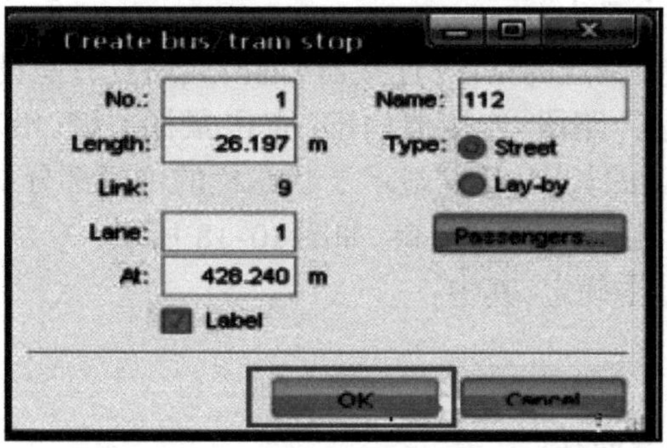

图 10-18　公交站点创建窗口

二、公交线路

公交线路由常规公交车辆、轻轨/地铁车辆，以及公交车辆运行时刻表组成。定义一条公交线路的步骤如下：

(1)激活公交线路模式；

(2)选择需要设置公交线路起点的路段；

(3)在选定路段内的任意位置点击鼠标右键，创建公交线路的起点(一条亮红色线出现在该路段的起始位置)；

(4)选择需要设置公交线路终点的路段/连接器；

(5)在选定路段内的目标位置点击鼠标右键，创建公交线路的终点(绿线)；

(6)在公交线路窗口中，定义公交线路数据，如图10-19所示，点击确定，其中：

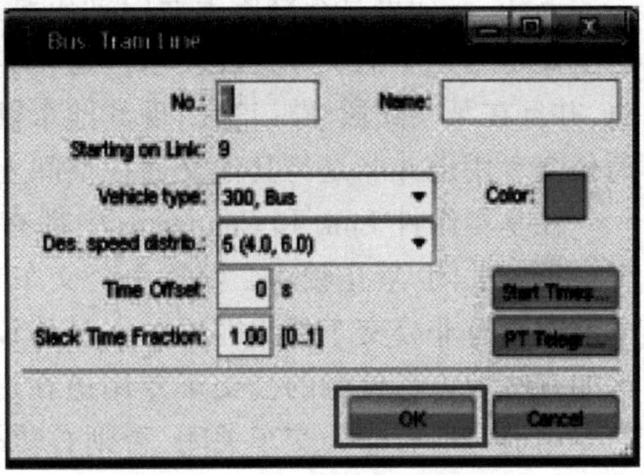

图10-19　公交线路设置对话框

No.：线路编号；

Name：线路名称；

Starting on Link：路段起始点；

Vehicle type：车辆类型；

Des. speed distrib.：公交车目标车速分布，即公交车发车速度；

Time offset：时间差，在公交线路的始发站点，公交车辆先于时刻表的发车时刻进入路网的时间差；

Slack Time Fraction：按行车时间表，乘客上下车结束后，由于没有到时刻表的发车时刻，公交车辆必须在站内的等待时间(仅与设置了固定发车时刻的站点有关)；

Color：公交车辆颜色；

Start Times：起始时间，可设置发车间隔等信息；点击Start Times按钮，弹出如图10-20所示的对话框，设置公交车服务频率。Begin与End选项用于确定公交车的服务时间。Rate选项用于确定公交车发车间隔；

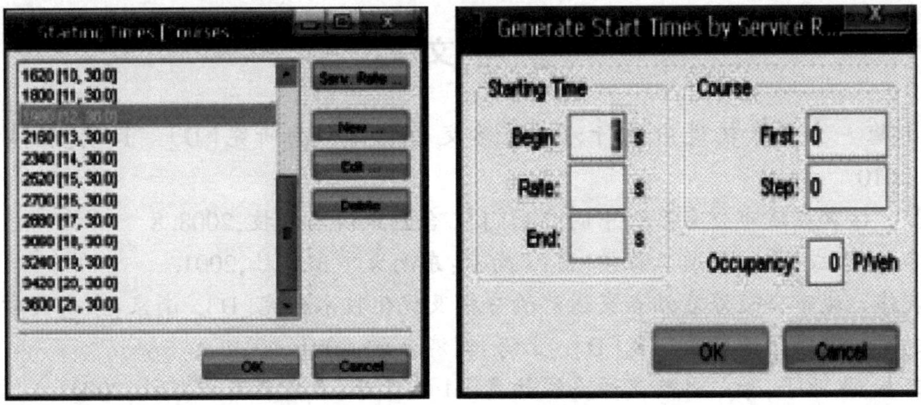

图10-20　Start Times设置对话框

PT Telegr:用于设置公交优先的信号配时方案;

(7)在公交线路上添加/删除公交站点,定义站点属性。

在设置公交线路时,一定要将该线路拖动到该线路相应的车站上去,并确定 Active 复选框被选中。同时还要确定公交车在该站点的停靠时间。

三、公交专用道

VISSIM 中对公交专用道的设置有两种方法。

方法一:如果公交专用道与其他交通系统完全分离,有独立的行驶空间,用单独的 Link 设置专用道;

方法二:如果是在路段上专门划出某条车道作为公交专用道,则不能采用单独的 Link,这主要是考虑车辆实际行驶要求。通常,在公交专用道的公交车在需要时可以进入其他车道,并且在某些路段、路口会出现其他车辆和公交车交织或共用车道的情况。这些都表明所谓公交专用道并非是与其他交通在空间上完全分离。

在基本组件 Link 和 Connector 中都有 Lane Clouse 这一功能,它可以将一条车道对某些车辆类型关闭,禁止驶入。路段上公交车专用道的设置就是利用这一功能,将作为专用道的车道对所有非公交车关闭即可。在具体设置时要注意分析专用车道不同路段的具体情况,比如有些地方最外侧的公交车专用道在进口道处也允许右转车辆行驶,这时候就不能将此处专用道对所有非公交车关闭,否则右转车辆将无法驶入。

复习思考题

1. 简述公共交通车辆减速进站过程、公交上下客过程以及公共交通车辆加速离站过程。

2. 简述公共交通车辆减速进站、公交上下客过程以及公共交通车辆加速离站过程对道路交通的影响。

3. 阐述公共交通车辆减速进站的模型及原理。

4. 阐述公交上下客过程的模型及原理。

5. 阐述公共交通车辆加速离站过程的模型及原理。

参考文献

[1] 尹小梅. 公交车辆进出站行为对道路交通流的影响研究[D]. 长沙:长沙理工大学,2010.

[2] 蒋蕾. 仿真在城市公交系统中的应用[J]. 合作经济与科技,2008.8.

[3] 王炜,过秀成,等. 交通工程学[M]. 南京:东南大学出版社,2001.

[4] 葛宏伟. 城市公交停靠站点交通影响分析及优化技术研究[D]. 南京:东南大学,2006.

[5] 邹志军. 道路交通仿真研究[D]. 上海:同济大学,2001.

[6] 裴玉龙,张亚平,等. 道路交通系统仿真[M]. 北京:人民教育出版社,2004.

[7] 谭云龙. 公交站点影响区段交通流特性的仿真研究[D]. 长春:吉林大学,2007.

[8] 任其亮．公交停靠站泊位数确定方法研究[J]．交通运输系统工程与信息,2008.8(5):114-117.

[9] 黄敏,刘帅,周涛．港湾式公交车出站对道路交通流影响分析[J]．西华大学学报,2007.26(5):33-35.

[10] 李海舰,徐梁,等．公交车进出站对路段交通流干扰行为微观仿真的建模与实现[J]．交通建设与管理,2008:33-35.

[11] 郭中华,王炜,陆建．非港湾式公交停车对道路交通流的影响分析[J]．公路交通科技,2005,22(11):138-144.

[12] Daniel J. Morgan, A Microscopic Simulation Laboratory for Advanced PublicTransportation System Evaluation[J]. University of Texas, Austin, TX, 2000.

[13] 刘运通,石建军,熊辉．交通系统仿真技术[M]．北京:人民教育出版社,2002.

[14] 吴娇荣．交通系统仿真及应用[M]．上海:同济大学出版社,2004.

[15] 生瑞．交通流理论与方法[M]北京:中国铁道出版社,2010.

第十一章　交通评价模型

本章要求：本章主要介绍了交通评价模型，其中包括行程时间评价、交通延误评价、排队长度评价、停车评价。通过本章的学习，要求掌握交通评价的基本模型，能够准确分析行程时间、延误、排队长度、停车次数等指标；掌握 VISSIM 交通评价的原理，能够完成基于仿真软件的交通评价过程。在编程语言学习良好的基础上，尝试采集相关数据，提出相关的交通评价模型，运用编制程序，并最终进行模型标定和验证等。

第一节　行程时间及延误评价

一、引言

行程出行时间从总体上反映了路网在给定时刻的运行状况，将车辆从路网上某一给定点进行排列，按照预定的间隔标定出每个车辆的时间和位置，这样就可以得到相等出行时间的轮廓线。这种出行时间轮廓线构成的出行时间图，从总体上反映了路网在给定时刻的运行状况，提供路网上平均出行时间和平均速度的信息，可以用来评价路网的宏观交通流特性。但是，这些信息都只局限于与路网中某点的联系，为了知道其他点的情况，就必须重复地画出所有研究对象点的出行时间轮廓线。更重要的是，仅仅通过一个变量（出行时间或速度）将难以全面刻画路网的性能，因为路网在同样速度条件下，能够提供不同的服务水平。

延误是运行车辆不能以期望速度行驶而产生的时间损失。由于道路交叉口的存在，使得过往车辆产生延误。车流在交叉口的延误是确定交叉口服务水平的基本参数，同时还可以用来估计候车道长度、车辆的燃油消耗、尾气排放等。

车流在交叉口的延误与交叉口的交通控制方式密切相关，也就是说，不同控制方式的交叉口，产生延误的机理不同，延误的计算方法也不同。对于信号控制的交叉口，影响延误的主要因素为信号灯配时和车辆的到达率。在具有明显主路优先条件下的无信号交叉口，按国际通常的研究方法，假定主路的优先权不受其他车辆的影响而不产生延误，只计算支路车辆的延误。当然，事实上由于交叉口的存在，所有的车辆都会受到交叉口的影响而产生一定的延误。

二、行程时间模型

1. 交通强度作为距离的函数

Vaughan、Ioannou 和 Phylactou 利用英国 4 个城市(Chesterfield、Reading、Leichester、London)的调查数据建立了一些通用的数学模型,这些模型都与当时的调查数据相吻合。模型表述为:交通强度 I(单位区间总出行距离)随着所论地点与 CBD 距离的增加而减少。

$$I = A \cdot \exp\left(-\sqrt{\frac{r}{a}}\right) \tag{11-1}$$

式中:r——与 CBD 的距离;

A、a——参数。

不同城市具有不同的 A 值和 a 值,并且 A 值随着高峰时段与非高峰时段的变化而发生变化。

交通强度模型可以反映城市交通网络的宏观特性,但模型结果与实际有一定的出入。

2. 平均速度作为距离的函数

Branston 利用 TRRL 在 1963 年对英国 6 个城市进行调查,用回归分析法得到了 5 个平均速度 v 与距 CBD 的距离 r 的关系模型。其中城市中心定义为放射线路的交汇点,CBD 的出行速度选择在中心区 0.3km 以内的区域,每一条路段的平均速度可以通过路段长度与实际出行时间的比值得到。下面分别列举 Branston 所采用的 5 个函数关系式,其中参数 a、b、c 为常数,均由调查数据确定。

(1)幂函数模型

$$v = ar^b \tag{11-2}$$

幂函数模型是根据 Wardrop 的理论得到的,但是,该式在 CBD 的中心区($r=0$)预测得到的速度为零,这显然与实际不相符。因此,Branston 将关系式推广为如下一般形式。

(2)改进的幂函数模型

$$v = c + ar^b \tag{11-3}$$

式中:c——CBD 中心区的速度。

一般形式的 Branston 模型克服了幂函数曲线在 CBD 中心区速度为零的缺陷。

(3)线性模型

$$v = a + br \tag{11-4}$$

Beimbom 早期建立的模型是完全的线性关系。在城市边缘地带速度达到最大值,这些点被定义为平均速度最大值点(即在此点以外随着远离 CBD 中心距离增加而速度不再增加)。但 Branston 的调查数据中没有发现任何城市中出行平均速度的极限最大值。

(4)负指数模型

Angel 和 Hyman 根据实际调查数据提出了负指数函数模型,其中负指数渐近线逼近最大平均速度。

$$v = a - be^{-cr} \tag{11-5}$$

(5)最大平均速度模型

Lyman 和 Everall 还提出了城郊有限最大平均速度模型,它最早用于放射线和环形路,但后来适用于所有的道路情况。

$$v = \frac{1 + b^2r^2}{a + cb^2r^2} \tag{11-6}$$

式中：a、b、c——参数。

Branston 在检验上述 5 种速度模型时，认为线性模型和改进的幂函数模型可以不予考虑。这是因为线性模型式(11-4)的计算值一般比实际观测数据高 3～4km/h，当随着 r 的增长平均速度增长较快时，模型已经明显与事实不符；改进的幂函数模型式(11-3)在两个城市中心区出现了速度为负数的情况，当采用 6 个城市的数据进行验证时，中心区速度计算结果为零，也就是说，改进的幂函数模型并不能实现消除城市中心区平均出行速度为零的初衷。

其余 3 个模型在城市郊区的预测平均速度与实际数据都有一定的偏离，但是幂函数模型比最大平均速度模型要更符合实际。

另外，负指数模型与幂函数模型相比较后的结果与实际情况更加吻合，但负指数模型用的比较少，这主要是因为它在计算上比较复杂。对于城市中心区，通常应采用其他的模型，以避免中心区速度计算值为零的缺陷。

Hutchinson 为了简化上述模型，利用 TRRL 在 1967 年对英国 8 个城市的调查数据，重新检验了幂函数模型和负指数模型。

根据 Hutchinson 对调查数据的分析，Branston 的幂函数模型中函数 b 的取值范围为 0.27～0.36，因此，建议采用下述简化公式：

$$v = kr^{1/3} \tag{11-7}$$

参数 k 与城市人口规模有密切关系，并且随着人口规模的增加而增加。

对于负指数模型，Hutchinson 建议对每一个城市可以选择一个最大速度 v 的限制。假设平均速度介于 50～75km/h 之间，则可以选择 60km/h 来标定指数函数模型。

$$v = 60 - a\mathrm{e}^{-r/R} \tag{11-8}$$

式中的 R 值与城市人口规模密切相关，而 a 与人口规模无直接关系。

三、信号交叉口延误模型

1. *稳态延误模型*

(1)精确模型

精确模型是根据车辆的到达和离开过程服从某种统计分布的假设来描述交通延误的特性，需要严格的假设条件。

Beckman 最早提出定周期信号交叉口的平均延误模型，并假设车辆到达过程服从二项分布、车辆离开为确定性服务。

$$d = \frac{c - g}{c\left(1 - \frac{q}{s}\right)}\left[\frac{Q_0}{q} + \frac{c - g + 1}{2}\right] \tag{11-9}$$

式中：c——信号周期；

g——有效绿灯时间；

q——车辆到达率；

s——绿灯时间排队车辆的离开率；

Q_0——前一周期过饱和流的期望排队长度。

公式(11-9)中过饱和流的期望排队长度和到达过程服从二项分布的假设大大降低了其实用性。Mcneil 根据一般到达、离开时间为常数的假设,将信号交叉口一个周期总的车辆延误分为两个部分,即:

$$W = W_1 + W_2 \tag{11-10}$$

式中:W_1——红灯周期内的总延误;

W_2——绿灯周期内的总延误。

$$W_1 = \int_0^{(c-g)} [Q(0) + A(t)]\mathrm{d}t \tag{11-11}$$

$$W_2 = \int_{(c-g)}^{0} Q(t)\mathrm{d}t \tag{11-12}$$

式中:$Q(t)$——时刻 t 车辆排队队长;

$A(t)$——t 时刻累计到达的所有车辆数。

从式(11-11)可以得到:

$$E(W_1) = (c-g)Q_0 + \frac{1}{2}q(c-g)^2 \tag{11-13}$$

假设变量 Z_2 为信号周期无限长时总的车辆延误,那么 Z_2 就表示忙期总的等待时间,其中排队 $Q(t)$ 为来车强度 q 的复合泊松到达,服务时间 $1/s$ 恒定,系统的初始状态为 $Q(t = t_0)$。Mcneil 证明了如果 $q/s < 1$,那么:

$$E(Z_2) = \frac{(1 + Iq/s - q/s)E[Q(t_0)]}{2s(1-q/s)^2} + \frac{E[Q^2(t_0)]}{2s(1-q/s)} \tag{11-14}$$

利用变量 Z_2 表示 W_2,则:

$$E(W_2) = E[Z_2 | Q(t = c-g)] - E[Z_2 | Q(t = c)] \tag{11-15}$$

$$E(W_2) = \frac{(1 + Iq/s + q/s)\{E[Q(c-g) - Q(c)]\}}{2s(1-q/s)^2} + \frac{E[Q^2(c-g)] - E[Q^2(c)]}{2s(1-q/s)} \tag{11-16}$$

只有当饱和度 x 小于 1 时:

$$x = \frac{q/s}{g/c} < 1 \tag{11-17}$$

即排队才会达到平衡状态。

根据上述条件,每一个周期内到达的车辆都会在一个绿灯时间内离开,因而有:

$$E[Q(0)] = E[Q(c)] \text{ 和 } E[Q^2(0)] = E[Q^2(c)]$$

同时有:

$$Q(c-g) = Q(0) + A(c)$$

因此:

$$E[Q(c-g) - Q(c)] = E[A(c-g)] = q(c-g) \tag{11-18}$$

$$\begin{aligned} E[Q^2(c-g) - Q^2(c)] &= 2E[A(c-g)]E[Q(0)] + E[A^2(c-g)] \\ &= 2q(c-g)Q_0 + q^2(c-g)^2 + q(c-g)I \end{aligned} \tag{11-19}$$

联立公式(11-16)、式(11-18)、式(11-19)得到:

$$E(W_2)=\frac{\left\{\begin{array}{l}(1+Iq/s-q/s)g(c-g)+(1-q/s)[2q(c-g)Q_0\\+q^2(c-g)^2+q(c-g)I]\end{array}\right\}}{2s(1-q/s)^2} \tag{11-20}$$

再联立公式(11-10)、式(11-11)、式(11-20),可以得到:

$$E(W)=\frac{c-g}{c(1-q/s)}\left[\frac{Q_0}{q}+\left(\frac{c-g}{2}\right)qc+\frac{1}{s}\left(1+\frac{I}{1-q/s}\right)\right] \tag{11-21}$$

将总延误 $E(W)$ 除以信号周内平均到达的车辆数,就能够得到每一辆车的平均延误:

$$d=\frac{c-g}{2c(1-q/s)}\left[(c-g)+\frac{2}{q}Q_0+\frac{1}{s}\left(1+\frac{I}{1-q/s}\right)\right] \tag{11-22}$$

当车辆到达服从二项分布时,$I=1+q/s$,式(11-22)与 Beckman 利用二项分布推导的结论完全相同。Mcneil 和 Weiss 考虑车辆到达服从泊松分布、一般离开过程,得到如下模型:

$$d=\frac{c-g}{2c(1-q/s)}\left\{(c-g)+\frac{2}{q}\left[1+\frac{(1-q/s)(1-B^2)}{2s}\right]Q_0+\frac{1}{s}\left(1+\frac{I+B^2q/s}{1-q/s}\right)\right\} \tag{11-23}$$

当 $Q_0=0$,且车辆到达的方差为零时,上述公式可以直接利用输入输出模型进行推导。用式(11-23)计算延误,需要知道绿灯开始时的排队长度(即上个周期剩余的排队车辆数),而实际上在模型的应用过程中,通常并不知道绿灯开始时的排队情况。因此,精确的延误计算模型在实际的应用中面临一定的困难,于是近似模型显得更加实用。

(2)近似模型

利用精确模型来计算交叉口的延误往往比较困难,而近似模型则相对较为容易。Webster 根据理论研究和数值模拟的方法,最早建立了交叉口延误的近似计算模型,并被广泛应用,其计算模型为:

$$d=\frac{c(1-g/c)^2}{2[1-(g/c)x]}+\frac{x^2}{2q(1-x)}-0.65\left(\frac{c}{q^2}\right)^{\frac{1}{3}}x^{2+5(g/c)} \tag{11-24}$$

式中:d——每辆车的平均延误(s);

c——信号周期长度(s);

g——有效绿灯时间(s);

x——饱和率(交通量与通行能力之比);

q——车辆到达率(辆/s)。

式(11-24)的第一项表示到达率均衡不变时的延误。第二项描述了车辆到达的随机特性,即随机延误。第三项为修正项,它是基于仿真实验的结果得出的,它的数值一般为前两项之和的10%。

还可以通过计算过饱和流的平均排队长度 Q_0 来间接计算延误。Miller 给出了 Q_0 的近似计算模型,模型可以应用于车辆到达和离开的任何分布形式,其模型为:

$$Q(c)=Q(0)+A-C+\Delta C \tag{11-25}$$

式中:$Q(c)$——信号周期结束时车辆排队长度;

$Q(0)$——信号周期开始时车辆排队长度;

A——信号周期内到达的车辆数;

C——绿灯时间内最大可能离开的车辆数;

ΔC——通行能力平衡项，当 $Q(0)+A<C$ 时为 $[C-Q(0)-A]$，否则为零。

由于平衡时 $Q(0)=Q(c)$，所以对式(11-25)两边求数学期望，可以得到：

$$E(\Delta C) = E(C-A) \tag{11-26}$$

式(11-25)还可以改写为：

$$Q(c)-[\Delta C-E(\Delta C)] = Q(0)-[C-A-E(C-A)] \tag{11-27}$$

两边平方之后求数学期望，得到：

$$E[Q(c)]^2+2E[Q(c)]E(\Delta C)+\mathrm{Var}(\Delta C) = E[Q(0)]^2+\mathrm{Var}(C-A) \tag{11-28}$$

在平衡条件下，将公式(11-28)进行整理，得到：

$$Q_0 = \frac{\mathrm{Var}(C-A)-\mathrm{Var}(\Delta C)}{2E(C-A)} \tag{11-29}$$

式中：C——一个信号周期内最大可能离开的车辆数；

A——一个信号周期内到达的车辆数；

ΔC——一个信号周期的通行能力平衡项。

$\mathrm{Var}(\Delta C)$为一个正数，只有当 $E(C)=E(A)$ 时，$\mathrm{Var}(\Delta C)$才为零。

因此可以得到：

$$Q_0 \leqslant \frac{\mathrm{Var}(C-A)}{2E(C-A)} \tag{11-30}$$

例如，当到达为 Darroch 过程，即 $E(A)=qc$，$\mathrm{Var}(A)=Iqc$ 时，并且绿灯时间内的离开率为常数，即 $E(c)=Sg$，$\mathrm{Var}(C)=0$ 时，上面的约束条件可以改写为：

$$Q_0 \leqslant \frac{Ix}{2(1-x)} \tag{11-31}$$

式中：$x=qc/sg$。

Miller 同时考虑了 $\mathrm{Var}(\Delta C)$，假设：

$$I \approx \frac{\mathrm{Var}(\Delta C)}{2(1-x)} \tag{11-32}$$

因此，过饱和流排队长度可以用下式近似计算：

$$Q_0 \approx \frac{(2X-1)I}{2(1-x)} \qquad x \geqslant 0.50 \tag{11-33}$$

将式(11-33)代入式(11-22)就可以求出平均延误。为了简化公式，使其实用化，对式(11-22)做进一步的近似，即不考虑公式第三和第四项的影响，因为这两项在量级上要比第一和第二项小。Miller 就是采取了这样的方法，得到简化的近似计算公式：

$$d = \frac{1-g/c}{2(1-q/s)}\left[c(1-g/c)+\frac{2}{q}Q_0\right] \tag{11-34}$$

Miller 同时还给出了泊松到达，绿灯时间定周期服务的过饱和流排队长度的计算公式：

$$Q_0 = \frac{\exp[-1.33\sqrt{Sg(1-x)/x}]}{2(1-x)} \tag{11-35}$$

从上面的分析可以看出，式(11-22)、式(1-23)、式(11-24)、式(11-34)和式(11-35)都仅限于某种特定的到达分布和离开形式。Newell 则给出了一般到达和离开分布形式的延误计算模型。研究表明,对于大多数的到达和离开过程来说,每个周期的总延误都不等于假定的确定到达以及确定离开所计算出的延误。但是,如果交通强度很小的话,这种差别是可以忽略的;而当交通量很大时,延误则用下式计算:

$$d = \frac{c(1-g/c)^2}{2(1-q/s)} + \frac{Q_0}{q} \tag{11-36}$$

如果在式(11-22)中,$1-q/s=1-g/c$,则式(11-22)的计算结果与式(11-36)的结果就会完全相同。但是,在平衡条件下,上述假设并不能成立。

为了计算过饱和交通流的排队长度,Newell 定义 F_Q 为过饱和交通流排队长度的累计分布,F_{A-D}为信号周期内过饱和交通流的累计分布,其中 A、D 分别表示累计到达数和累计离开数,并证明了在平衡条件下:

$$F_Q(x) = \int_0^{\infty} F_Q(z)\,\mathrm{d}F_{A-D}(x-z) \tag{11-37}$$

上式可解的唯一条件就是假设在一个信号周期内,过饱和流服从正态分布,由此得到的解为:

$$Q_0 = \frac{qc(1-x)}{\pi}\int_0^{\frac{\pi}{2}} \frac{\tan^2\theta}{-1+\exp[Sg(1-x)^2/(2\cos^2\theta)]}\mathrm{d}\theta \tag{11-38}$$

Newell 同时给出了更简便的表达式:

$$Q_0 = \frac{IH(\mu)x}{2(1-x)} \tag{11-39}$$

其中:

$$\mu = \frac{Sg-qc}{(ISg)^{1/2}} \tag{11-40}$$

函数 $H(\mu)$ 的计算可以利用 Cronje 给出的近似关系式:

$$H(\mu) = \exp\left[-\mu-\left(\frac{\mu^2}{2}\right)\right] \tag{11-41}$$

其中:

$$\mu = (1-x)(Sg)^{\frac{1}{2}} \tag{11-42}$$

此外,Newell 还比较了式(11-36)和式(11-38)与 Webster 公式的计算结果,并且通过附加项对中等交通强度条件进行了修正,Newell 的最终公式为:

$$d = \frac{c(1-g/c)^2}{2(1-q/s)} + \frac{Q_0}{q} + \frac{(1-g/c)I}{2S(1-q/s)^2} \tag{11-43}$$

Allsop 和 Hutchinson 也基于 Webster 的模型形式,给出了延误的近似计算模型。后来,Ohno 对泊松到达,绿灯时间内定周期离开的所有模型进行了比较,开发了计算程序对所选择的模型进行基本计算。感兴趣的读者可参看有关的文献。

2. 瞬态延误模型

稳态模型的随机平衡假设需要在无限长的稳定交通状态(到达、服务、控制过程等)下才能达到,在流量与通行能力比值较小的情况下,平衡状态容易达到,此时,平衡模型比较接近于真实情况。但是,当交通流到达率接近信号交叉口的通行能力时,达到平衡的时间将会很长。其实,在许多情况下,车辆的到达率都会超过路口的通行能力,此时稳态模型将不再适用。特别是高峰时段的交通流常常不稳定,这不符合稳态模型的基本假定。目前有许多研究都致力于如何减少稳态条件这一基本假设。第一种也是最简单的方式就是将车辆的到达率和离开率用确定性的时间函数表示出来,即到达与离开是以时间为自变量的连续函数 $a(t)$,$\mathrm{d}(t)$;另外一种方法就是模拟信号灯控制下的交通状况来估计平均延误和排队,假设到达和离开都是固定的,但并不要求随机平衡条件。第二种方法是用数学函数描述随时间变化的到达率来计算相应的延误。例如 May 和 Keller 用积分表示累计到达车辆数:

$$A(t) = \int_0^t q(\tau)\mathrm{d}\tau \tag{11-44}$$

在$[0,t]$时间段内,排队中连续离开的车辆数为:

$$D(t) = \int_0^t S(\tau)\mathrm{d}\tau \tag{11-45}$$

于是,系统中的车辆数可以表示为:

$$Q(t) = Q(0) + A(t) - D(t) \tag{11-46}$$

在时间段$[0,T]$内,排队车辆的平均延误为:

$$d = \frac{1}{A(T)}\int_0^T Q(t)\mathrm{d}t \tag{11-47}$$

如果将式(11-45)中的 $S(\tau)$ 替换为 $C(\tau)$,对于已知信号状态的交叉口,就可以应用上述模型:

$C(\tau)=0$ 红灯

$C(\tau)=S(\tau)$ 绿灯,并且 $Q(\tau)>0$

$C(\tau)=q(\tau)$ 绿灯,并且 $Q(\tau)=0$

类似于式(12-46)的确定性模型,只有在 $x \ll 1$ 或者 $x \gg 1$ 的情况下,才会得到较为精确的解。否则,因为忽略了随机因素导致的排队,将会低估排队长度与延误值。

Kimber 和 Hollis 提出了一种计算期望排队长度的算法模型,主要针对单通道自由到达、一般服务的 M/G/l 系统。初始排队可以根据分布进行定义,为了加快计算速度,一般多采用平均初始排队长度。

假定在 $T=0$ 时刻队长为 $Q(0)$,饱和流率为 x 的信号交叉口,对于确定性模型,车辆排队长度的变化可以用下式表示:

$$Q(T) = Q(0) + (x-1)CT \tag{11-48}$$

稳态的期望排队长度为:

$$Q = x + \frac{Bx^2}{1-x} \tag{11-49}$$

其中 B 为常数,依赖于到达和离开过程,可以通过下式计算:

$$B = 0.5\left(1 + \frac{\sigma^2}{\mu^2}\right) \tag{11-50}$$

式中:σ^2——服务时间分布的方差;

μ——服务时间分布的数学期望。

假设服务时间服从负指数分布,即 $\sigma^2=\mu^2$。令 x_d 为确定性模型式(11-48)的饱和流率。

由于：

$$1 - x = x_d - x_T \tag{11-51}$$

因此：

$$x = x_T - (x_d - 1) \tag{11-52}$$

由式(11-48)，得：

$$x_d = \frac{Q(T) - Q(0)}{CT} + 1 \tag{11-53}$$

进行等价变换，得：

$$x = x_T - \frac{Q(T) - Q(0)}{CT} \tag{11-54}$$

可见，在时刻 T，x，x_T 和 x_d 处的排队长度 $Q(T)$ 相同，于是上式可以改写为：

$$\frac{Q(T)}{1 + Q(T)} = x_T - \frac{Q(T) - Q(0)}{CT} \tag{11-55}$$

解出：

$$Q(T) = \frac{1}{2}[(a^2 + b)^{1/2} - a] \tag{11-56}$$

其中：

$$a = (1 - x)CT + 1 - Q(0) \tag{11-57}$$

$$b = 4[Q(0) + xCT] \tag{11-58}$$

如果利用稳态模型式(11-49)，则式(11-57)和式(11-58)就可以表示为：

$$a = \frac{(1 - x)(CT)^2 + [1 - Q(0)]CT - 2(1 - B)[Q(0) + xCT]}{CT + (1 - B)} \tag{11-59}$$

$$b = \frac{4[Q(0) + xCT][CT - (1 - B)(Q(0) + xCT)]}{CT + (1 - B)} \tag{11-60}$$

所考察时间段内所有到达车辆的平均延误也可以从时间段[0，T]内每一到达车辆的平均延误 d_d 推导出来，即：

$$d_d = \frac{[Q(0) + 1] + \frac{1}{2}(x - 1)CT}{C} \tag{11-61}$$

由稳态延误 d_s：

$$d_s = \frac{1}{C}(1 + \frac{Bx}{1 - x}) \tag{11-62}$$

变换得到的瞬态关系式为：

$$d = \frac{1}{2}[(a^2 + b)^{1/2} - a] \tag{11-63}$$

相应的参数为：

$$a = \frac{T}{2}(1 - x) - \frac{1}{C}[Q(0) - B + 2] \tag{11-64}$$

$$b = \frac{4}{C}\left[\frac{T}{2}(1 - x) + \frac{1}{2}xTB - \frac{Q(0) + 1}{C}(1 - B)\right] \tag{11-65}$$

为了便于从瞬态方程推导过饱和流的平均排队长度,对非饱和流,Akcelik 用下面的关系式对公式(11-35)的第二项(稳态排队长度)进行了校正:

$$Q_0 = \begin{cases} \dfrac{1.5(x - x_0)}{1 - x} & x > x_0 \\ 0 & 其他 \end{cases} \tag{11-66}$$

其中:

$$x_0 = 0.67 + \frac{Sg}{600} \tag{11-67}$$

Akcelik 过饱和流平均排队长度的瞬态公式为:

$$Q_0 = \begin{cases} \dfrac{CT}{4}\left[(x-1) + \sqrt{(x-1)^2 + \dfrac{12(x - x_0)}{CT}}\right] & x > x_0 \\ 0 & 其他 \end{cases} \tag{11-68}$$

对于时间段 $[0,T]$ 内到达的车辆,平均均衡延误为:

$$d = \begin{cases} \dfrac{c(1 - g/c)^2}{2(1 - q/s)}, x < 1 \\ (c - g)/2, \quad x \geqslant 1 \end{cases} + \frac{Q_0}{C} \tag{11-69}$$

Akcelik 和 Rouphail 都对式(11-66)和式(11-67)进行了推广。需要说明的是,过饱和流的平均排队长度 Q_0 是式(11-22)和式(11-35)应用于瞬态条件的近似,它不同于稳态条件下的近似方法,即式(11-36)和式(11-41)。

另外,Haight、Cronje、Miller、Olszewski 等人利用 Markov 链计算随机排队的分布,其中到达分布为 $P(t,A)$,通行能力分布为 $P(C)$。一个信号周期内车辆排队从 i 状态到 j 状态的转移概率可以用下式表示:

$$P_{i,j}(t) = \sum_{C=0}^{\infty} P_{i,j}(t,C)P(C) \tag{11-70}$$

$$P_{i,0}(t,C) = \begin{cases} \sum\limits_{k=0}^{C-i} P(t,A = k) & i \leqslant C \\ 0 & 其他 \end{cases} \tag{11-71}$$

$$P_{i,j}(t,C) = \begin{cases} P(t,A = j - i + c) & j \geqslant i - C \\ 0 & 其他 \end{cases} \tag{11-72}$$

在时间 t,排队状态转移概率形成转移矩阵 $P(t)$,系统状态可以用过饱和流排队分布的行向量 $P_{(Q)}(t)$ 表示。在时间 $t=0$,系统初始状态的变量分布假设为已知:$P_Q(0) = [P_1(0), P_2(0), \cdots, P_m(0)]$,其中 $P_i(0)$ 为 $t=0$ 时队长为 i 的概率。对任一周期 t,状态概率矢量可以通过矩阵乘积得到,即:

$$P_Q(t) = P_Q(t-1)P(t) \tag{11-73}$$

关于用 Markov 链计算交叉口排队长度以及车辆延误的问题,本书不详细阐述,有兴趣的读者可以参看有关文献。

四、无信号交叉口延误模型

1. 基本假设

无信号交叉口是指两条相交道路，其中一条为主要道路（简称为主路），另一条为次要道路（简称为支路），其中主路具有优先交通流 q_p，支路一般具有较小的交通流 q_n。为了研究方便，假设主路与支路均为单向流，如图 11-1 所示。

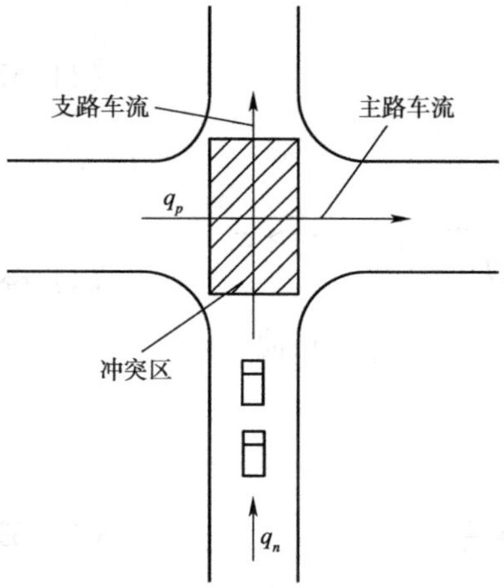

图 11-1　主路优先的无信号交叉口示意图

无信号交叉口是非常常见的交叉口类型，尽管它的通行能力可能会比信号交叉口低，但在整个路网的交通控制中发挥着重要的作用。无信号交叉口如果运行不良，将会影响整个路网的交通状态直至影响到智能交通系统功能的发挥。

根据交通规则，主路交通流在通过交叉口时不受任何限制，即没有延误。而支路的交通流只有在主路上两相邻车辆之间的时间间隔足够大，即具有安全的可插车间隙时，才允许进入冲突区。可插车间隙可以定义为：当主路上前一辆车到达交叉口后，下一辆车将最快在 t_c 时间到达，或者说当支路车辆到达后的 t_c 时间到达，t_c 就称为可插车间隙，在如下的讨论中，也称为临界间隙。它是支路车辆通过主路车流或者进入冲突区的最小时间间隔。可插车间隙理论是探讨驾驶员对某一间隙的接受程度，它常常用于分析无信号交叉口的交通特性。

在同一地点所有支路车辆的驾驶员都能够接受的最小间隙称为临界间隙（Critical Gap），通常假设，只有当主路交通流出现大于或者至少等于临界间隙 t_c 的间隙时，支路车辆才去进入交叉口。

为了保证安全的车头时距，对支路车辆的另外一个限制因素就是在一个较短的时间段内，当支路交通流前方车辆进入冲突区时，后面的车辆就不得进人。这种描述支路驾驶员行为的变量我们用跟随时间 t_f 表示。它指的是当主路有两个可插车间隙时，支路连续两辆车进入冲突区的最小时间间隔。

2. 延误模型

基于上述假设，并进一步假设主路车流的车头时距服从负指数分布，Harders 给出了如下计算支路车辆平均延误 D 的公式：

$$D = \frac{1 - e^{-(q_p t_c + q_n t_f)}}{q_m - q_n} + t_f \qquad (11\text{-}74)$$

式中：q_p、q_n——主路和支路车辆到达率；

q_m——支路的通行能力。

显然，计算无信号交叉口支路车流的延误，必须首先确定 t_c 和 t_f。而 t_c 和 t_f 随不同的驾驶员、不同的时间、不同的交叉口、车辆不同的运动方式以及不同的交通条件而不同。由于这些变化因素，使得可插车间隙的接受过程自然成为一个随机过程。因此，t_c 和 t_f 是随机变量。此外,这些变量分布函数的参数将会受到外界因素的影响。

3. 临界间隙的计算

尽管目前有许多计算临界间隙的方法,但是,求出临界间隙的数值解是很困难的。这是因为不能通过观测直接得到临界间隙的值,仅仅知道对每一个驾驶员来说,临界间隙大于最大拒绝接受的间隙而小于实际接受的插车间隙。如果接受的插车间隙小于最大拒绝间隙,那么,就认为驾驶员具有非正常的驾驶行为。

Miller 和 Troutbeck 利用仿真方法对 10 种不同的计算驾驶员临界间隙分布的方法进行了比较,仿真记录了主路车辆的到达时间以及虚拟驾驶员的大致行为。整个仿真过程对 100 个驾驶员分别进行了 100 个不同主路车头时距的模拟。记录的信息包括:所有拒绝间隙的大小和所有接受间隙的大小。这些信息同路边实际观测的数据基本类似。然后分别用 10 种不同的方法计算驾驶员的平均临界间隙以及临界间隙的方差、平均标准差、平均标准差的方差等。通过对结果的比较发现,极大似然估计法和 Hewitt 模型能够较好地适用于不同流量的主路交通流和支路交通流情况,是所比较的方法中计算临界间隙的最好方法。下面将主要讨论 t_c 及其分布,因为 t_c 是反映无信号交叉口交通特性的重要参数。

假定驾驶员接受的临界间隙为 t_c,也就是说对于任何小于 t_c 的插车间隙他都会放弃,他每一次接受的可插车间隙都会大于或等于乙但是不同的驾驶员具有不同的 t_c 值。定义 $f_c(t)$ 为随机变量 t_c 的密度函数,$F_c(t)$ 为随机变量 t_c 的累计分布函数。假设任意群体的驾驶员的驾驶行为都具有相同的密度函数 $f_c(t)$ 和累计分布函数 $F_c(t)$。

从目前公开发表的研究成果来看,临界间隙的计算方法有如下几种基本类型。

(1)饱和流法

Siegloch 根据临界间隙建立了无信号交叉口通行能力模型。令 $g(t)$ 为支路交通流在时间间隔 t 内能够进入冲突区的车辆数,主路交通流时间间隔为 t 的间隙数为 $q_p h(t)$,其中 $h(t)$ 为主路交通流车头时距的密度函数。因此,在一个小时的时间段内间距 t 所提供的通行能力为 $q_p h(t) g(t)$。为了得到总的通行能力 c,需要对主路交通流的所有可能间距进行积分,得到:

$$c = q_p \times \int_{t=0}^{\infty} h(t) \times g(t) \mathrm{d}t \tag{11-75}$$

Siegloch 计算无信号交叉口通行能力的公式是整个可插间隙理论的基础,几乎所有的通行能力计算公式都以此概念作为基本出发点。

利用上式计算通行能力首先需要知道车头时距的 $h(t)$ 分布以及函数 $g(t)$。Siegloch 采用回归分析的方法对大量的调查数据进行了统计分析,数据调查的条件是支路为饱和交通流。大量的实测数据表明,数据点近似于线性分布。

由此推导出 $g(t)$ 的函数表达式:

$$g(t) = \begin{cases} 0 & t < t_0 \\ \dfrac{t - t_0}{t_f} & t \geqslant t_0 \end{cases} \tag{11-76}$$

其中:

$$t_0 = t_c - \frac{t_f}{2}(s) \tag{11-77}$$

并进一步得到：$t_c = 6.25\text{s}$　$t_f = 2.9\text{s}$。

用 Siegloch 方法计算 t_c、t_f 的最大优点是与通行能力理论密切结合起来，不足之处在于它仅仅适用于支路交通流为饱和流的情况，但实际道路往往并非如此。

(2)非饱和法

①延迟法：

计算非饱和流的临界间隙要复杂得多，其中比较简单的方法就是基于车辆延迟的方法。延迟指的是支路车辆到达与下一个主路车辆到达之间的时间间隔。假设驾驶员的驾驶行为均一，支路车辆到达时间与主路交通条件相互独立，那么，驾驶员接受延迟 t 的比例与一个驾驶员接受可插车间隙为 $t_c(t_c < t)$ 的概率相等，即：

$$p_{a,\log} = F_c(t) \tag{11-78}$$

通过交通观测的方法得到无信号交叉口的延迟数据，同样也能够知道测得的延迟是否为可接受或拒绝的间隙。将时间 Δt 分为许多小的间隔，例如 $\Delta t = 1\text{s}$，对于每一个时间间隔 i，有：

N_i——时间间隔 i 内所有观测延迟的次数；

A_i——时间间隔 i 内所有可接受延迟的次数。

令：

$$a_i = \frac{A_i}{N_i}$$

如果 t_i 为时间间隔 i 的中值，那么：

$$F_c(t_i) = a_i \tag{11-79}$$

式(11-79)为临界间距的近似累积分布函数，平均临界间隙为：

$$t_c = \sum_{i=1}^{w} t_i \times [F_c(t_i) - F_c(t_{i-1})] \tag{11-80}$$

在实际应用中，这种方法有一些缺点和不足，因为在每一个时间间隔里，都需要得到足够大的样本量，这就需要足够长的观测时间。因为当主路交通流比较小时，很难观测到大量比较小的延迟，当主路交通流很大时，支路车辆在进入冲突去之间会排队等候。因此，尽管观测了大量的交通数据，但是只有一小部分是有用的。

延迟法的明显不足在于它仅仅适用于非排队发生的状况。另外一个问题就是延迟的临界值并非可插车间隙的临界值。因此，延迟法在实际应用中比较困难，但它带来了理论上的新思路。

②Ashworth 法：

假设主路交通流车头时距服从负指数分布，t_a、t_c 服从正态分布，二者相互独立。Ashworth 发现平均临界间隙 t_c 可以通过 μ_a（可接受插车间隙 t_a 的均值）和 σ_a（可接受插车间隙 t_a 的均方差）用下式计算：

$$t_c = \mu_a - p \times \sigma_a^2 \tag{11-81}$$

式中：p——主路交通量。

如果 t_a 不服从正态分布，式(11-81)的求解将会比较复杂。Miller 对 t_c 服从 γ 分布的情况给出了新的解法。应用下面的公式：

$$t_c = \mu_a - p \times \sigma_c^2$$

$$\sigma_c = \sigma_a \times \frac{t_c}{\mu_a}(s) \tag{11-82}$$

通过变化可以得到 t_c、σ_c。

③LOGIT 法：

对于支路车辆驾驶员来说，在等待足够大的可插车间隙时，面临两种选择：

a. i——接受插车间隙以便穿越主路或进入主路；

b. j——拒接接受插车间隙。

对于驾驶员来说，在一定条件按 d 下，总希望他的决策能够获得一种期望的效用，这种效用可以看作是提高安全性和减少延误的集合，若将总的效用 U_{id} 看作确定 V_{id} 与变动项 ε_{id} 之和，即：

$$\begin{aligned} U_{id} &= V_{id} + \varepsilon_{id} \\ U_{jd} &= V_{jd} + \varepsilon_{jd} \end{aligned} \tag{11-83}$$

假设确定项 V_{id} 可以根据属性计算，而这些属性又可以通过客观的计算方法得到，并且假定可用线性效用函数作为可行解：

$$\begin{aligned} V_{id} &= \alpha + \beta_1 \cdot x_{id1} + \beta_2 \cdot x_{id2} + \cdots + \beta_k \cdot x_{idk} \\ V_{jd} &= \alpha + \beta_1 \cdot x_{jd1} + \beta_2 \cdot x_{jd2} + \cdots + \beta_k \cdot x_{jdk} \end{aligned} \tag{11-84}$$

式中：$\alpha,\beta_1,\beta_2,\cdots,\beta_k$——系数；

x_{idk}——接受插车间隙时第 k 个属性值；

x_{jdk}——拒接插车间隙时第 k 个属性值；

k——属性数。

变动项 ε_{id} 包括所有影响因素中不能够精确计算的部分，或者决策过程中的真正随机因素。

如果假定驾驶员的决策是合理的，即驾驶员的决策目标是个人效用最大化。因此一个驾驶员接受某一间隙的概率 $p_i(t)$ 为：

$$\begin{aligned} p_i(t) &= p(U_{id} > U_{jd}) \\ p_i(t) &= p(\varepsilon_{jd} - \varepsilon_{id} \leqslant V_{id} - V_{jd}) \end{aligned} \tag{11-85}$$

对于变动项，假设服从 Gumble 分布，则差值的分布为：

$$F_{ed}(x) = \frac{1}{1 + \mathrm{e}^{-\mu \cdot x}} \tag{11-86}$$

$$f_{ed} = \frac{\mu \cdot \mathrm{e}^{x}}{(1 + \mathrm{e}^{-\mu \cdot x})^2} \tag{11-87}$$

式中：μ——分布参数。

式(11-86)和式(11-87)可进一步写为：

$$p_i(t) = F_{ed}V_{id}(V_{id} - V_{jd}) = \frac{1}{1 + \mathrm{e}^{-\mu \cdot (V_{id} - V_{jd})}} \tag{11-88}$$

根据式(11-84)和式(11-88)得知，式(11-88)中，乘积 $\mu(V_{id} - V_{jd})$ 中的因子 μ 包括系数 α,β_i。对于 $k=1$ 的情况，可以得到：

$$p_i = \frac{1}{1 + e^{-\beta(x_{id}-x_{jd})}} \tag{11-89}$$

对于属性 k,可以采用当前间距大小、支路车辆排队时间、主路车辆速度、双向道路时进入主路车辆的行驶方向等来确定。

前面得到的模型类似于交通规划中经典的 LOGIT 模型。分析式(11-88),可以发现间隙被接受或者被拒绝时,x_{id}和 x_{jd}相等。

因此,在公式中并不利用属性的差值,而是直接应用各个属性值。所以式(11-88)可以写为:

$$p_i(t) = \frac{1}{1 + e^{\alpha+\beta_1 \cdot x_{d1}+\beta_2 \cdot x_{d2}+\cdots+\beta_k \cdot x_{dk}}} \tag{11-90}$$

当 $k=1$,且属性 x_d 取主路交通流间距时,式(11-89)变为:

$$p_i(t) = \frac{1}{1 + e^{\alpha+\beta t}} \tag{11-91}$$

接下来推导临界间距 t_c。已知 $p_i(t)$为驾驶员在条件 d 下接受间隙 t 的概率,此函数是随机变量 T 的密度函数,那么临界间隙就可以定义为随机变量 T 的中值,即 t_c 取 T 的值。

$$\int_0^{t_c} p_i(t)\,dt = 0.5 \tag{11-92}$$

参数 $\beta,\beta_1,\beta_2,\cdots,\beta_k$ 可以通过极大似然估计法标定。Pant 和 Balakrishnan 应用 LOGIT 模型时,采用不同的属性值,取 $\alpha=0, k=11$。在求解时取对数极大似然估计函数,对于式(11-91):

$$L(\alpha,\beta) = \sum_{d=1}^{n}\left[\ln\left(\frac{1}{1 + e^{\alpha+\beta t_d}}\right)+ \alpha + \alpha \cdot y_d + \beta \cdot t_d - \beta \cdot y_d \cdot t_d\right] \tag{11-93}$$

式中:y_d——在条件 d 下,如果驾驶员接受间隙时取 1,拒绝时取 0;

n——观察到的决策数;

t_d——条件 d 下,为支路交通流提供的间隙。

函数 $L(\alpha,\beta)$的最大值可以通过函数两边求导并令其等于零求得:

$$\frac{\partial L}{\partial \alpha} = \sum_{d=1}^{n}\left[\ln(\frac{e^{\alpha+\beta t_d}}{1 + e^{\alpha+\beta t_d}} + 1 - y_d\right] = 0 \tag{11-94}$$

$$\frac{\partial L}{\partial \beta} = \sum_{d=1}^{n}\left[\ln(\frac{e^{\alpha+\beta t_d}}{1 + e^{\alpha+\beta t_d}}) + t_d - t_d \cdot y_d\right] = 0 \tag{11-95}$$

式(11-94)、式(11-95)可以迭代法求解。

极大似然函数 $L(\alpha,\beta)$包含了式(11-91)中的参数 α 和 β,因为分布函数为 Logistic 分布,式(11-92)中的 t_c 可以看作分布函数的数学期望,即:

$$t_c = \frac{\alpha}{\beta} \tag{11-96}$$

同时,临界间隙的方差可以利用下式计算:

$$\sigma_{t_c}^2 = \frac{\alpha^2}{3\beta^2} \tag{11-97}$$

(3)极大似然估计法

Miller 和 Pretty 最早提出用极大似然估计法计算临界间隙的方法,它基于驾驶员的临界间隙介于最小可接受间隙与最大拒绝间隙直接按的事实。在计算时必须首先设临界间隙的概率分布。Troutbeck 假设临界间隙服从对数正态分布,Brilon 假设临界间隙服从超 Erlang 分布,两种假设都可以得到相同的结果。

令:y_i——第 i 个驾驶员可接受间隙的对数;

x_i——第 i 个驾驶员拒绝最大间隙的对数,如果没有拒绝则为 0;

μ——驾驶员临界间隙对数分布的数学期望;

σ^2——驾驶员临界间隙对数分布的方差;

$f(\cdot)$——正态分布的概率密度函数;

$F(\cdot)$——正态分布的累积分布函数。

样本为 n 个驾驶员分别具有可接受间隙的和最大拒绝间隙(y_i, x_i)的极大似然函数为:

$$\prod_{i=1}^{n}[F(y_i) - F(x_i)] \tag{11-98}$$

对极大似然函数取对数:

$$L = \sum_{i=1}^{n}\ln[F(y_i) - F(x_i)] \tag{11-99}$$

为求出参数的估计值,令极大似然函数等于零:

$$\frac{\partial L}{\partial \mu} = 0$$

$$\frac{\partial L}{\partial \sigma^2} = 0$$

即:

$$\frac{\partial L}{\partial \sigma^2} = \sum_{i=1}^{n}\frac{\dfrac{\partial F(y_i)}{\partial \mu} - \dfrac{\partial F(x_i)}{\partial \mu}}{F(y_i) - F(x_i)} = 0 \tag{11-100}$$

$$\frac{\partial L}{\partial \sigma^2} = \sum_{i=1}^{n}\frac{\dfrac{\partial F(y_i)}{\partial \sigma^2} - \dfrac{\partial F(x_i)}{\partial \sigma^2}}{F(y_i) - F(x_i)} = 0 \tag{11-101}$$

可以证明:

$$\frac{\partial F(x)}{\partial \mu} = -f(x) \tag{11-102}$$

$$\frac{\partial F(x)}{\partial \sigma^2} = -\frac{x-\mu}{2\sigma^2}f(x) \tag{11-103}$$

将式(11-102)、式(11-103)展开,可以得到两个方程,即式(11-104)和式(11-105),式中:

$f(x_i)$、$f(y_i)$、$F(x_i)$、$F(y_i)$都是 σ^2 和 μ 的函数:

$$\sum_{i=1}^{n}\frac{f(x_i) - f(y_i)}{F(y_i) - F(x_i)} = 0 \tag{11-104}$$

$$\sum_{i=1}^{n}\frac{(x_i-\mu)f(x_i) - (y_i-\mu)f(y_i)}{F(y_i) - F(x_i)} = 0 \tag{11-105}$$

利用数值分析的方法，通过多次迭代，就可以得到式(11-104)、式(11-105)的数值解。

Troutbeck 给出了式(11-104)和式(11-105)的计算程序，其中平均临界间隙及其方法可以用下式计算：

$$t_c = e^{\mu + 0.5\sigma^2} \tag{11-106}$$

$$s^2 = t_c^2(e^{\sigma^2} - 1) \tag{11-107}$$

目前，利用极大似然估计法得到的平均临界间隙已被广泛应用于通行能力以及延误模型中。

五、VISSIM 软件中的行程时间和延误评价

1. 行程时间

在路网中定义了行程时间检测区段，VISSIM 能够评价平均行程时间。检测区段由一个起点和一个终点组成。平均行程时间(包括停车时间)是指车辆通过检测区段的起点直至离开终点的时间间隔，步骤如下：

(1)选择行程时间检测模式 。

(2)在选定路段上，点击鼠标右键，设置检测区段的起点。设置成功后显示为红线，在状态栏中可以查看该点的坐标。

(3)选择需要设置行程时间检测区段终点的路段(如有需要的话，使用聚焦或滚动条)。

(4)在选定路段上，点击鼠标右键，设置检测区段的终点。设置成功后显示为绿线，同时打开创建行程时间检测窗口，如图 11-2 所示。

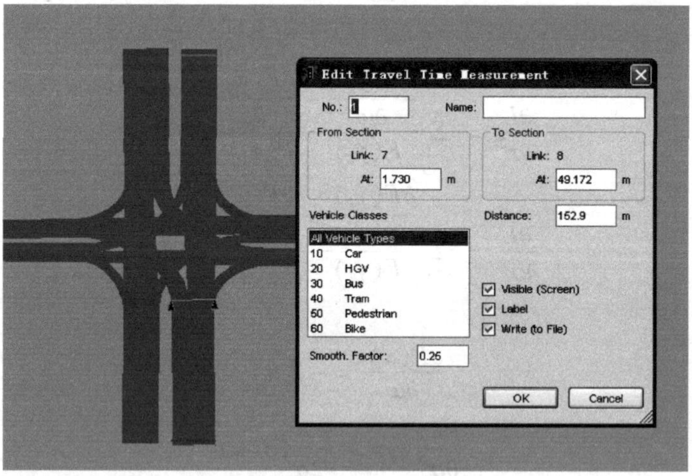

图 11-2　创建行程时间检测窗口

(5)在 VISSIM 路网中，如果 distance 为空，则检测区段起点与终点之间不存在连续的路段，这可能是由于路段之间没有使用连接器连接，或是起点和终点的位置存在问题。行程时间编辑模式处于激活状态时，在 VISSIM 路网外部点击鼠标右键，可以打开所有已定义的行程时间检测区段列表。

(6)依次选择：Evaluation→file→travel time→configuration，配置行程时间的相关参数，如图 11-3 所示。

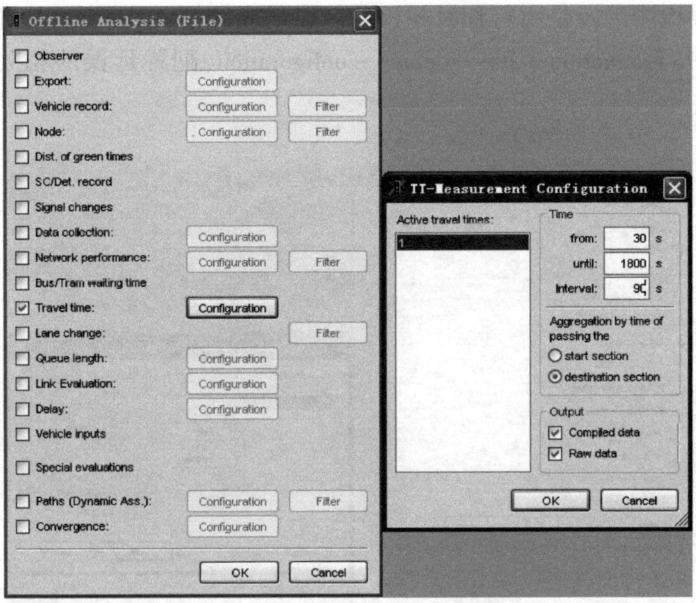

图 11-3　配置行程时间的相关参数

(7)单击“OK”,开始运行。结束后在文件夹中将出现 . rsr 的文件,用 Excel 打开。文件内容是一个数据表,它包括:检测区段的行程时间数值、通过检测区段的车辆数、检测时间间隔。如图 11-4 所示。

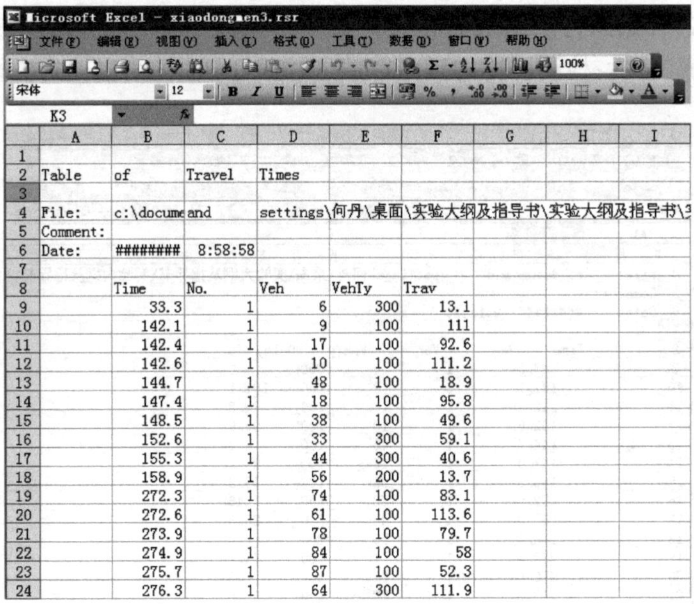

Microsoft Excel - xiaodongmen3.rsr

	A	B	C	D	E	F	G	H	I
1									
2	Table	of	Travel	Times					
3									
4	File:	c:\docume	and	settings\何丹\桌面\实验大纲及指导书\实验大纲及指导书\					
5	Comment:								
6	Date:	########	8:58:58						
7									
8		Time	No.	Veh	VehTy	Trav			
9		33.3	1	6	300	13.1			
10		142.1	1	9	100	111			
11		142.4	1	17	100	92.6			
12		142.6	1	10	100	111.2			
13		144.7	1	48	100	18.9			
14		147.4	1	18	100	95.8			
15		148.5	1	38	100	49.6			
16		152.6	1	33	300	59.1			
17		155.3	1	44	300	40.6			
18		158.9	1	56	200	13.7			
19		272.3	1	74	100	83.1			
20		272.6	1	61	100	113.6			
21		273.9	1	78	100	79.7			
22		274.9	1	84	100	58			
23		275.7	1	87	100	52.3			
24		276.3	1	64	300	111.9			

图 11-4　行程时间文件内容数据表

2. 延误

在行程时间检测区段的基础上,VISSIM 能够生成路网的延误数据。一个或多个行程时间检测区段组成一个延误检测区段。通过这些行程时间检测区段的所有车辆都将被其所属的延误检测区段捕获。

(1)由于延误检测区段是由行程时间检测区段组成的,所以无须对其进行专门定义。

(2)依次选择:Evaluation→file→delay→configuration,配置延误的相关参数,如图 11-5 所示。

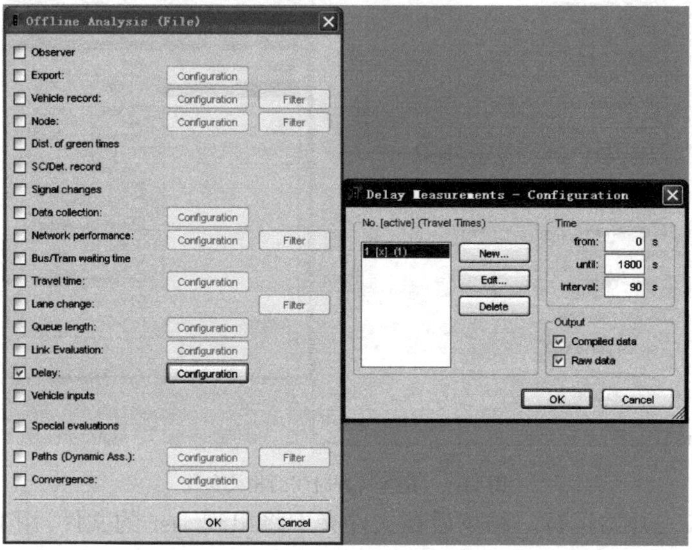

图 11-5 配置延误的相关参数窗口

(3)单击"OK"开始运行。结束后在文件夹中将出现 . rsr 的文件,用 Excel 打开。文件内容是一个数据表,包括:检测区段的延误数值、检测时间间隔,如图 11-6 所示。

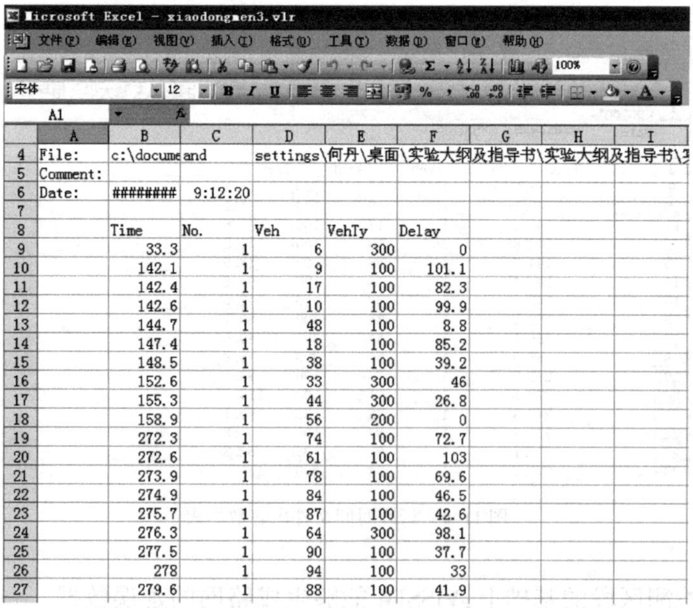

	A	B	C	D	E	F	G	H	I
4	File:	c:\docume	and	settings\何丹\桌面\实验大纲及指导书\实验大纲及指导书\实					
5	Comment:								
6	Date:	########	9:12:20						
7									
8		Time	No.	Veh	VehTy	Delay			
9		33.3	1	6	300	0			
10		142.1	1	9	100	101.1			
11		142.4	1	17	100	82.3			
12		142.6	1	10	100	99.9			
13		144.7	1	48	100	8.8			
14		147.4	1	18	100	85.2			
15		148.5	1	38	100	39.2			
16		152.6	1	33	300	46			
17		155.3	1	44	300	26.8			
18		158.9	1	56	200	0			
19		272.3	1	74	100	72.7			
20		272.6	1	61	100	103			
21		273.9	1	78	100	69.6			
22		274.9	1	84	100	46.5			
23		275.7	1	87	100	42.6			
24		276.3	1	64	300	98.1			
25		277.5	1	90	100	37.7			
26		278	1	94	100	33			
27		279.6	1	88	100	41.9			

图 11-6 延误文件内容数据表

第二节　排队长度和停车评价

一、引言

根据国内外的研究,交通评价的主要参数除考虑行程时间及延误外,还需要详细分析排队长度和停车次数等指标。排队长度一般包括最大排队长度和平均排队长度,其中最大排队长度是交通控制和交叉口设计中的一个重要参数,平均排队长度则可以直观形象的表现交叉口的拥堵情况。停车次数则可以反映一个交叉口的交通运行效果及行车舒适性,直观的表现交叉口延误情况和服务水平。

目前,针对车辆排队的问题研究颇多,相关模型众多,其中又以排队论较为典型。排队论也称随机服务系统理论,是研究"服务"系统的"服务"与"需求"关系的一种数学理论,是运筹学中以概率论为基础的一个重要分支。排队论是在20世纪初才发展起来的。1905年丹麦哥本哈根电话公司工程师厄尔兰最早在电话自动交换机设计上应用了排队论,使电话机既能满足挂通电话的需要又不致设线过多。1936年,亚当斯(Adams)用排队论考虑未设置交通信号的交叉口的行人延误问题。第二次世界大战后,排队论在很多领域内被采用。特别是在交通工程领域,对于研究车辆延误、道路通行能力;信号灯配时以及停车场、收费亭、加油站等交通设施的设计与管理诸方面都有广泛的用途。

二、基本概念

1. 排队与排队系统

一队汽车在加油站加油,则等待服务(加油)的车辆和正在被服务的车辆与加油站构成一个排队系统。其中尚未轮到加油的依次等候的车辆自成一个行列,这个等待服务的车辆行列则简称为排队。故排队车辆或排队(等待)时间都是仅指排队本身而言;而排队系统中的车辆或排队系统(消耗)时间,则把正在接受服务的车辆也包含在内。

2. 排队系统的三个组成部分

(1)输入过程

输入过程是指各种类型的"顾客"(车辆或行人),按怎样的规律到来。

①定长输入:顾客有规律地等距到达。

②泊松输入:顾客到来符合泊松分布。这种输入的应用最广泛,并且最容易处理。

③厄尔兰输入:顾客到达间隔符合厄尔兰分布。

(2)排队规则

排队规则是指到来的顾客按怎样的规定次序接受服务。主要有三种制式:

①损失制:顾客到达时,若所有服务台均被占用,该顾客就随即离去。

②等待制:顾客到达时,若所有服务台均被占用,他们就排成队伍,等待服务。服务次序有先到先服务即按到达次序接受服务(这是最通常的情形),有优先权服务(如救护车、消防车)等规则。

③混合制:如队长有限制的情形。顾客到达时,若队长小于N,就排人队伍;若队长等于

N，顾客就离去。

显然，我们经常遇到的是先到先服务的等待制系统。

(3)服务机构

服务机构是指同一时刻有多少服务设施可按纳顾客，为每一顾客服务了多少时间。服务设施可以没有服务员，也可以有一个或多个服务员。

服务台的个数可以是一个或几个，可以是单个服务，也可以是成批服务。例如公共汽车一次就装载大批乘客。服务时间分为：

①定长分布：每一顾客的服务时间都是同一常数。

②负指数分布：即每个顾客的服务时间相互独立，具有相同的负指数分布。

③厄尔兰分布：即每个顾客的服务时间相互独立，具有相同的厄尔兰分布。

为了今后叙述上的方便，引入下列记号：令 M 代表泊松输入或负指数分布，D 代表定长输入或服务，E_k 代表 k 阶厄尔兰分布的输入或服务，G 代表一般随机分布。于是泊松输入、负指数服务、C 个服务台的排队系统可以写为 $M/M/C$；泊松输入、定长服务、单个服务台的系统可以写为 $M/D/1$。同样可以理解 $M/E_k/C$、$D/M/C$ 等记号的含义。如果不附加其他说明，则这种记号一般都指先到先服务，单个服务的等待制系统。

当有必要将排队长度的限制和排队规则也表示出来时，可以在上面的记号后加上(N/Disc)，其中 N 代表许可长度的最大值，在 Disc 处填上采用的纪律符号。通常以 FIFO 表示先到先服务，LIFO 表示后到先服务，SIRO 表示随机服务，PR 表示优先权服务。例如，$E_k/D/2$ (∞/FIFO)表示一个具有厄尔兰到达、定长服务、两个服务台、排队长度不受限制及先到先服务的排队系统。

3. 排队系统的主要特征量

(1)系统内的顾客数，也称队长，其平均(期望)值用 L 表示。

(2)系统内排队等待的顾客数，也称排队队长，其平均值用 L_q 表示。任何排队系统中，系统内的顾客总数都等于排队等待的顾客数与正在接受服务的顾客数之和。

(3)顾客在系统内的时间，指顾客在系统内的停留总时间，简称停留时间，其平均值用 W 表示。

(4)顾客在系统内的等待时间，指顾客进入系统后的排队等待的时间，简称等待时间，其平均值用 W_q 表示。在任何排队系统中，顾客在系统内的时间都等于顾客排队等待时间与接受服务时间之和。

(5)顾客到达时不必等待就接受服务的概率，用 P_0 表示。于是，系统内有 N 位顾客的状态概率用 P_n 表示。

三、排队模型

由第二节可知，排队模型的种类较多，此处仅选取 $M/M/1(\infty)$ 排队模型和 $M/M/1(N)$ 排队模型进行重点介绍。

1. $M/M/1(\infty)$ 排队模型

设顾客随机单个到达，平均到达率为 λ，则两次到达时间的平均间隔为 $1/\lambda$。从单通道接受服务后出来的输出率(即系统的服务率)为 μ，则平均服务时间为 $1/\mu$。比率 $\rho=\lambda/\mu$ 叫做交通强度或利用系数,可确定各种状态的性质。如 $\rho<1$(即 $\lambda<\mu$)并且时间充分,每个状态将会循环出现。当 $\rho>1$,每个状态是不稳定的,而排队的长度将会变得越来越长,没有限制。因此,要保持稳定状态即确保单通道排队能够消散的条件是 $\rho<1$,即 $\mu<\lambda$。

以 E_n 表示在 $M/M/1(\infty)$ 系统内有 n 为顾客时的状态。假设时间间隔 $\Delta t\to 0$,则在 Δt 内有两名以及两名以上顾客接受服务或者有两名以及两名以上顾客到达的概率为 Δt 的高阶无穷小,可以不考虑。这样,在时刻 t 经 Δt 时间后的时刻 $(t+\Delta t)$,E_n 所处状态可能为:

(1)在时刻 t 内为 E_{n-1} 状态,在 Δt 时间内有一位顾客到达;

(2)在时刻 t 内为 E_n 状态,在 Δt 时间内顾客未到达,服务也未完成;

(3)在时刻 t 内为 E_{n+1} 状态,在 Δt 时间内顾客未到达,服务已经结束,减少了一位顾客。

在时间 Δt 内,有一位顾客到达系统的概率为 $\lambda\Delta t$,有一位顾客接受完服务后离开的概率为 $\mu\Delta t$,则未有顾客到达、服务也未完成的概率为:

$$\begin{aligned}(1-\lambda\Delta t)(1-\mu\Delta t) &= 1-\lambda\Delta t-\mu\Delta t+\lambda\mu\Delta t^2 \\ &= 1-(\lambda+\mu)\Delta t+o(\Delta t)\end{aligned} \tag{11-108}$$

因此,在时刻 $(t+\Delta t)$ 系统状态 E_n 的概率 $P_n(t+\Delta t)$ 为:

$$P_n(t+\Delta t) = \lambda\Delta t P_{n-1}(t)+(1-\lambda\Delta t-\mu\Delta t)P_n(t)+\mu\Delta t P_{n+1}(t) \tag{11-109}$$

当 $\Delta t\to 0$ 时,根据微分定义得到:

$$\frac{\mathrm{d}P_n(t)}{\mathrm{d}t} = \lim_{\Delta t\to 0}\frac{P_n(t+\Delta t)-P_n(t)}{\Delta t}$$

$$\frac{\mathrm{d}P_n(t)}{\mathrm{d}t} = \lambda P_{n-1}(t)-(\lambda+\mu)P_n(t)+\mu P_{n+1}(t) \tag{11-110}$$

当 $n\geqslant 1$ 时,则上式成立;当 $n=0$ 时,由于与 E_{n-1} 状态对应的事件不存在,因此有:

$$P_0(t+\Delta t) = (1-\lambda\Delta t)P_0(t)+\mu\Delta t P_1(t) \tag{11-111}$$

$$\frac{\mathrm{d}P_0(t)}{\mathrm{d}t} = -\lambda P_0(t)+\mu P_1(t) \tag{11-112}$$

给定初始条件,即可求解 $P_n(t)$,这里的 P_n 是与 t 无关的平稳状态下的 P_n,即 $P_n=\lim\limits_{t\to\infty}P_n(t)$

将 $P_n(t)$、$P_0(t)$、$P_1(t)$ 分别改写成 P_n、P_0、P_1,并令其导数为 0,则得如下平稳状态的差分方程式:

$$\begin{aligned}-\lambda P_0+\mu P_1 &= 0 \\ \lambda P_{n-1}-(\lambda+\mu)P_n+\mu P_{n+1} &= 0 \qquad (n\geqslant 1)\end{aligned} \tag{11-113}$$

令 $\rho=\lambda/\mu$ 且 $\rho<1$,则得到:

$$P_n = \rho^n P_0 \qquad (n\geqslant 1) \tag{11-114}$$

利用所有概率之和为 1 的条件,得:

$$\sum_{n=0}^{\infty}P_n = \sum_{n=0}^{\infty}\rho^n P_0 = 1$$

$$P_0 = \frac{1}{\sum\limits_{n=0}^{\infty}\rho^n} = \frac{1}{\dfrac{1}{1-\rho}} = 1-\rho$$

$$P_n = \rho^n P_0 = \rho^n(1-\rho) \tag{11-115}$$

在$\rho \geqslant 1$时,没有平稳解。利用求出的P_n,即可计算出下列系统特征量。

(1)系统中顾客为k人以上的概率$P(n \geqslant k)$为:

$$P(n \geqslant k) = \sum_{n=k}^{\infty} P_n = \left(\frac{\lambda}{\mu}\right)^k \tag{11-116}$$

(2)系统内顾客的平均人数L(包括接受服务的顾客)为:

$$L = \sum_{n=0}^{\infty} nP_n = \sum_{n=0}^{\infty} n\rho^n(1-\rho) = \frac{\rho}{1-\rho} = \frac{\lambda}{\mu-\lambda} \tag{11-117}$$

(3)顾客在系统内的平均时间W。在W时间内到达的顾客平均数为λW,由于这个人数与系统内顾客平均人数L相等,则:

$$W = \frac{L}{\lambda} = \frac{1}{\mu-\lambda} \tag{11-118}$$

(4)系统内的平均排队长度L_q(不包括正在服务中的顾客)为:

$$L_q = \sum_{n=2}^{\infty}(n-1)P_n = \frac{\rho^2}{1-\rho} = \frac{\lambda^2}{\mu(\mu-\lambda)} \tag{11-119}$$

(5)系统内顾客的平均等待时间W_q为:

$$W_q = \frac{L_q}{\lambda} = \frac{\lambda}{\mu(\mu-\lambda)} = W - \frac{1}{\mu} \tag{11-120}$$

(6)顾客在系统内长于时间t的概率$P(T>t)$:

$$P(T>t) = e^{-(\mu-\lambda)t} \tag{11-121}$$

2. *M/M/*1(*N*)排队模型

排队系统*M/M/*1(*N*)表示队长受限的排队系统。设顾客相继到达间隔分布是参数为λ的泊松分布,服务时间服从参数为$1/\mu$的负指数分布,服务台为1个,顾客在服务台前仅排成1队,排队空间容量(即在这个系统中能容纳的顾客数)为N。在这种情况下,由于一个服务台一次仅能服务以为顾客,所以最多有$(N-1)$个人在排队等待,如果正在这时有顾客到达的话,则到达的顾客就是超员顾客。

假设时刻t系统内有n位顾客的概率为$P_n(t)$。由于系统内仅能容纳N位顾客,所以n的取值为$0,1,2,\cdots,N-1,N$。利用*M/M/*1(∞)系统的微分差分方程,则当$\rho \neq 1$时:

$$P_0 = \frac{1}{\sum_{n=0}^{N}\rho^n} = \frac{1-\rho}{1-\rho^{N+1}} \tag{11-122}$$

$$P_n = \frac{\rho^n(1-\rho)}{1-\rho^{N+1}} \qquad (0 \leqslant n \leqslant N) \tag{11-123}$$

当$\rho = 1$时

$$P_0 = \frac{1}{\sum_{n=0}^{N}\rho^n} = \frac{1}{N+1} \tag{11-124}$$

$$P_N = \rho^n P_0 = \frac{1}{N+1} \qquad (0 \leqslant n \leqslant N) \tag{11-125}$$

由以上公式,可推算系统特征量:

(1)计算顾客的平均等待人数 L_q

当 $\rho \neq 1$ 时：

$$L_q = \sum_{n=0}^{N}(n-1)P_n = \frac{\rho^2[1 - N\rho^{N-1} + (N-1)\rho^N]}{(1-\rho)(1-\rho^{N+1})} \tag{11-126}$$

当 $\rho = 1$ 时：

$$L_q = \frac{N(N-1)}{2(N-1)} \tag{11-127}$$

(2)系统内顾客平均人数 L

当 $\rho \neq 1$ 时：

$$L = \sum_{n=0}^{N} nP_n = L_q + 1 - P_0 \tag{11-128}$$

当 $\rho = 1$ 时：

$$L = N/2$$

(3)有效到达率 λ_{eff}

在排队系统 $M/M/1(N)$ 中，当服务台前等待的空间为空白(即无人排队)时，平均到达率为：当系统内所能容纳的人数满员时，平均到达率 λ 为 0。因此，计算有效到达率 λ_{eff} 是很有实际意义的。

$$L_q = L - \frac{\lambda_{eff}}{\mu}$$

$$\lambda_{eff} = \mu(L - L_0) = \mu(1 - P_0) \tag{11-129}$$

(4)顾客的平均等待时间 W_q

$$W_q = \frac{L_q}{\lambda_{eff}} \tag{11-130}$$

四、VISSIM 软件中的排队长度和停车评价

VISSIM 的排队计数器可以提供三类数据：①平均排队长度；②最大排队长度；③排队车辆的停车次数。这里所指的排队是从上游路段或连接器的排队计数器的设置位置开始计数，直至排队状态下的最后一辆车。如果排队计数器设置在多车道路段上，它将记录所有车道的排队信息，并报告最大排队长度。只要车道上仍有车辆满足排队计数器定义的排队条件，排队计数器将始终处于开启状态。排队长度的单位是米，而不是车辆数。

排队计数器可以设置在路段或连接器上的任何位置。但是，最合适的设置位置是信号控制交叉口的停车线步骤如下：

(1)选择排队计数器模式。

(2)选择需要设置排队计数器的路段。

(3)在目标位置点击鼠标右键，设置排队计数器。

(4)在弹出的窗口中输入一个数字，点击确定。如图 11-7 所示。

(5)依次选择：Evaluation→file→queue length→configuration，配置排队计数器的相关参数，如图 11-2 所示。

(6)单击"OK"，开始运行。结束后在文件夹中将出现 . stz 的文件，用 Excel 打开。文件

内容是一个数据表,包括平均排队长度、最大排队长度、停车次数。

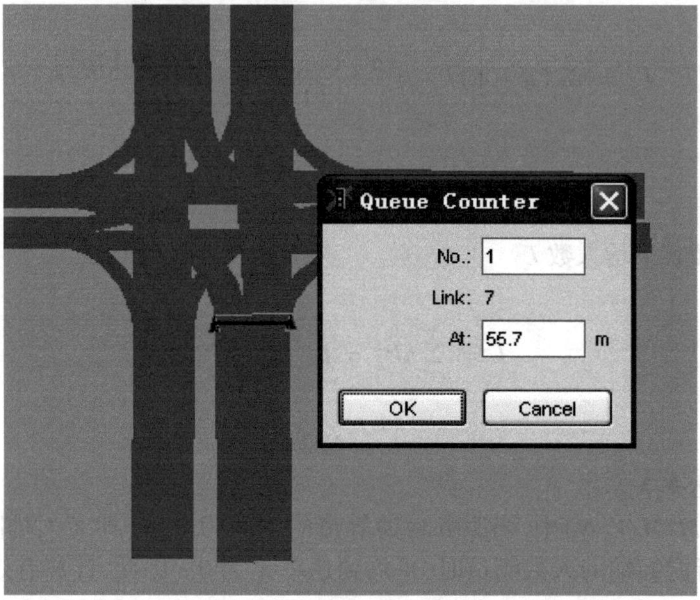

图 11-7　设置排队计数器窗口

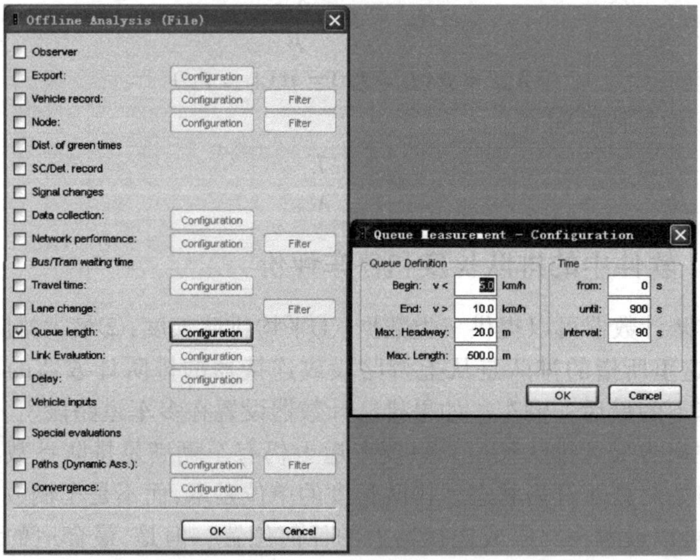

图 11-8　配置排队计数器的相关参数

复习思考题

1. VISSIM 软件中的排队计数器采用的是什么模型?
2. 简述行程时间模型的几种函数。
3. 信号交叉口延误模型的种类有哪些?
4. 无信号交叉口延误模型种类有哪些?

参考文献

[1] 刘运通,石建军,熊辉,等. 交通系统仿真技术[M]. 北京:人民交通出版社,2002.

[2] 王炜,陆建. 道路交通工程系统分析方法[M]. 北京:人民交通出版社,2011.

[3] Huang H J, Yang H, BellM G H. The models and econom ics of carpools [J]. The A nnals of Regional Science,2000, 34: 55- 68.

[4] Yang H, Evaluating the benefit of a combined route guidance and road pricing system in a network with recurrent congest ion [J]. Transportation, 1998, 26: 299-322.

[5] 胡晓健. 道路交通意外事件影响范围确定方法[J]. 东南大学学报:自然科学版,2007, 37(5):934-939.

[6] 姚丽亚. 区域路网中交通事件影响范围及诱导分析[J]. 河北工业大学学报,2005(4): 25-28.

第十二章　微观交通仿真技术规范

本章要求：了解微观交通仿真技术规范在国内的发展情况，编制的目的、意义、必要性、文件引用情况和主要内容，了解基本术语和微观交通仿真的基本流程，规范编码的基本方法，了解微观交通仿真技术规范应重点规定数据采集与统计分析，仿真模型的建立、校正和项目报告撰写等部分内容。

第一节　规范概述

一、国内相关规范的发展情况

交通仿真技术近年来在国内飞速发展，各大交通设计院、研究院和高校都陆续引进了各种各样的交通仿真系统，交通仿真技术的应用日趋广泛。为规范交通仿真技术的应用，河北省陆续出台了《公路项目 VISSIM 交通仿真评价流程》和《公路交通仿真准则》等交通仿真规范性文件。可以预见，随着交通仿真技术的广泛应用，有关部门会出台越来越多的相关规范性文件。本章以河北省《公路交通仿真准则》为依托，介绍微观交通仿真技术规范的相关内容。

二、编制目的

针对道路交通系统组成部分多，交通情况复杂的实际情况，制定符合我国道路特性的交通仿真规范，针对不同情况，规范交通调查、模型建立和模型校正等环节，交通仿真项目能够为科学决策提供有效、精确的专业评价，成为道路规划建设的有力依据。

三、编制意义

微观交通仿真工作从初期的数据采集到最终的项目报告形成要经过多项工作，其涉及的数据量大、步骤繁多，因此为提高微观交通仿真工作的精确性和可信度，需要一套科学的标准化规范。

建立道路交通仿真规范主要有以下意义：

(1)规范道路交通仿真工作。目前交通仿真技术虽然快速发展，但有些项目过于重视制作三维动画效果，且从业人员水平各异，工具多样。制定相关规范，有利于规范道路交通仿真工作,确定交通仿真工作的主要工作内容、必要环节和主要目的等,避免微观交通仿真工作的低水平重复。

(2)标准化交通仿真评价结果。长期以来,由于调查数据样本量、模型校正等环节不定量,导致交通仿真的评价结果缺乏有效性。制定相关规范,确定必要的数据调查方法和样本量,模型校正的具体标准,有利于标准化交通仿真评价结果,提高其有效性和公信力。

(3)推动交通仿真技术向深层次发展。长期以来,由于缺乏规范的指导,影响了交通仿真技术的深层次发展。制定相关规范,规范化交通仿真工作,引导从业人员投入大量时间和精力,制作高水平、精准的道路交通仿真模型,推动微观交通仿真工作向深层次发展。

四、必要性

我国道路正在大量规划建设,但尚无适合我国道路的交通仿真技术规范。因此,有制定相关规范的必要性,具体体现在以下几个方面:

第一,我国道路正处在大量规划建设阶段。以高速公路为例,根据《国家高速公路网规划》,到 2020 年,采用放射线与纵横网格相结合的布局方案,形成由中心城市向外放射以及横贯东西、纵贯南北的大通道,由 7 条首都放射线、9 条南北纵向线和 18 条东西横向线组成,简称为“7918 网”,总规模约 8.5 万 km,覆盖 10 多亿人口。因此,未来道路建设任务繁重。

第二,迫切需要新技术来优化道路的建设工作。经典的道路分析计算方法是将交通现象和规律提炼成抽象的数学模型,并依托数学模型进行分析。然而由于道路交通流运行的复杂性、随机性和动态性,建立的数学模型往往经过了大幅简化,从而使分析结果与实际情况有很大的差距,影响其说服力、准确性和可移植性。交通仿真技术具有一定的成熟度,目前已经成为国内各大交通规划设计单位的常用技术手段之一,交通仿真技术可以对规划中的虚拟交通项目进行展示和评价,具有投入小、安全、生动直观和灵活等特点,而且不需要建立大量抽象的数学模型,适合分析道路规划建设中所遇到的各种复杂情况。

第三,国外的相关仿真规范不完全适用于我国道路的规划建设。由于国内外道路在总体设计、理念和技术等方面的不同,导致国外的道路交通仿真规范不完全适用于我国道路的规划建设。

第四,我国道路交通仿真技术目前尚无统一标准,迫切需要制定相关规范。目前虽然很多人都在进行道路交通仿真工作,但大部分实际应用尚不深入,很多仿真过于重视三维效果的生动展示,而对交通仿真应重点进行的专业分析工作投入不足,没有完全发挥交通仿真技术的作用。由于没有权威性的标准规范,使一些从业人员不愿意投入大量精力到交通调查、模型建立和模型校正等细致的技术工作上,从而使交通仿真的输出结果没有说服力,无法作为有效的技术资料支撑科学决策,使其使用受到限制。因此,有必要尽快制定道路交通仿真的相关技术标准规范,改善部分道路交通仿真工作低水平徘徊的现状。

五、规范性引用文件

微观交通仿真技术是对经典道路分析计算方法的改进和优化,并为道路交通领域的规划和建设项目服务,因此在制定规范时,对国家其他相关法规、技术标准和规范进行了借鉴和引用。

如公路交通仿真技术准则制定时,可以引用以下文件:

JTG B01—2014《公路工程技术标准》;

JTJ 002—1987《公路工程名词术语》;

JTG D80—2006《高速公路交通工程及沿线设施设计通用规范》;

JTG D82—2009《公路交通标志和标线设置规范》;

JTG D81—2006《公路交通安全设施设计规范》;

JTG/T D81—2006《公路交通安全设施设计细则》;

JTG/T L11—2014《高速公路改扩建设计细则》;

JTG/T L80—2014《高速公路改扩建交通工程及沿线设施设计细则》。

六、规范的主要内容

微观交通仿真技术规范应包括以下主要内容:

(1)范围及规范性引用文件。

(2)术语及微观交通仿真基本流程。

(3)微观交通仿真项目分类编码。

(4)数据采集与统计分析。

(5)道路建模。

(6)交通流建模。

(7)交通管控环境建模。

(8)模型修正。

(9)模型校验。

(10)项目报告。

第二节　规范中的术语和仿真基本流程

一、术语

编制规范时,通常要对相关的术语进行解释,以便读者能更好地学习和使用规范。微观交通仿真相关规范编制时,一般应对以下术语进行定义:

(1)交通仿真:是以计算机作为主要的工具,以信息技术、相似原理、系统工程和交通工程领域的基本理论和专业技术作为基础,利用交通系统仿真模型对道路交通系统的运行状态进行模拟,采用数字或图像的方式来描述动态交通系统,以便于把握和控制道路交通系统的一门实用技术。

(2)研究区域:是指需要进行微观交通仿真建模分析的区域。研究区域的范围可能会比项目要求的范围大,这样可以确保能够满足相关的要求。

(3)缺省值:即默认值。指交通仿真系统中预先已经设定好的参数值。

(4)仿真预热时间:在交通仿真开始后,系统会在一段时间内处于不稳定的状态,为了让最后数据达到交通仿真的目的及要求,在仿真开始后会有一段不记录数据的时间,这段时间就是仿真预热时间。

(5)仿真分析时间:仿真系统经过仿真预热时间后,从开始记录数据到仿真结束的时间。

(6)建模检查:指建模完成后,对建模过程中的全部建模要素及相关影响因素进行的检查。

(7)动画检查:指根据交通仿真中输出的动画,定性地检查交通仿真模型的真实性。

二、微观交通仿真基本流程

微观交通仿真工作的基本流程是首先确定仿真的时间、空间范围和精度要求,其次依据要求进行数据采集,并建立交通仿真基础模型,然后对模型进行修正和校验,最终通过方案分析形成项目报告。微观交通仿真基本流程如图 12-1 所示。

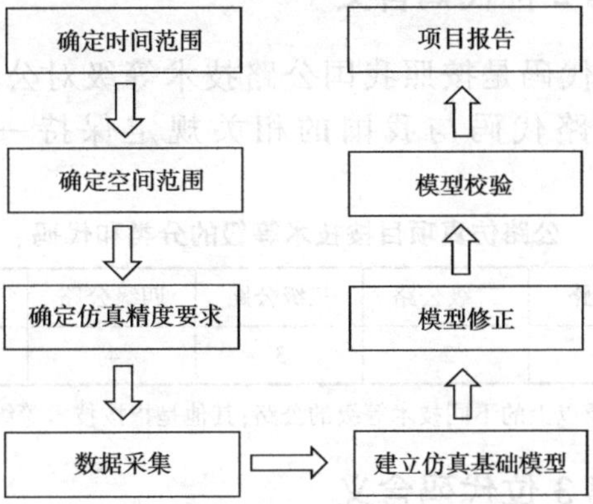

图 12-1　微观交通仿真基本流程图

第三节　微观交通仿真项目分类编码

微观交通仿真项目可以有多种分类方法,如按仿真对象可以分为城市道路交通仿真项目和公路交通仿真项目,还可以分为平面交叉仿真项目和立体交叉仿真项目等。在进行规范化管理时,需要对微观交通仿真项目进行规范化分类编码。

以公路交通仿真项目为例,可以根据我国公路的行政等级和技术等级,交通仿真项目的发生时间、交通组织情况和具体仿真对象,交叉口的交叉形式和控制方式,对交通仿真项目进行系统编码。代码结构如图 12-2 所示。

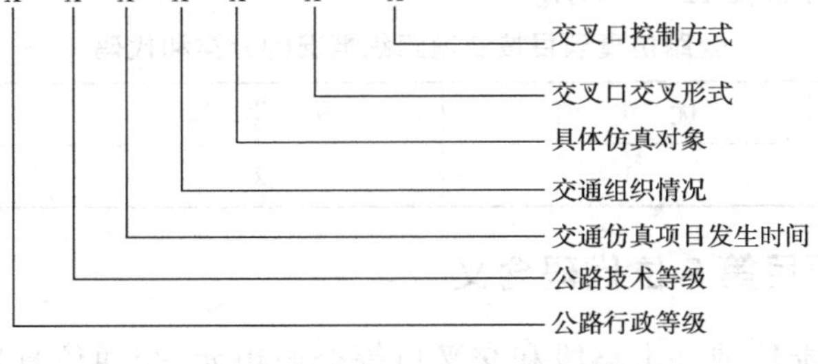

图 12-2　代码结构图

一、交通仿真项目第1位代码含义

交通仿真项目第1位代码是按照我国公路行政等级对公路的划分方法而来的，仿真项目中各行政等级公路代码与我国的相关规定保持一致，具体的分类和代码如表12-1所示。

公路仿真项目按行政等级的分类和代码　　表12-1

分类	国家公路(国道)	省公路(省道)	县公路(县道)	乡公路(乡道)	专用公路	综合	其他
代码	G	S	X	Y	Z	C	O

注：综合是指仿真路段涉及两种及以上的不同行政等级的公路；其他是指按行政等级没有划分到的公路。

二、交通仿真项目第2位代码含义

交通仿真项目第2位代码是按照我国公路技术等级对公路的划分方法而来的，仿真项目中各技术等级公路代码与我国的相关规定保持一致，具体的分类和代码如表12-2所示。

公路仿真项目按技术等级的分类和代码　　表12-2

分类	道路	一级公路	二级公路	三级公路	四级公路	等外公路	综合	其他
代码	0	1	2	3	4	5	6	7

注：综合是指仿真路段涉及两种及以上的不同技术等级的公路；其他是指按技术等级没有划分到的公路。

三、交通仿真项目第3位代码含义

仿真工作可能是对现状交通的仿真，也可能是对未来交通的仿真，交通仿真项目第3位代码是依据需要进行仿真的交通项目发生的具体时间进行编制的，具体的分类和代码如表12-3所示。

公路仿真项目按发生时间的分类和代码　　表12-3

分　类	现状交通	未来交通	其　他
代码	1	2	3

四、交通仿真项目第4位代码含义

交通仿真项目第4位代码是依据需要进行仿真的交通项目的交通组织情况进行编制的，具体的分类和代码如表12-4所示。

公路仿真项目按交通组织情况的分类和代码　　表12-4

分　类	优化前	优化后	其　他
代码	1	2	3

五、交通仿真项目第5位代码含义

公路仿真项目应能反映基本路段和交叉口等交通单元，交通仿真项目第5位代码是依据交通仿真项目的具体对象进行编制的，具体的分类和代码如表12-5所示。

公路仿真项目按具体对象的分类和代码　　表 12-5

分类	基本路段	交叉口	交织区	入口匝道	出口匝道	收费站	综合	其他
代码	1	2	3	4	5	6	7	8

注:综合是指公路仿真项目涉及两种及以上的具体对象;其他指不涉及前 7 种具体对象。

六、交通仿真项目第 6、7 位代码含义

交通仿真项目第 6、7 位代码是根据《交通行业标准汇编》中交叉口的交叉形式代码编写的,具体的分类和代码如表 12-6 所示。

交叉口按交叉形式的分类和代码　　表 12-6

代　码	名　　称	代　码	名　　称
10	公路与公路平面交叉	25	部分苜蓿叶形立体交叉
11	T 形平面交叉	26	Y 形立体交叉
12	Y 形平面交叉	27	喇叭加 Y 形立体交叉
13	十字形平面交叉	28	分离式立体交叉
14	X(斜)形平面交叉	29	其他形式的互通立体交叉
15	错位平面交叉	30	公路与铁路平面交叉
16	多岔平面交叉	40	公路与铁路立体交叉
17	环形平面交叉	41	上跨铁路立体交叉
18	折角式平面交叉	42	下穿铁路立体交叉
19	其他形式的平面交叉	50	公路与管线平面交叉
20	公路与公路立体交叉	60	公路与管线立体交叉
21	喇叭形立体交叉	70	公路与城市道路平面交叉
22	菱形立体交叉	80	公路与城市道路立体交叉
23	环形立体交叉(迂回式)	90	公路与其他设施交叉
24	完全苜蓿叶形立体交叉	91	综合

注:综合是指仿真项目涉及两种及以上的交叉口类型。

七、交通仿真项目第 8 位代码含义

不同交叉口的控制方式各有差异,交通仿真项目第 8 位代码是根据交叉口的控制方式划分的,具体的分类和代码如表 12-7 所示。

交叉口按控制方式的分类和代码　　表 12-7

分类	无控制 无优先级的路口	停车 让行的路口	减速 让行的路口	有信号灯 控制的路口	立交路口	综合	其他
代码	1	2	3	4	5	6	7

注:环形交叉口控制方式通常属于减速让行,部分情况属于有信号灯控制;综合是指某交叉口的控制方式涉及前 5 种控制方式中 2 种及以上的组合;其他是指某交叉口的控制方式不涉及前 5 种控制方式。

第四节　数据采集与统计分析

数据采集与统计分析在微观交通仿真中占据重要地位。微观交通仿真技术规范应确定数据采集的种类、方法和类型。微观交通仿真需要采集的数据可以分为道路数据、交通流数据和交通管控环境数据3大类,并应对这些数据进行统计分析。

一、道路数据

道路数据的主要内容。交通仿真需要的基本数据包括车道数、车道长度、车道宽度和断面形式等,细化数据包括坡度、水平曲率、负载极限、路肩、路边停车区和辅面情况等设计数据。对于交叉口,还需要交通渠化、转向专用车道及其待驶区长度等数据。

在数据获取方面,国内通常有3种方法,即网络地图法、现场调查法和设计图纸法。

(1)网络地图法。交通仿真所需要的数据可以通过网络地图获得,包括百度地图、谷歌地图以及腾讯地图等。

(2)现场调查法。现场调查是我们获取交通仿真数据的基本方法。调查人员到需要进行交通仿真的现场,对相关数据进行采集,为后期的仿真提供真实可靠的依据。

(3)设计图纸法。对于高速公路等现场调查比较困难的仿真对象,可以和有关部门协商,调取设计图纸等资料,为交通仿真提供基本依据。

二、交通流数据

交通流数据一般包含交通流运行数据、车辆数据和出行者数据3种数据。

(1)交通流运行数据。交通流运行数据一般包括交通量、通行能力、延误和排队时间等。其中又以交通量调查最为重要。交通量调查是对指定地点在某个特定的时间段内,各方向上的车流量进行的调查。由于交通流数据具有一定的动态性,所以在进行交通量调查时应对交通仿真区域内的关键位置进行连续调查。调查方法可根据实际调查条件从机械计数法、人工计数法、录像法、GPS法、航摄法、浮动车法这6种方法中选择。

(2)车辆数据。车辆数据即交通工具所具有的几何特征和动力特征。车辆数据应该包括期望速度、期望加速度、车辆的长度、车辆的宽度、最大加速度、期望减速度、最大减速度等。

(3)出行者数据。出行者数据主要是指驾驶交通工具的人所具有的特征,其中包括反应速度、路径选择行为、驾驶冒险性、信息遵从率等。除交通工具驾驶者外,同时也包括行人的相关数据。

三、交通管控环境数据

交通管控环境数据一般包含交通控制数据、交通管理数据和运行环境数据3种。

(1)交通控制数据。交通控制数据包含交通控制设施的具体位置以及信号配时方案数据。信号配时方案数据包含以下内容:相位、相序、绿灯间隔时间、周期时长等。这些数据一般可从交警部门或现场调查获取。

(2)交通管理数据。交通管理数据包括各种交通标志形式及其位置、标线形式及其位置、信息服务标志及其位置以及其他管理措施。

(3)运行环境数据。可能的运行环境数据包括阻塞及交通事故、车道关闭、施工区、路边临时停车、道路线性变化、天气因素等。

四、统计分析

数据采集后,应对采集的数据进行统计分析。如统计道路的平均车道宽度、总里程和正线长度,交通流的流量、速度和延误等;分析车道关闭或控制方式改变等交通管控措施对通行能力的影响。

第五节 微观交通仿真模型建立

微观交通仿真模型是微观交通仿真运行的基础。微观交通仿真技术规范应确定建立模型的种类和基本方法。微观交通仿真建模可以分为道路建模、交通流建模和交通管控环境建模3大类。

一、道路建模

微观交通仿真工作应能如实反映各交通设施单元,所以需要根据交通调查结果对各交通设施单元进行建模,并对相关参数的误差进行控制。微观交通仿真应该如实反映车道数、车道宽度、中间带及路肩宽度等路段要素,并可以如实反映道路线形和其他因素的变化情况,相关参数实测值与理论值的误差应控制在一定范围内。

二、交通流建模

交通流建模一般应包括交通流运行情况模型、车辆模型和出行者模型3种。交通流运行情况模型一般描述交通流运行的总体状态,包括交通生成模型、路径动态选择模型和路径决策模型等。车辆模型可分为基本模型和运动模型,基本模型一般为车辆几何模型,参数包括长度、宽度和高度等,机动车运动模型有跟驰模型和换道模型等,非机动车运动模型也是跟驰模型和换道模型等,由于非机动车没有明显的车道划分,有时也采用二维模型、矢量场模型和元胞自动机模型。出行者模型分为驾驶员模型和行人模型,驾驶员模型的参数一般包括反应时间和冒险意愿等,行人模型主要有社会力模型、元胞自动机模型和Agent模型等。

三、交通管控环境建模

有了道路模型和交通流模型,便可仿真基本的微观交通行为,但在实际交通系统中,交通流还受到交通控制、交通管理和环境等的影响,因此应该建立相应的模型反映这些影响。这部分工作主要包括交通控制设施建模、交通管理情况建模和运行环境情况建模3个部分。

1.交通控制设施建模

交通控制设施模型应能反映交通控制措施的相关影响,主要包括:无控制时的让行区域及让行规则;停车控制,包括停车信号、停车线、停车区域等;信号控制,包括定时控制、感应式控制、自适应式控制设施及相关参数;匝道控制,包括匝道控制设施及相关参数。

2. 交通管理情况建模

交通管理情况模型是交通管理措施在交通仿真中的反映。交通管理情况模型应能反映:对事故、下坡、建筑物出口等采取的警示管理措施所产生的影响;采取禁止转弯、禁止直行、禁止货车通行、禁止掉头等禁行管理措施所产生的影响;指路标志、动态可变信息显示板等信息诱导措施所产生的影响。交通仿真还应能如实反映其他交通管理措施所产生的影响,如限速、指示等管理措施产生的影响。

3. 运行环境情况建模

运行环境情况模型应能反映事件发生后导致的交通系统运行的结果,如车道关闭和拥堵等情况。应能反映事件发生的时间、地点、持续时长和通行能力减少等情况。可能需要进行运行环境建模的情况包括:阻塞及交通事故,车道关闭,施工区,路边临时停车,道路线形变化,转弯、路段相互干扰等引起的车速变化,天气因素(温度、风、雨、雪、冰、雾、光等)等。

第六节　微观交通仿真模型校正及项目报告

微观交通仿真模型建立之后,模型尚没有进行系统修正和校验。因此应进行模型修正和校验,以保证微观交通仿真系统的准确性,并在此基础上出具仿真项目报告。

一、模型修正

模型修正主要是通过定性的判断来解决模型中存在的比较明显的运行错误。模型修正可以分为3个步骤,分别是软件检查、建模检查和输出动画检查。

1. 软件检查

微观交通仿真人员应对目前使用的微观交通仿真软件有一个较为全面的了解,尤其应知道软件存在的漏洞及软件所使用的具体领域。若条件允许,建议使用软件的最新版本,并适当参加软件开发商的相关会议、讲座,以提高软件使用技巧。

2. 建模检查

建模检查所需要进行的主要检查内容与微观交通仿真模型建立时所需要关注的内容相对应,并需要检查系统设置和输出数据等。建模检查的主要内容如下:

(1)道路模型检查。如检查仿真基础路网的连贯性,是否有间断处;检查仿真路段的几何线形,是否和模型底图相对应。

(2)交通流模型检查。如检查每个车辆进入点的车辆组成比例,检查交通量产生的来源地或者来源区域,检查模型当中不同类型车辆的期望速度分布,检查转弯车辆的比例,检查驾驶员的行为特性参数。

(3)交通管控环境模型检查。如检查交叉口的管理方式以及控制参数的设置,检查路段中对车道关闭及车道限制等管理方式的设置。

(4)仿真系统设置检查。如检查所设定仿真时段是否符合要求;检查随机数种子的选择过程以及仿真次数的选择过程是否合理。

(5)输出数据检查。如交通仿真输出数据的设置是否全面完整。

(6)复合检查。是对多个交通仿真模型相互组合后,所表现的交通现象的合理性进行检查,它的目标是定性地再现各交通现象。

3. 输出动画检查

输出动画检查能够综合地把握一些问题,它的作用是其他检查所不能替代的。它能对交通仿真模型运行效果的真实性进行较为全面的检查。其检查步骤为:

(1) 在极低的交通量的情况下运行模型。跟踪单个车辆通过整个路网的运行状况,观察车辆会在哪些地方减速。这些地方可能会存在一些微小的路网设计上的错误。

(2)输入现状或预测交通量的一半,运行交通仿真模型。在这种情况下,这些交通量一般还不足以引起路网的堵塞。一旦路网上有堵塞现象,就说明路网存在一些微小的设计错误。这时需检查进出交叉口路段上的车流量,保证通过路网的所有车辆已正确加载并且正常行驶。

(3)输入现状或预测的交通量,运行交通仿真模型。观察前面所讲述的真实性考察点的交通状况。若观察到的车辆行为不够真实,可以从两个方面分析可能存在的错误:分析人员预估中的错误或设置参数时的错误。

检查完成依据。当满足以下要求时,可认为模型修正完成:

(1)所有建模输入数据(交通需求、管控方式和交通供给)都是正确的。

(2)影响因素数据、交通行为参数以及其代理的方法是符合要求的。

(3)微观交通仿真的输出动画是合理的。

二、模型校验

模型校验需要定量地校准交通仿真模型的参数,并对实际采集的数据进行验证。模型校验可分为2个步骤,分别为模型校准和模型验证。

1. 模型校准

模型校准的目的是交通仿真系统的使用者通过改变交通仿真模型的参数,使模型的输出结果更加准确地接近现实世界的情况,是为了让交通仿真输出的结果与实际调查得到的数据差异最小。模型校准的流程如下:默认参数的评价;校准指标的确定;校准参数的初选,敏感度分析;参数范围以及可行性的分析;仿真试验的校准。

2. 模型验证

模型校准完成之后,仿真精度有所提升,但仍然无法保证所得到的参数是符合要求的,因此还需要对模型进行验证。模型验证就是用一组新的数据对交通仿真模型的可信度进行评价的过程。验证过程可以分为两个步骤,分别为统计验证和动画验证。

三、项目报告

微观交通仿真建模分析的根本目的是为决策者提供可靠的决策参考,而项目报告就是这一参考的具体体现形式。项目报告应由模型工程师和交通工程师共同撰写,应能准确、清晰地反映本次建模分析所得到的成果。同时,项目报告还需作为后继工作的参考,使其他的交通工程师和模型工程师能够有效地利用已经获得的仿真模型及其分析成果。

根据上述要求,项目报告可分为两个部分:模型分析报告和模型技术报告。

1. 模型分析报告

模型分析报告所针对的读者主要是项目的决策者以及业主,主要内容应该包含以下方面:

(1)仿真范围与仿真目的;

(2)仿真分析方法概述;

(3)数据的来源、处理数据时所用的方法和预测假设;

(4)参数的校正数值;

(5)可选替代方案的描述;

(6)不同方案的比较结果;

(7)结论及建议。

2. 模型技术报告

模型技术报告所针对的读者主要是技术工作人员,主要内容应该包含以下方面:

(1)仿真范围与仿真目的;

(2)数据调查过程和处理过程,包括预测假设的过程;

(3)道路建模的过程及中间数据;

(4)交通流建模的过程及中间数据;

(5)交通管控环境建模的过程及中间数据;

(6)模型修正和模型校验的过程及中间数据;

(7)主要交通方案的仿真结果;

(8)可选替代方案的仿真模型修改过程、中间数据及结果;

(9)不同方案的比较结果及比较数据;

(10)结论及建议。

第七节　实例分析

一、概况

本项目需要分析黄石高速石家庄段某入口匝道汇入区的交通运行特性,为此处改扩建工作提供了科学依据。仿真研究区域为入口匝道汇入区附近区域,时间为甲方指定的具体日期。

二、数据采集与统计分析

本项目需要采集的数据为道路数据、交通流数据以及交通管控环境数据。道路数据主要从相关部门和网络地图获取,包括车道数、车道长度、车道宽度、限速以及断面形式等。交通流数据主要包括交通量、通行能力以及延误。交通管控环境数据主要包括标志标线的位置、匝道控制方式和天气情况等。并对采集的数据进行了统计分析。本项目主要数据采集内容如表 12-8 所示,仿真研究区域如图 12-3 所示。

道路基础数据及机动车流量表 表 12-8

道路	车道数(条)	单车道宽度(m)	车流量(veh/h)
主路	2	3.5	2423
匝道	1	3.5	1215

图 12-3 仿真研究区域实际情况

三、微观交通仿真模型建立

1. 道路建模

通过仿真软件,完成入口匝道汇入区附近区域的道路建模,完成后研究区域的仿真图如图 12-4 所示,重点研究区域即入口匝道附近的仿真图如图 12-5 所示。

图 12-4 研究区域仿真图

2. 交通流建模

对交通流运行情况、车辆和出行者进行了建模工作。

3. 交通管控环境建模

对交通控制设施、交通管理情况和运行环境情况进行了建模工作。

图 12-5　入口匝道附近区域仿真图

四、微观交通仿真模型校正

1. 模型修正

进行了软件检查、建模检查和输出动画检查。使用了业内主流的 VISSIM8.0 微观交通仿真软件，该软件为当时的最新版本；对道路模型、交通流模型和交通管控环境模型进行了检查，并对仿真系统设置、输出数据进行了检查，最后进行了复合检查。对输出动画进行了直观检查，经与录像和线圈检测器数据对比，无明显差异。

2. 模型校验

通过 7 个步骤进行了模型校验。

(1) 仿真预热时间和最小仿真次数的确定

本项目中仿真开始后系统内车辆数量变化情况如表 12-9 所示。

车辆数量变化情况　　表 12-9

时间(s)	进入车辆(veh)	离开车辆(veh)	路网负载车辆(veh)
100	32	15	17
200	73	66	24
300	85	73	36
400	98	99	35
500	76	72	39
600	59	71	27
700	84	86	25
800	61	60	26
900	79	70	35

由表 12-9 中数据分析可知，前 400s 内路网中的负载车辆数变化较为明显，400s 后基本趋于稳定，故确定仿真预热时间为 400s。通过试验确定最小仿真次数为 6 次。

(2) 校正指标的确定

根据汇入区域的实际情况,选择 3 个检测器的位置作为监测点,如图 12-6 所示。

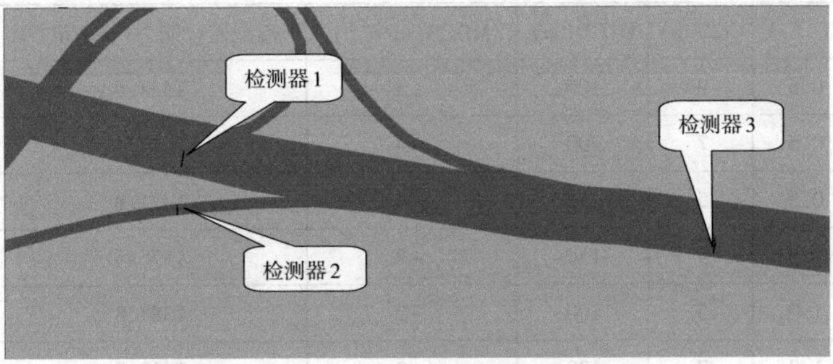

图 12-6　检测器位置

本项目可选的校准验证指标及其目标值如表 12-10 所示。

可选校准验证指标及其目标值　表 12-10

校准指标	检测器 1	检测器 2	检测器 3
通行能力(pcu/h^{-1})	2600	1400	4000
点速度(km/h^{-1})	(30～35)32.5	(15～20)17.5	(68～78)72.5
流量(veh/h^{-1})	2400	1200	3600

根据项目要求将检测器 2 检测到的通行能力作为校准试验中采用的校准指标。

(3)待校准参数选择及范围确定

根据经验判断和敏感度分析,选择的待校准参数如下:

①平均停车距离(CC0);

②期望车头时距(CC1);

③跟驰随机振荡距离(CC2);

④期望车道变换距离(Desired Lane Change Distance);

⑤最大协同减速度(Maximum Deceleration for Cooperative Barking)。

根据经验将以上 5 个待校准参数分为四级。

(4)待校准模型基础情况

在校准试验开始之前,调取参数取默认值时仿真模型输出的各项指标,发现所测得的模型指标与目标有相当大的差距,说明默认值不可接受,需要进行校准。

(5)校准试验

校准试验采用拉丁正交试验法安排试验方案。基于分析数据,调整组合,产生新的参数组合,进一步优选参数组合,得到二次校准结果如表 12-11 所示,其中经过 T 检验得出编号 2、5、8 为较优参数组合。

二次校准结果　表 12-11

编号	CC0(m)	CC1(s)	CC2(m)	DLCD(m)	MDCB(m/s^{-2})	模型通行能力(pcu/h^{-1})	T 检验(<2.015)
1	3	0.5	7	200	-3	1428.6	1.727
2	1	0.5	7	50	-3	1418.4	0.914
3	1.5	0.5	7	100	-3	1431.5	1.927

续上表

编号	CC0(m)	CC1(s)	CC2(m)	DLCD(m)	MDCB(m/s^{-2})	模型通行能力(pcu/h^{-1})	T检验(<2.015)
4	4	0.5	9	100	−4	1433.6	2.021
5	4	0.5	7	200	−4	1423.4	0.825
6	4	0.5	5	150	−4	1471.8	6.327
7	3	1.0	9	150	−2	1378.5	−1.423
8	2	1.0	5	100	−2	1387.8	−0.532
9	1.5	1.0	7	100	−2	1468.9	6.102
10	1	1.0	9	100	−2	1364.0	−1.715

(6)系统性能校准

针对上述校准试验得到的3组可行的参数组合进行系统性能校准。指标包括3个控制点所检测的流量及点速度,结果如表12-12所示。由表可见,组合8是偏差最小的参数组合,因此确定为最优参数组合。

系统性能校准结果 表12-12

组合		检测器1		检测器2		检测器3	
		流量(pcu/h^{-1})	点速度(km/h^{-1})	流量(pcu/h^{-1})	点速度(km/h^{-1})	流量(pcu/h^{-1})	点速度(km/h^{-1})
实测值		2600	32.5	1400	17.5	4000	72.5
2	仿真值	2766.4	28.7	1423.0	17.9	4064.4	88.0
	偏差	1.64%	11.65%	1.64%	2.47%	1.61%	21.32%
5	仿真值	2766.4	28.5	1422.0	17.9	4044.8	91.0
	偏差	1.64%	12.37%	1.61%	2.47%	1.21%	25.64%
8	仿真值	2649.4	27.7	1426.0	18.8	4074.8	76.3
	偏差	1.90%	14.65%	1.89%	7.64%	1.87%	5.32%

(7)模型验证

①统计验证。利用一组新的晚高峰18:30~19:00数据对参数组合8进行多次仿真试验,通过与实测结果对比,仿真输出结果的误差均在10%以内,因此通过验证。

②动画验证。主要交通运行特征都通过了动画验证。

至此,模型校正完毕。

五、项目报告

应用上述建立并校正的模型,在不同交通负载的条件下,对入口匝道汇入区的交通流特性进行了系统分析,为此处改扩建工作提供了科学依据。

本项目根据业主需要出具了模型分析报告。为减少项目组工作量没有出具模型技术报告。

复习思考题

1. 简述微观交通仿真规范应具备哪些内容。
2. 简述微观交通仿真规范中的基本仿真流程，分析各步骤的主要作用。
3. 根据公路交通仿真项目分类编码，试对城市道路交通仿真项目进行分类编码。
4. 试论述微观交通仿真模型校正在整个微观交通仿真项目中的作用。
5. 试论述模型分析报告与模型技术报告的区别及原因。

参考文献

[1] 裴玉龙，张亚平. 道路交通系统仿真[M]. 北京：人民交通出版社，2004.
[2] 孙剑，杨晓光. 微观交通仿真模型系统参数校正研究——以VISSIM的应用为例[J]. 交通与计算机，2004，22(3)：3-6.
[3] 孙剑. 微观交通仿真分析指南[M]. 上海：同济大学出版社，2014.
[4] 刘博航，安桂江. 交通仿真实验教程 第2版[M]. 北京：人民交通出版社股份有限公司，2015.
[5] 郭敏，杜怡曼，吴建平. 微观交通仿真基础理论及应用实例[M]. 北京：人民交通出版社，2012.
[6] 邓建华. 道路交通系统仿真技术与应用[M]. 北京：国防工业出版社，2013.
[7] 吴娇蓉. 交通系统仿真及应用[M]. 上海：同济大学出版社，2002.
[8] 刘运通，石建军，熊辉. 交通系统仿真技术[M]. 北京：人民交通出版社，2002.
[9] 王殿海，陶鹏飞，金盛，等. 跟驰模型参数标定及验证[J]. 吉林大学学报，2011，41(1)：59-65.
[10] 关宏志，王明文，池红波. 混合交通中非机动车对路段交通流的影响[J]. 北京工业大学学报，2005，31(3)：281-283.
[11] 马建明，荣建，任福田，等. 信号交叉口微观仿真模型研究[J]. 计算机仿真，2001，18(4)：58-61.
[12] 柳祖鹏，许彩霞，张献峰. 基于VISSIM仿真系统构建3D交通环境[J]. 城市交通，2008(4)：91-94.
[13] 朱庆瑞. 高速公路入口匝道仿真模型参数校正研究[J]. 价值工程，2016，26：212-216.
[14] 张长春，牛学勤. 基于正交试验法的交叉口VISSIM模型参数标定[J]. 交通科技，2011，(2)：110-112.
[15] Great Britain. Highways Agency. Design Manual for Roads and Bridges[M]. U.K：Stationery Office Books. 2007.
[16] Validation of Micro-simulation Models Technical Review[S]. U.K：Highways Agency，2007.
[17] Guidelines for the Use of Micro-simulation Software[S]. U.K：Highways Agency，2007.
[18] 李志明，闫小勇. 基于遗传算法的交通仿真模型参数校正方法研究[J]. 交通标准化，

2006,(4):21-23.
[19] 李喆,蔡铭. 微观交通仿真参数校正流程及应用[J]. 公路交通科技. 2008,05:143-147.
[20] 章玉,于雷,赵娜乐,等. SPSA算法在微观交通仿真模型VISSIM参数标定中的应用[J]. 交通运输系统工程与信息,2010,10(4):44-49.
[21] 盖春英. VISSIM微观仿真系统及在道路交通中的应用[J]. 公路,2005,(8):118-121.
[22] Software Review[S]. U. K: Highways Agency, 2006.
[23] The Microsimulation Consultancy Good Practice Guide[S]. U. K: SIAS Limited,2005.

第十三章　宏观交通仿真

本章要求：本章主要介绍了宏观交通网络及宏观交通流模型，其中包括网络的基本概念、节点—弧模型的介绍、交通网络流模型、出行时间模型、一般路网模型以及两相流理论。通过本章的学习，要求掌握宏观交通网络的基本概念，能够应用节点—弧模型来表达实际路网，基本掌握交通网络流模型以及宏观交通流模型。

第一节　宏观交通网络

一、引言

在交通系统仿真中，道路网络系统、公路运输系统、城市公交系统等都可以用节点与连线所组成的宏观交通网络来描述。用网络模型来代表并进行分析，可以把一个实际交通工程课题的各种物理量之间的关系用一个抽象的交通网络来描述，并利用网络的某些性质求解网络模型，这种方法往往比求解数学模型简单并直观得多。因此，宏观交通网络理论与交通系统仿真在交通系统分析中占有很重要的地位。

二、网络的基本概念

网络是由若干个线性实体互联而成的一个系统，资源经由网络来传输，实体之间的联络也经由网络来达成。构成网络的最基本单元是上述线性实体以及这些实体的连接交汇点，前者通常被称为网络或弧（在道路交通网络中通常被称为路段），后者一般称为节点。例如，图13-1所示路网中，*A*、*B*、*C*、*D*、*E*、*F* 称为节点，代表该地区的城镇，连线 *BC*、*CD*、*CE*、*AE*、*ED*、*EF* 称为弧，代表城镇之间的公路。

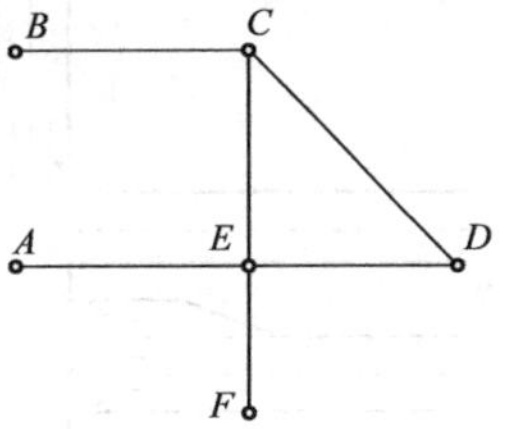

图13-1　交通路网示意图

弧构成网络的骨架，是资源传输通道或实体间连接的纽带，它可以代表街道、河流、水管等，其状态属性包括阻力和需求，时间耗费、成本、速度等可以表示为阻力，人流量、物流量、信息量等则是需求的一些例子。节点是弧的端点或者交汇点，可以表示交通运输枢纽、交叉路口、中转站等，其状态属性同样包括阻力和需求等。节点中又有下面几种特殊类型：①障碍——禁止网络中弧上流动的点，对资源传输起阻断作用，不带状态属性数据。②拐点——出现在弧的交汇点上，状态属性有阻力，如拐弯的时间和限制，这些数据可以细致地模拟资源流动时的转向特性。③中心——是接受或分配资源的位置，如仓库、火车站、商业中心等，其状态属性包括资源容量、阻力限额等。④站点——在路径选择中是资源增减的节点，如库房、车站等，其状态属性有需求和阻力。

从严格意义上讲，城市道路网络由街道和交叉口构成，属于有形的物理结构。从图论的角度看，道路网络本身只是个无向图，街道只是起着连接交叉口的作用，没有规定街道的方向。当在道路网络上规定了车流的行驶方向或各种行驶限制等交通规则，才形成交通网络。因此，交通网络不同于道路网络，它是有方向的、有流向规则的。

抽象的网络是线性的，基本的网络要素只有零维的节点和一维的弧，这很容易用有向图的节点—弧结构加以描述。而实际的城市交通网络却是非线性的，基本的网络要素有5种：①零维的节点。②一维的路段。③一维的转向。④一维的OD对。⑤二维的交通区。这大大增加了交通网络数据建模的难度。

交通网络一般被抽象为有向图，然后在此基础上进行建模求解。但是，交通网络的有向图只是对网络拓扑结构（即网络要素之间的空间关系）的描述，这仅仅是网络数据模型中的一部分，即便如此，由于交通网络是带转向的网络，普通的有向图也无法对其进行完全的描述。而实际的交通网络还包含大量的空间数据（即表达实体几何属性的数据）和属性数据（即表达实体非几何属性的数据），这些数据如何组织、存储，如何与网络拓扑有机的联系起来，同样是需要在网络数据建模中认真考虑的问题。

三、节点—弧模型

1. 节点—弧表示法

有向流是交通系统特有的重要属性，所以，通常采用有向网络表达交通系统。“节点—弧”方法通常把一个交通系统分为若干分离的特定模式（方式）的子网。例如，一个城市交通系统一般可以分为个体交通网络（即道路网络）和一些公共交通网络（如巴士系统、地铁系统、通勤铁路系统等）。各个子网之间由换乘弧连接，这些弧代表交通模式之间的转换。

在个体交通网络内部，节点通常对应道路交叉口，而弧对应交叉口之间的路段。同样，对限制出入的公路来说，节点代表互通式立交，而弧代表立交之间的公路区段。两条相向的有向弧用来表示一条双向行驶的道路或者两条并行的供车流对向行驶的限制出入的公路。广义费用函数表示沿弧行驶的单位成本。

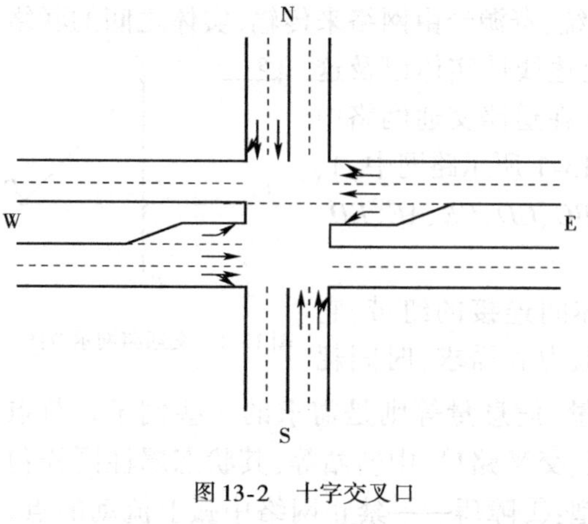

图13-2　十字交叉口

尽管一个节点代表道路网络中的一个交叉口，但仍可以用节点—弧模型以不同详细程度来表达。

图13-2所示的十字交叉口可以用图13-3所示宏观交通网络来表示。

图13-3a）中，十字交叉口以单节点表示，形式简单，但其缺陷也是显然的，它不能准确表达路口的一个重要属性，即不能表达以不同方

向穿过路口时对应的转向信息。例如,路口左转可能花费的时间比右转或直行都要多;在路口还可能有转向限制,例如禁止左转。而这些信息都无法体现在单节点表示法中。图12-3b)对此进行了扩展,用4个虚拟节点来表示十字交叉路口,每个节点表示路口的一个方向,并以连接各个节点的虚拟弧表示特定转向,弧长则对应转向延误。这种方法可以表示路口的转向信息,但网络中增加了大量的节点和弧,导致计算时间和存储空间的剧增,降低了系统运行效率。另外,这种方法还生成了一些实际上不存在的非法路径,比如④→③→①。由此,图13-3c)作了进一步扩展,每个虚拟节点对应交叉口的一个进口或出口方向,其他思路与部分扩展法相同。这种方法克服了部分扩展法存在非法路径的弊端,但是需要增加更多的虚拟节点。

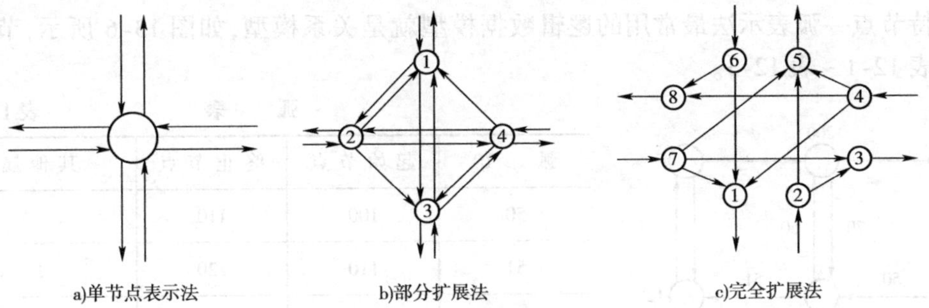

图13-3　网络表示法

节点—弧模型还可以表示公共交通网络,如图13-4所示。图13-4a)中,节点代表公交站点,弧代表公交站点之间的线路区段。图13-4b)中表示公交线路之间的换乘以及公交网络与其他网络之间的衔接。其中,接入弧将公交出行者从起点连接至公交站点,离去弧将出行者从公交站点连接至出行终点。图中也说明了两条线路的连接,连接相应站点的换乘弧可实现两条独立运行线路之间的换乘。当接入弧起点、离去弧终点代表停车换乘站时,就可以将个体网络接入公交网络。

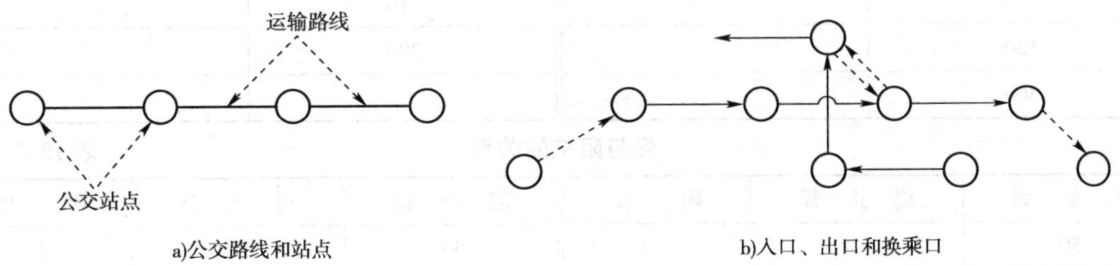

图13-4　公交网络表示法

出行起讫点是出行起始或终止的地点。实际上,在给定的交通分区(TAZ)内,起点和终点几乎是连续分布的。然而,为了计算方便,这些点通常被聚合为该TAZ的形心节点,并以区域的质心或者重心表示。由此,若要将TAZ与交通网络建立联系,传统的方法是通过连接弧将形心连至某些网络节点,从而将TAZ接入交通网络。

图13-5中的形心连接弧将给定TAZ连入交通网络。若实际的起讫点在TAZ中均匀分布,可根据从形心到每个节点的运行时间给对应的连接弧赋予权值;否则,各连接弧的权值需另作他算。

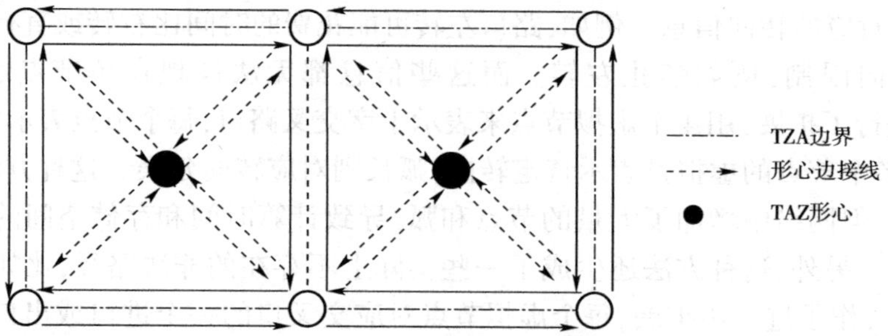

图 13-5 TAZ 连入交通网络示意图

2. 节点—弧关系数据模型

支持节点—弧表示法最常用的逻辑数据模型就是关系模型，如图 13-6 所示，节点—弧关系见表 12-1 ~ 表 12-3。

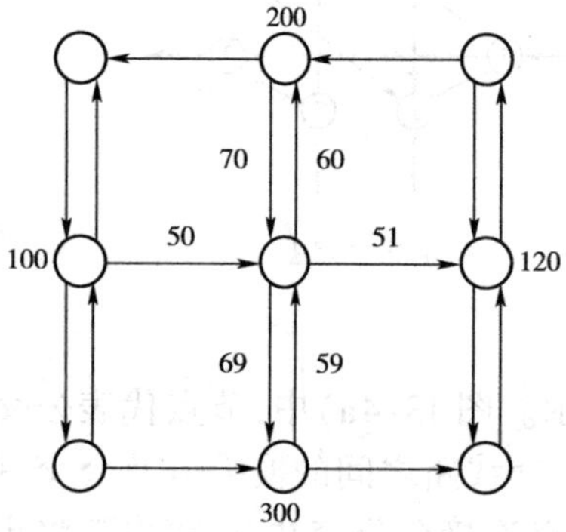

图 13-6 示例网络

弧 表 表 13-1

弧 ID	起始节点	终止节点	其他属性
50	100	110	
51	110	120	
59	300	110	
60	110	200	
69	110	300	
70	200	110	

节 点 表 表 13-2

节 点 ID	属 性	节 点 ID	属 性
100		110	
120		200	
300			

弧与阻抗的关系 表 13-3

起 始 弧	终 止 弧	阻 抗	起 始 弧	终 止 弧	阻 抗
50	60	-1	50	51	1
50	69	2	70	69	1
70	51	3	59	60	1
59	51	2			

一个典型的支持平面网络模型的关系结构通常由以下几部分组成：

(1)弧关系包括网络中弧本身的信息以及与它们相关的属性信息。必须的字段有弧 ID(关键字)、起始节点、终止节点等。起始节点和终止节点应标识出弧的通行方向。可选字段通常有弧长度、自由流行程时间、基本流量、预测流量和费用函数等。

(2)节点关系通常包括节点 ID 和一些其他属性。

(3)扩展关系。为了表达以不同方向穿过路口时的不同运行成本,需要对交叉点的表达进行如图 13-3 的扩展。这在关系数据模型中可以转向实现,转向表中每一条记录表示一个转向,还可以附加字段表示每个转向费用或者指向费用函数的指针,其中某些预定义的费用值(如负值)可用于表示转向限制。

3. 节点—弧模型的不足

图论以及离散数学结构表达网络的易操作性使得节点—弧网络模型得到广泛应用,用它表达的网络可以轻易地用传统的结构化编码方法实现存储和操作。但是,这种方法也有本质上的缺陷:

(1)由平面嵌入所引起的表达困难。这可以通过放宽网络的拓扑关系或增加转向表来解决,但是前者会破坏数据库的完整性,后者会降低数据库的运行效率。

(2)传统的网络模型假定弧都是同质的,也就是弧特性在它的两个端点之间是不发生变化的,这与交通运用中许多实际情况不符。如在路面管理中,一段给定的道路,其路面性质可以发生很大的变化。

(3)对交通系统中实体之间的一对多的关系的表达存在困难。在交通系统中,现实/物理实体(如公路、交叉口、立交桥)与现实/逻辑实体(如国道、省道)之间往往是一对多的关系。

针对上述不足,有人提出了基于特征的非平面数据模型、基于车道的数据模型等。

四、交通网络流模型

要对交通系统进行科学管理与控制,必须了解如何才能使网络中物质流动和设施分布更为合理,这在理论上可以归结为网络流问题。网络流问题关注网络中物质和信息如何能够高效地流动和转移,通常分为非拥挤网络和拥挤网络两种情形。非拥挤网络意味着各个单位的流之间不会相互影响,换言之,无需考虑流量之间的交互作用和拥挤效应,比较适合抽象网络。拥挤网络会达到饱和状态,使得流量之间由于产生延误和其他与拥挤相关的费用以至相互影响,通常对应物理网络特别是交通网络。非拥挤网络流问题主要讨论在网络的承载能力下流量最大和流动消耗最小两方面的内容,也就是最大流和最小费用的问题,拥挤网络流问题主要讨论平衡交通分配问题。

1. 非拥挤网络流

(1)最小费用流问题

最小费用流模型是最基本的网络流问题。简单地讲,最小费用流问题即为满足网络中某些节点的货物需求,选择其他节点上合适的供货地,并确定总费用最小的运输方案。

令有向图 $G=(N,A)$ 由节点集 N(含 n 个节点)和弧集 A(含 m 条弧)构成。对任意弧 $(i,j)\in A$, c_{ij}表示该弧上单位流的费用,假定费用随流量大小线性变化。同时,对 $\forall\ (i,j)\in A$,容量值 μ_{ij} 和下限值 l_{ij} 分别表示允许通过该弧的最大流量和最低流量。对 $\forall\ i\in N$,整数 $b(i)$ 表示供给/需求量。若 $b(N)>0$,节点 i 为供给点,且供给量为 $b(i)$;若 $b(i)<0$,节点 i 为需求点,并且需求量为 $-b(i)$;若 $b(i)=0$;节点 i 为转运点,问题的决策变量为弧流量 x_{ij}。最小费用流问题可描述为如下一个数学规划式:

$$\min \sum_{(i,j)} \in A c_{ij} x_{ij} \tag{13-1}$$

满足：

$$\sum_{\{j:(i,j)\in A\}} x_{ij} - \sum_{\{j:(j,i)\in A\}} x_{ij} = b(i), \forall i\in N \tag{13-2}$$

$$l_{ij} \leqslant x_{ij} \leqslant \mu_{ij}, \forall (i,j)\in A \tag{13-3}$$

式中：$\sum_{i=1}^{n} b(i) = 0$。

上述模型中，约束条件式(12-2)通常被称为流量平衡条件。式(12-2)中第一项表示该节点的流出量，第二项代表流入量，而流出量减去流入量必须等于该节点的供给/需求量。式(12-3)称为边界约束，通常反映物理容量或者对网络流运行范围的限制。在大部分应用中，弧流量的下限值为零，因此，若在此类问题中没有明确指出弧流量下限值，则自动假定为零。另外，假定模型涉及的所有数据都是整数，包括弧容量、单位费用、供需量。这种假定在实际应用中并不苛刻，因为非整数通过乘上一个足够大的系数总能转换为整数。

最小费用流模型在实际生活中有许多人们熟悉的应用，如：由工厂至仓库、仓库至商店的产品分发，工厂生产线上各岗位之间的原料和半成品的流动，城市道路网络中汽车路径选择等。最小费用流问题的求解算法有很多，包括破圈算法、最小费用路算法、原始—对偶算法、松弛算法、网络单纯形算法等。

(2)最小费用流问题的特例

①最短路径问题。基本的最短路径问题需要找出网络中从特定的源点 s 到特定的汇点 t 的费用最小(或长度最短或某个指标最优)的一条路径。在最小费用模型中，若指定 $b(s)=1, b(t)=-1, b(i)=0(\forall i\neq s, i\neq t)$，则该问题的解意味着：若从 s 发出一个单位的流并最终由 t 吸收，要保证由此得到的网络总费用最小，显然只要将其加载到从 s 到 t 的最短路径上即可。进一步推广，若要找出从源点 s 到其余所有节点的最短路径集，对应的最小费用流模型中需置 $b(s)=n-1, b(i)=-1(\forall i\neq s)$。

②最大流问题。最大流问题是要找出一个可行解，使得网络中从特定的源点 s 到特定的汇点 t 的流量最大。在某种意义上讲，最大流问题与最短路径问题是互补的。在最短路径问题中，流量产生费用，但不受容量限制；相反，在最大流问题中，流量不产生费用，但受限于容量。实际上，最大流问题可以认为是如下最小费用流问题：对 $\forall (i,j)\in A, c_{ij}=0$；对 $\forall_i \in N, b(i)=0$；添加虚拟弧(t,s)，令 $c_{ts}=-1, u_{ts}=+\infty$。最大流问题通常被用于求解管道网络中的石油制品、道路网络中的车流、通信网络中的信息流、电路网络中的电流等诸如此类的最大稳定流。

③指派问题。指派问题的数据由两个节点集 $N_1, N_2(|N_1|)=(|N_2|)$、指派集 $A\in N_1\times N_2$ 以及费用集$\{c_{ij}|(i,j)\in A\}$构成，问题的目的是为 N_1 中的各个元素在 N_2 中确定唯一的配对，使得总费用最小。指派问题可描述为具有如下属性的最小费用流问题：$G=(N_1 U N_2, A)$，$b(i)=1(\forall i\in N_1), b(i)=-1(\forall i\in N_2)$ 且 $u_{ij}=1, \forall (i,j)\in A$。在实际生活中，给项目指派人员、给机器安排工作、给房客分配房间等问题可视为指派问题的应用案例。

④运输问题。运输问题是具有下列属性的最小费用流问题：节点集 N 被分割为供给点子集 N_1 和需求点子集 N_2，对 $\forall (i,j)\in A$，必然有 $i\in N_1, j\in N_2$。一个经典的运输问题是如何将货物从各个仓库运往各个消费者处。在这里，N_1 中的节点代表仓库，N_2 中的节点代表消费者(或者消费者区域)，弧$(i,j)A$ 则表示从仓库 i 到消费者 j 的一个货物配送渠道。

⑤环流问题。环流问题是仅具有转运节点的特殊的最小费用流问题，即对 $\forall i\in N$，

$b(i)=0$。由于没有引入任何外部流到网络，也没有从网络抽取出任何流，所有的流量都在网络内部循环着。商业航班时刻表的制定是环流问题的一个例子。在这个问题中，飞机在不同城市的机场之间循环往复；若需要在城市 i 和 j 之间提供航班服务，则必须为弧 (i,j) 强加一个流量下限 $l_{ij}=1$，这样才能保证为该对城市分配至少一架飞机。

2. 拥挤网络流

(1)交通分配基本概念

交通分配就是将各种出行方式的 OD 矩阵按照一定的规则符合实际的分配到交通网络中的各条道路上，求出各路段上的流量及相关的交通指标，从而为交通网络的设计、评价等提供依据。

交通分配可以归纳为以下问题形式—已知：①交通网络的有向图表示形式；②路段特性函数(即路段阻抗函数)；③OD 矩阵；求解：网络中各路段的交通量及阻抗值。其中，交通网络的有向图形式是交通网络的数字化描述，是进行交通分配等交通分析的基础。路段的阻抗包含多项内容，比如路段行程时间、安全性、费用和舒适程度等，但最主要的是行程时间；路段的阻抗也可以理解为包含以上各因素的综合阻抗，通常用广义的行程时间来指代这种综合阻抗；如果路段阻抗函数仅与本路段的流量有关，则称其为可分离的，若与整个路网的路段流量有关，则称其为一般形式的路段阻抗函数，或者说是不可分离的。各种方式的 OD 矩阵一般由交通分布预测过程获取，或者从实际 OD 调查得到，甚至从观测到的路段交通量反推得到。

一般的交通网络中，每个 OD 对之间有很多条路径，如何将 OD 量正确、合理地分配到这些路径上是交通分配问题的核心。在实际研究过程中，人们逐渐意识到，正确的交通分配方法应能较好地再现实际交通状态，这种交通状态是出行者路径选择的结果。因此，出行者路径选择准则成为交通分配问题建模和求解的前提，这就涉及源于路段阻抗和流量相互作用关系的平衡概念。

(2)交通网络平衡概念

假设从一个出行起点到一个出行迄点的出行单位的数量已知，且连接这个 OD 对的路径有多条，要研究的是这些出行单位将如何在这多条路径之间分布。如果他们都选择同一条路径(它在开始时是阻抗最小的)，则这条路径上就会产生拥挤，导致阻抗上升，直到它不再是最好的路径。此时，部分出现单位将选择其他路径，不过被选择路径也会因为流量的上升而增加阻抗。出行单位就这样不断权衡、不断修改出行方案，直至这些路径上的流量分布达到某种程度的稳定，即平衡状态。

另一方面，实际交通网络中一般有很多个 OD 对，每个 OD 对之间一般有很多不同的路径，多条路径之间往往存在互相重叠的部分。那么，某个出行单位对路径的选择行为不但会影响到相同起讫点的其余出行单位，而且会影响到其他 OD 对之间的出行单位。因此，这种路径选择行为是发生在整个网络中的一个系统过程，网络中的交通流最终应达到一种整体的平衡状态。显然，当网络上的交通达到此种平衡状态时，网络中没有一个出行者可以通过单方面改变出行路径而减少其出行阻抗。

1952 年，Wardrop 对上述平衡现象进行了分析，提出了用户平衡原理(或称 Wardrop 第一原理)：拥挤网络上的交通以这样一种方式分布，使得任意 OD 对之间的所有被利用的路径具有相同的最小费用,而其余所有未被利用路径的费用则大于或等于此最小费用。

假设不同的路径选择机制对应着不同的平衡状态定义。作为对比,介绍一些系统最优原理(或称 Wardrop 第二原理):即拥挤网络上的交通以这样一种方式分布,使得网络总体费用最小。

显然,网络上的交通达到此种最优状态时,网络中没有一个出行者可以通过单方面改变出行路径而减少网络总的阻抗。在普通的交通网络中,是不可能出现该原理所描述的状态的,除非所有的出行者互相协作,为系统最优化而努力,但该原理可作为系统的评价指标,为交通规划和管理人员提供了一种决策方法。

(3)用户平衡分配基本模型

1956 年,Beckmann 等提出了描述用户平衡原理的一种数学规划模型:

$$\min z(x) = \Sigma_a \int_0^{x_a} t_a(\omega)\mathrm{d}\omega \tag{13-4}$$

$$\Sigma_k f_k^{rs} = q_{rs}, \forall r,s \tag{13-5}$$

$$f_k^{rs} \geqslant 0, \forall k,r,s \tag{13-6}$$

$$x_a = \Sigma_r \Sigma_s \Sigma_k f_k^{rs} \delta_{a,k}^{rs}, \forall a \tag{13-7}$$

式中:x_a——路段 a 上的流量;

$t_a(x_a)$——路段 a 的阻抗函数;

f_k^{rs}——连接 OD 对 $r-s$ 的第 k 条路径上的流量;

c_k^{rs}——连接 $r-s$ 的第 k 条路径的阻抗;

q_{rs}——$r-s$ 之间的 OD 量;

$\delta_{a,k}^{rs}$——表示路径/路段关联关系,如果路段 a 在连接 OD 对 $r-s$ 的第 k 条路径上,则 $\delta_{a,k}^{rs}=1$,否则 $\delta_{a,k}^{rs}=0$。

该模型基于以上假设:①网络是强连通的;②路段特征函数是正的、连续且分离的,即 $t_a=t_a(x_a)$,则对任意 $a \neq b$,总有 $(\partial t_a(\cdot))/(\partial x_b)=0$。模型的目标函数即式(12-4)的右部,是对各路段阻抗函数的积分之和,模型的最优解即使得目标函数最小化的解;式(12-5)是路径流量与 OD 量之间的关系,式(12-6)是路径流量的非负条件,式(12-7)是路段流量与路径流量之间的关系。对于目标函数很难做出直观的或经济上的解释,一般认为它只是一种数学手段,借助于它来求解平衡分配问题。

正是这个结构严谨的数学形式奠定了交通分配模型的基础,从而使人们对交通分配问题的认识从直观走向严谨,后来的许多分配模型都是在该基础上扩充得到的。求解基本模型比较成功的方法是 Frank - Wolfe 算法,其本质是基于最短路径搜索的迭代过程。该算法也是 TransCAD、EMME/2 等交通分析商业软件的标准算法。

(4)用户平衡分配基本模型的扩展

用户平衡原理及其基本模型建立在对交通网络特性及出行者行为特性的理想化假设之上。从修正用户平衡基本模型的各种假设条件出发,将路径选择原则与一定的约束结合起来以进一步接近实际,从而形成更为丰富多彩的研究,如:OD 量可变的弹性需求模型,路段、车种、用户组之间相互影响的一般化模型,考虑出行者对阻抗估计不确定的随机用户平衡,考虑交通需求时变特征的动态交通分配,多准则分配,带转向约束的分配,以及建立在均衡分配基础上的拥挤收费、网络设计、网络可靠性、信号控制优化等问题。与此同时,除了传统的数学规划之外,变分不等式、最优控制理论等新的建模工具也得到了迅速发展。

第二节 宏观交通流模型

一、引言

交通系统包括交通网络的拓扑结构(道路宽度、几何形状等)、交通控制系统(交通信号、单向或双向行驶规则等)、出行起讫点分布以及期望到达或离开的时间,后者本身包含了交通需求水平。微观交通流理论利用速度、流量、密度等三个基本参数来描述交叉口和路段的交通性能,对这三个参数重新进行适当的定义,就可以从宏观的角度描述整个路网的交通特性,这就是宏观交通流模型。宏观交通流模型是一种流体力学模型,也称交通流连续介质模型。它通过对单向运动的交通流在某一时刻、某一位置的有关变量来把握交通的特质和本质,主要描述车流(或车队)的运动规律,即反映一些交通流参数变量如流量、速度和密度的变化过程。

宏观交通流模型又可分为静态模型和动态模型。当交通流变量与时间无关而仅与地点有关时,其建立的交通流模型称为交通流静态模型。交通流动态模型则是描述交通流随空间和时间的变化规律。两者相比较,宏观动态交通流模型能更精确地描述交通流的真实行为,因此常用于交通流的实时控制和仿真。

二、连续流模型

1. 基本连续流方程

如果从空中鸟瞰一条交通繁忙的高速公路,可以看出由车流组成的一股"车流"连续不断地向前流动。这很自然地会让人们将车流比拟成连续流体进行研究。在流体研究中,描述交通流的参数仍数是流量、速度和密度三个基本参数。在流体流比拟中,交通流比拟中,交通流被认为是一维可压缩的流体。这便引出了两个假设:

假设一:交通流守恒的;

假设二:在速度和密度或流量和密度之间存在一一对应的关系。

第一种假设可用连续流方程来描述,且已普遍为人们所接受。然而,对第二种假设却存在不同的看法。例如,若速度是密度的函数,它遵循着这样一条规律,即驾驶员会根据密度的变化来调整其行驶速度(比如,当密度增加时驾驶员就会降低行驶速度)。这从直觉看起来似乎是正确的,但理论上可能会导致负的速度和密度。此外,同一密度值可能对应着不同的速度值。因此,第二假设是有条件限制的。其限制条件是仅当交通流处于平衡态时,这就使得一些研究者忽视了对连续流模型的研究或研究中对其模型过分简化。在随后的研究中人们发现,连续交通流模型可成功地用于交通控制和交通仿真。

20 世纪 80 年代,Lighthill、Whitham 及 Richards 将交通流比拟为一种流体,研究了在高密度情况下交通流的规律,提出了流体动力学模拟模型,被称为 LWR 模型。随后,许多的学者在此模型基础上引入了加速度表达式或动量方程。

20 世纪 70 年代末至 80 年代初,Stephanopoulos 和 Michalopoulos 首先提出将连续流模型,用于交通控制和交通仿真。

交通流的连续性方程为:

$$\frac{\partial k}{\partial t} + \frac{\partial q}{\partial x} = g(x,t) \tag{13-8}$$

式中:k,q——分别为密度、流量变量;

$g(x,t)$——研究路段内交通产生和吸纳点(如匝道出入口或平面交叉口)每单位长度单位时间的车辆交通发生率或消散率。

式(12-8)中是用于确定任意道路断面流量的状态方程。若研究路段内无交通产生点与吸引点时,它的物理意义是指在某点(x,t)处单位时间内密度的增加(或减少)等于单位距离内流量的增加(或减少)。其优点是将两个基本的相关变量和流率与两个独立变量时间与空间联系起来。但要求解该方程,还须有另外的方程如动量方程或给出一定的假设条件。交通流的连续流方程常用于信号交叉口车辆排队和消散仿真分析,也用于多车道公路交通流动态仿真分析。

假定平衡状态有:

$$v = v_e(k) \tag{13-9}$$

考虑到交通流基本方程 $q = kv$,则:

$$\frac{\partial k}{\partial t} + \frac{\partial q(k)}{\partial x} = g(x,t) \tag{13-10}$$

上式称为速度—密度假设或间数模型。

2. 引入动量方程的流体力学模型

式(12-10)是建立在速度—密度关系的假设基础上的,实践证明速度—密度关系只能在所谓的平衡状态时才是合理的。但在实际的交通流中,这种平衡态几乎不存在。对于车流从低密度到高密度流动的情况,这一模型会导致高密度区域出现一种“自锁的倾向”,即上下游一定的密度流动的情况,这一模型会导致高密度区域的车流流入量大于流出量,而且这种情况会一直持续下去,这一现象必然会导致车队的不稳定运动。

为了解决上述问题,有关学者提出采用动量方程取代式(12-10)。这一方面考虑了惯性的作用,即认为由车头时距对当前车辆车速的影响。这意味着某地的车流速度不再由当地密度值决定,而是依赖于它前方某处的密度值。动量方程的形式有很多,主要有 payne 模型、Pagageorgiou 模型、Phillips 模型、Ross 模型、Michalopoulos 模型、Karaaslan 模型、吴正模型和 Kockelman 模型等。下面对 Payne 模型、Papageorgious 模型、吴正模型和 kockelman 模型作简要介绍。

(1)Payne 模型

$$k_i^{n+1} = k_i^n + \left(\frac{T}{l_i x_i}\right)\left(l_{i-1} q_{i+1}^{n+1} - l_i q_{i+1}^{n+1} + f_i^{\mathrm{ON},n+1} + f_i^{\mathrm{OFF},n+1}\right) \tag{13-11}$$

$$v_i^{n+1} = v_i^n - \Delta t\left\{v_i^n \frac{v_i^n - v_{i-1}^n}{\Delta x_i} + \frac{1}{T_i}\left[v_i^n - v_i(k_i^n) + \frac{v_i}{k_i^n}\frac{(k_{i+1}^n - k_i^n)}{\Delta x_i}\right]\right\} \tag{13-12}$$

式中：Δt——时间间隔；

l_i——车道数；

Δx_i——各路段长度；

$f_i^{ON,n+1}$——在路段 i 于时间段$[t_0+(n-1)\Delta t, t_0+n\Delta t]$流入的流量；

$f_i^{OFF,n+1}$——在路段 i 于时间段$[t_0+(n-1)\Delta t, t_0+n\Delta t]$流出的流量；

k_T——松弛时间；

v_i——路段速度，$v_i=k_v\Delta x_i$；

k_v——预测参数。

$$T_i = k_T\Delta x_i \tag{13-13}$$

Payne 模型中方程右边第一项为上一路段速度对本路段速度的影响，因为上一路段的车辆进入本路段时往往保持原来的速度；第二项为驾驶员驾驶行为的体现，驾驶员往往根据平衡时的速度和密度关系来调整自己的速度；第三项为下一路段的密度对本路段的影响。Payne 模型最大的贡献在于提出了动态速度—密度关系模型。

试验数据表明，Payne 模型对于一般的交通流描述非常理想，但对于密度突然变化的交通状况其调节的过程非常缓慢，模型中仍然隐含了速度—密度关系假设。于是，Papageorgiou 改进了 Payne 模型。

(2)Papageorgiou 模型

基于 Payne 模型，Papageorgiou 对动量方程进行改进，并提出了如下模型：

$$k_i(n+1) = k_i(n) + \frac{T}{\Delta_i}[q_{i-1}(n) - q_i(n) + r_i(n) - s_i(n)] \tag{13-14}$$

$$q_i(n) = \alpha k_i(n)v_i(n) + (1-\alpha)k_{i-1}(n)v_{i-1}(n) \tag{13-15}$$

$$v_i(n+1) = v_i(n) + \frac{T}{\tau}\{V[k_i(n)] - v_i(n)\} + \frac{T\xi}{\Delta_i}v_i(n)[v_{i-1}(n) - v_i(n)] - \frac{vT[k_i(n+1) - k_i(n)]}{\tau\Delta_i[k_i(n)+k]} - \delta\frac{Tv_i(n)r_i(n)}{\Delta_i[k_i(n)+k]} \tag{13-16}$$

其中

$$\alpha = \begin{cases} 1 & k_{i-1}(n) < k_{cr} \\ 0 & k_{i-1}(n) \geq k_{cr} \end{cases} \tag{13-17}$$

式中：$r_i(n)$，$S_i(n)$——分别为入口匝道和出口匝道流量；

Δ_i——路段长度；

T——采样周期；

τ——延迟时间；

ξ——对流系数。

$$v = -0.5\frac{\partial v}{\partial k} \tag{13-18}$$

式中：k——限制因子；

δ——路口形状相关系数；

$V[k_i(n)]$——平衡状态时的速度—密度关系。

式(12-14)~式(12-16)为离散化的交通流动态差分方程。

Papageorgiou 模型中增加了进出口匝道流量变量项,因而对交通流仿真尤其是高速公路交通流仿真比较有用。该模型在交通流比较均匀时可以很好地描述交通流状态,但当某一路段下游发生阻塞时,它就表现出一定的局限性。此外,在 Papageorgiou 模型中采用平衡速度—密度关系模型时,并没有考虑各种重型车辆的影响(如货车的比例)。如果货车被限制于右车道时问题更为突出,这时右车道可能已经阻塞,但内部各个车道仍然畅通,其交通流不能看作是均匀的交通流。

(3)吴正模型

国内学者吴正针对我国混合低速交通为主的交通状况将一维管道流动的动量方程引入交通流模型,并就有关参数建立了相应的实测方法,其基本方程为:

$$\frac{\partial(kA)}{\partial t}+\frac{\partial(kvA)}{\partial x}=0 \tag{13-19}$$

$$\frac{\partial(kvA)}{\partial t}+\frac{\partial(kv^2A)}{\partial x}+A\frac{\partial p}{\partial x}+\tau_w=0 \tag{13-20}$$

式中:k——车流密度;

v——车流速度;

τ_w——车流经过单位面积时所受到的阻力;

p——交通压力,可以写为 $p=ck^n$,$n\geqslant 1$,c 和 n 为两个可调参数,改变它们的值可以使模型适用于不同的交通状况。

该模型曾用于对上海和杭州的路段进行仿真分析,准确地求出了临界密度和临界流量,还对不同时间周期的交通波以及瞬间阻塞交通过程进行了模拟。实际验算表明,该模型可以较好地模拟各种道路条件和混合交通条件下的交通过程。该模型的局限性在于:一是仅限于混合低速交通流;二是待定参数过多和难以确定导致实际应用上的困难,如交通状态指数 n 的确定,由于 p 和 n 的指数关系,p 对 n 的变化十分敏感,因此要求准确测定 n 的值,而其在实际中很难精确测定;三是"混合型"交通流中各种车经过单位面积时所受到的阻力这一参数来描述似乎过于简单,况且这一随机变化的参数在实际中也很难确定。

(4)kockelman 模型

上述模型未考虑驾驶员心理、天气条件等因素对交通流模型的影响,于是 kockelman 提出了考虑各种影响因素的交通流模型。在 kockelman 模型中,把驾驶员分为几种类型,每一种类型的驾驶员在自由流时都有自己的期望自由流速度。同样,在拥挤时也有自己的期望车头间距和期望速度。Kockelman 认为,在自由流时,交通流量与车辆速度之间具有如下关系:

$$q_{自由流}=\Sigma_i v_{\max,i}p_i k+\xi_i(x,t) \tag{13-21}$$

式中:$v_{\max,i}$——第 i 类驾驶员的自由速度;

p_i——第 i 类驾驶员所占比例。

拥挤流时,模型假设每类驾驶员的期望车头间距是速度的线性函数:

$$s_i=a_i+b_i v \tag{13-22}$$

$$k_i=p_i k=\frac{p_i}{s}=\frac{p_i}{\Sigma_i p_i(a_i+b_i v)} \tag{13-23}$$

由上式解得：

$$v=\frac{\left(\frac{p_i}{k_i}-\sum_i p_i a_i\right)}{(\sum_i p_i b_i)} \tag{13-24}$$

$$q_{拥挤}=vk=\frac{v}{\sum_i p_i s_i}=\frac{v}{\sum_i p_i(a_i+b_i v)}=\frac{\left(\frac{p_i}{k_i}-\sum_i p_i a_i\right)/(\sum_i p_i b_i)}{\sum_i p_i(a_i+b_i v)}$$

$$=\frac{(1-k\sum_i p_i a_i)}{(\sum_i p_i b_i)} \tag{13-25}$$

式中：s_i——第 i 类驾驶员的期望车头间距；

$\bar{s}$——平均车头间距；

a_i,b_i——待定参数；

其余符号意义同前。

(5)Payne-Whitham 型模型

宏观交通流理论采用交通流量 $q(x,t)$ 即单位时间内通过单位路长的车辆，交通密度 $\rho(x,t)$ 即单位路长上车辆数，以及交通流平均速度 $u(x,t)$ 来对交通流进行描述，该理论首先由英国学者 Lighthill 和 Whitham 提出。LW 模型由一个简单的守恒方程构成：

$$\frac{\partial\rho}{\partial t}+\frac{\partial q_e}{\partial x}=0 \tag{13-26}$$

式中：$q_e=pu_e(\rho)$——平衡状态下的交通流量，表示平衡交通的速度—密度关系，满足 $u_e(\rho)\leqslant 0$，本文采用 Greenshields 提出的速度—密度公式：

$$u_e(\rho)=u_f-\frac{u_f}{k_j}k \tag{13-27}$$

式中：u_f——自由流速；

k_j——堵塞密度。

P-W 型宏观交通流模型在守恒方程的基础上引进入动量方程，模型的一般形式为：

$$\frac{\partial\rho}{\partial t}+\frac{\partial(\rho u)}{\partial x}=0 \tag{13-28}$$

$$\frac{\mathrm{d}u}{\mathrm{d}t}=\frac{\partial u}{\partial t}+u\frac{\partial u}{\partial x}=-\frac{1}{\tau}(u-u_e(\rho))-\frac{c^2(\rho)}{\rho}\frac{\partial\rho}{\partial x} \tag{13-29}$$

式中：参数 τ——实际平均车速变化到平衡车速所需的松弛时间，通常认为是常数。式写为：

$$\frac{\partial u}{\partial t}+u\frac{\partial u}{\partial x}=-\frac{1}{\tau}(u-u_e(\rho))-\frac{C_0^2(\rho)}{\rho}\frac{\partial\rho}{\partial x} \tag{13-30}$$

其中，当 $C_0=\sqrt{-\frac{1}{2\tau}u_e}$ 时，即为 Payne 模型，而当 $C_0=-\sqrt{v},v>0$，为任一常数时，为 Whitham 模型。若 $C(\rho)=\rho u_e(\rho)<0$，则有 Zhang 模型：

$$\frac{\partial u}{\partial t}+u\frac{\partial u}{\partial x}=-\frac{1}{\tau}[u-u_e(\rho)-\rho(u'_e(\rho))]^2\frac{\partial\rho}{\partial x} \tag{13-31}$$

三、出行时间模型

出行时间图从总体上反映了路网在给定时刻的运行状况,将车辆从路网上某一给定点进行排列,按照预定的间隔标定出每个车辆的时间和位置,这样就可以得到相等出行时间的轮廓线。这种出行时间轮廓线构成的出行时间图,从总体上反映了路网在给定时刻的运行状况,提供路网上平均出行时间和平均速度的信息,可以用来评价路网的宏观交通流特性。但是,这些信息都只局限于与路网中某点的联系,为了知道其他点的情况,就必须重复地画出所有研究对象点的出行时间轮廓线。更重要的是,仅仅通过一个变量(出行时间或速度)将难以全面刻画路网的性能,因为路网在同样速度条件下,能够提供不同的服务水平。

此类模型目前已经被许多研究者采用,大多用来计算平均路网出行时间(单位距离)或者速度。

1. 宏观交通流仿真模型的基本要素

宏观仿真模型与微观仿真模型的区别主要表现在如下两个基本要素上:

(1)车辆到达

与微观仿真模型一样,在宏观仿真模型中,对于每一辆进入系统入口处的车辆,都要产生一个到达时间,以及相应的特征参量。不同的是,由于宏观仿真通常都是用于道路网的交通状态研究,车辆特征参量往往要包括每辆车的出行目的和行驶路线。每辆车的出行目的可以从随时间变化的 OD 矩阵中获得,而行驶路线则可以通过最短路径法计算出来。

(2)相互影响模型

传统的宏观仿真模型应用速度—流量一般关系式来描述车辆在系统中的运动。当道路网系统能够划分为具有相同特征的几个子系统时,也可以将道路几何特征、速度限制和天气状况等因素引人宏观仿真模型。

施瓦特菲格(Schwerdfeger)在 1983 年提出了一个微观和宏观的混合仿真模型,其中既采用了速度—流量的一般关系式,也采用了期望车速来计算车辆的实际速度。为避免在相邻路段上出现速度不连续的情况,在该处采用了平均车速。

2. 交通强度作为距离的函数

Vaughan、Ioannou 和 Phylactou 利用英国 4 个城市(Chesterfield、Reading、Leichester、London)的调查数据建立了一些通用的数学模型,这些模型都与当时的调查数据相吻合。模型表述为:交通强度(单位区间总出行距离)随着所在地点与 CBD 距离的增加而减少。

$$I = A \cdot \exp\left(-\frac{r}{a}\right) \tag{13-32}$$

式中:r——与 CBD 的距离;

A、a——参数。

不同城市具有不同的 A 值和 a 值,并且 A 值还随着高峰时段与非高峰时段的变化而发生变化。交通强度模型可以反映城市交通网络的宏观特性,但模型结果与实际有一定的出入。

3. 平均速度作为距离的函数

Branston 利用 TRRL 在 1963 年对英国 6 个城市进行调查,用回归分析法得到了 5 个平均速度(v)与距 CBD 的距离(r)的关系模型。其中城市中心定义为放射线路的交汇点,CBD 的出行速度选择在中心区 0.3km 以内的区域,每一条路段的平均速度可以通过路段长度与实际出行时间的比值得到。下面分别列举 Branston 所采用的 5 个函数关系式,其中参数 a,b,c 为常数,均由调查数据确定。

(1)幂函数模型

$$v = ar^b \tag{13-33}$$

幂函数模型是根据 Wardrop 理论得到的,但是,该式在 CBD 的中心区($r=0$)预测得到的速度为零,这显然与实际不相符。因此,Branston 将关系式推广为如下一般形式。

(2)改进的幂函数模型

$$v = c + ar^b \tag{13-34}$$

式中:c——CBD 中心区的速度。

一般形式的 Branston 模型克服了幂函数曲线在 CBD 中心区速度为零的缺陷。

(3)线性模型

$$v = a + br \tag{13-35}$$

Beimborn 早期建立的模型是完全的线性关系。在城市边缘地带速度达到最大值,这些点被定义为平均速度最大值点(即在此点以外随着远离 CBD 中心距离增加而速度不再增加)。但 Branston 的调查数据中没有发现任何城市中出行平均速度的极限最大值。

(4)负指数模型

Angel 和 Hyman 根据实际调查数据提出了负指数模型,其中负指数渐近线逼近最大平均速度。

$$v = a - be^{-cr} \tag{13-36}$$

(5)最大平均速度模型

Lyman 和 Everall 还提出了城郊有限最大平均速度模型,它最早用于放射线和环形路,但后来适用于所有的道路状况。

$$v = \frac{1 + b^2r^2}{a + cb^2r^2} \tag{13-37}$$

式中:a,b,c——参数。

Branston 在检验上述 5 种速度模型时,认为线性模型和改进的幂函数模型可以不予考虑。这是因为线性模型式(12-4)的计算值一般比实际观测数据高 3~4km/h,当随着 r 的增长平均速度增长较快时,模型已经明显与事实不符;改进的幂函数模型式(12-3)在两个城市中心区出现了速度为负数的情况,当采用 6 个城市的数据进行验证时,中心区速度计算结果为零,也就是说,改进的幂函数模型并不能实现消除城市中心区平均出行速度为零的初衷。

其余 3 个模型在城市郊区的预测平均速度与实际数据都有一定的偏离,但是幂函数模型比最大平均速度模型更符合实际。另外,负指数模型与幂函数模型相比较后的结果与实际情况更加吻合,但负指数模型用的比较少,这主要是因为它在计算上比较复杂。对于城市中心区,通常应采用其他的模型,以避免中心区速度计算值为零的缺陷。

Hutchinson 为了简化上述模型,利用 TRRL 在 1967 年对英国 8 个城市的调查数据,重新检验了幂函数模型和负指数模型。根据 Hutchinson 对调查数据的分析,Branston 的幂函数模

型中函数 b 的取值范围为0.27~0.36,因此,建议采用下述简化公式:

$$v = kr^{1/3} \tag{13-38}$$

参数 k 与城市人口规模有密切关系,并且随着人口规模的增加而增加。

对于负指数模型,Hutchinson 建议对每一个城市可以选择一个最大速度 v 的限制。假设平均速度介于50~75km/h之间,则可以选择60km/h来标定指数函数模型。

$$v = 60 - ae^{-r/R} \tag{13-39}$$

式中的 R 值与城市人口规模密切相关,而 a 与人口规模无直接关系。

四、一般路网模型

1. 路网通行能力

许多研究者同时还提出了除速度以外的其他一些宏观交通流模型。Smeed 根据 Wardrop 的速度—流量关系式计算了伦敦中心区道路的通行能力,得到:

$$c = 58.2 - 0.005\,24v^3 \tag{13-40}$$

为道路的通行能力,式中采用平均道路宽度12.6m。当速度小于16km/h时,Smeed重新给出了通行能力计算公式,即:

$$c = 68 - 0.13v^3 \tag{13-41}$$

2. 速度—流量关系

Thomson 根据伦敦市中心区的观测数据建立了线性的速度—流量关系式。所采用的数据包括14年来整个路网每年的平均速度和流量。其公式为:

$$v = 30.2 - 0.008\,6q \tag{13-42}$$

式中:v——参平均速度,km/h;

q——平均流量,pcu/h。

Wardrop 直接将街道平均宽度和信号灯的平均距离作为影响速度和流量的影响因素。根据对调查数据的分析,得到如下平均速度的一般表达式:

$$\frac{1}{v} = \frac{1}{31 - \frac{140}{w} - 0.024\,4\frac{q}{w}} + \frac{f}{1\,000 - 6.8\frac{q}{\lambda w}} \tag{13-43}$$

式(12-42)在应用到其他城市时,形式会有所改变,需要根据具体调查数据来对模型进行标定。

3. 关系模型

Zahavi 引入3个基本变量,即 I:交通强度(单位区域的出行距离)、R:道路密度(单位区域道路长度或道路面积)、v:空间平均速度。根据英国和美国的调查数据,发现 I、R、v 在不同城市的不同地区具有不同的值,研究表明,三者之间具有下述关系:

$$I = \alpha\left(\frac{v}{r}\right)m \tag{13-44}$$

式中:α,m——参数,而且几乎所有城市的调查数据都表明,参数 m 趋近于 -1。

于是,可以将上式简化为:

$$I = \frac{\alpha R}{v} \tag{13-45}$$

α 对于不同城市具有不同的取值,它受到路网物理特性的影响,如道路宽度、交叉口密度等。因此,α 可以作为路网特性和交通性能综合效果的一个反映,可用于反映服务水平。

然而,Buckley 和 Wardrop 的研究表明,α 值还与空间平均速度密切相关;Ardekani 通过航拍图还得出 α 值与路网密度相关的结论。因此,α 值并不能完全反映路网的服务水平。

五、两相流(Two – Fluid)理论

1. 模型表述

Prigogine 和 Herman 在其交通流动力学理论中,将交通流划分为两种类型,即个体流和集合流,二者都是车流密度的函数。当交通流为集合流且密度增加时,交通流模式很大程度上将不以单个驾驶员的意志为转移。

上述交通流动力学理论处理的是多车道交通状况,在此基础上提出的两相流理论可用来描述城市路网集合流的交通状况。该理论认为,车辆在交通流中分为运动和停止两类(即两相),后者包括车辆在运动的交通流中的停车,即因为交通信号或停车标志的停车、因为车辆装卸堵塞车道的停车、因为一般交通拥堵而产生的停车等,但并不包括处于交通流状况以外的停车(比如停车场的停车等)。

两相流理论模型为评价路网的服务水平提供了宏观方法,这时的评价并不受路网密度的影响。模型基于如下两个基本假设:

(1)路网中车辆的平均运行速度与路网上正处于运动状态的车辆成比例。

(2)被测试车辆在路网中停车时间与运行时间之比等于同一时段路网上所有车辆的平均停车时间与运行时间之比。

两相流模型的第一个假设建立了车辆的平均速度(V)与运行车辆的比例(f_r)关系,即:

$$V = V_m f_r^{n+1} \tag{13-46}$$

式(12-46)可改写为:

$$V = V_m (1 - f_s)^{n+1} \tag{13-47}$$

式中:f_s ——停止车辆占路网上总车辆数的比例。

边界条件为:当 $f_s = 0$ 时,$V = V_m$;当 $f_s = 1$ 时,$V = 0$。

两相流模型的第二个假设建立了路网上被测试车辆的停车时间比例与同一时间段所有车辆平均停车时间比例之间的关系,即:

$$f_s = \frac{T_s}{T} \tag{13-48}$$

式中:T——平均出行时间;

T_s——停止时间。

将式(12-46)用出行时间来表示,并与式(12-47)联立,得到

$$T = T_m \left[1 - \left(\frac{T_s}{T}\right)\right]^{-(n+1)} \tag{13-49}$$

于是,两相流模型可以表示为:

$$T_s = T - T_m^{\frac{1}{n+1}} T^{\frac{n}{n+1}} \tag{13-50}$$

两相流模型的正确性已被许多观测数据证实,该理论指出,城市路网性能可以用参数 n

和 T_m 表示，这些参数可以利用观测数中的停车时间和运行时间来估计。

2. 模型参数的简单讨论

参数 T_m 表示单位距离平均最小出行时间，它意味着路网上某一辆车没有停车时的出行时间。这个参数的值并不易直接观测到，因为即便是选择在夜晚观测，对于任何一辆车来说，都有可能遇到红灯或者是停车标志。根据定义，T_m 代表车辆以非拥堵条件下的速度行驶单位距离所需要的时间。T_m 增加，表明速度降低。根据实测数据，T_m 值在 0.93 ~ 1.86min/km（1.5 ~ 3.0min/mile），该值越小，说明路网的运行条件越好。

当 n 值一定时，单位距离停车时间 T_s 增加，总的出行时间也将会增加。$T = T_s + T_r$，所以总的出行时间至少会以停车时间增加的速率增加。如果 $n = 0$，T_r 为常数，那么，出行时间将恰好以停车时间增加的速率增加；如果 $n > 0$，出行时间增加的速率比停车时间增加的速率快，因此 n 必须大于零。通常情况下，停车时间的增加往往是因为交通堵塞的增加所造成的，从直觉来看，当堵塞很严重时，车辆的运行速度较低（或者单位距离运行时间加长）。根据实测数据的计算结果，n 的取值范围一般为 0.8 ~ 3.0，n 值越小说明路网的运行条件越好。

3. 模型参数的计算机仿真

对于路网模型的分析，计算机仿真比实测数据分析具有更多的优越性。现实中不易观测的交通条件或者新的控制策略在仿真中都可以很容易地实现。在采用两相流模型进行仿真时，可以将所有车辆都分布到路网中，而不是仅仅研究几个样本车辆。

目前，绝大多数仿真都是采用一船网格来表示路网，这样就可以消除特殊路网对两相流模型参数的影响。常用的典型仿真网络是 5 × 5 的全部双向交叉口网格。交通信号灯设置在每一个交叉口上，所有车辆不允许离开网格区域，这样就可以保证在仿真运行过程中路网的交通密度不变。分别对不同的路网密度及车流密度（如 0 ~ 60 辆/车道 · mile 和 0 ~ 80 辆/车道 · mile）进行仿真，将路网中所有车辆的出行记录汇总起来，就可以得到估计模型参数所需要的观测数据。

最初的仿真结果表明，T 和 T_r 都随着路网车辆密度的增加而增加，但是，当 n 值很小时，T_r 几乎保持不变。

复习思考题

1. 简述节点—弧模型的表示法及其不足。
2. 析最短路径问题、最大流问题如何转化为一个特殊的最小费用流问题。
3. 简述出行时间模型及原理。
4. 简述一般路网模型及原理。
5. 简述双流模型及原理。
6. 简述基本连续流模型及原理。
7. 简述常用的引入动量方程的流体力学模型及原理。

参 考 文 献

[1] 吴娇荣. 交通系统仿真及应用[M]. 上海：同济大学出版社，2004.

[2] 张生瑞．交通流理论与方法[M]北京:中国铁道出版社,2010.

[3] 裴玉龙,张亚平,等．道路交通系统仿真[M]. 北京:人民教育出版社,2004.

[4] Nathan Gartner, Caroll J. Messer , Ajay K. Rathi, Traffic Flow Theory[J]. Transportation Research Board, 1998.

[5] 荣建,马建明,任福田,等．利用交通仿真模型求解通行能力[R]. 北京工业大学学报, 2001, 27(1):4-7.

[6] 刘运通,石通军,熊辉．交通系数仿真技术[M]. 北京:人民交通出版社,2002.

[7] 陈洪仁,杨龙海,赵国锋．寒冷地区二级公路路段交通微观仿真研究[R]. 中国公路学报, 2001, 14(3):90-92.

[8] 方靖,李旭宏．公路路段交通流模拟模型设计与开发．国道主干道设计集成系统开发研究[M]. 北京:人民交通出版社,2001.

[9] 邹智军,杨东援．微观交通仿真中的车道变换模型．中国公路学报[R]. 2002, 15(2): 105-108.

[10] 邹智军．信号灯交叉口微观交通仿真模型研究．中国公路学报(增刊)[J]. 2000, 13: 93-96.

[11] 肖海峰,陈小鸿,林航飞．面向交通诱导的仿真系统功能和核心模型[J]. 公路交通科技, 2001, 18(4):70-73.

[12] Lighthill, M. H. and G. B, Whilham. On kinematics waves – II. A Theory of Traffic Flow on Long Crowed Roads[J]. Prceedings, Royal Sciety (London), 1995, A229, No. 178: 17-345.

[13] Michalopoulos, P. G and V. Pisharoy, Derivation of Delays Based on improved Macroscopic Traffic Models [J]. Transportation Research Journa, 1981, 15B(5): 299-317.

[14] 李莉,吴恒莱,施鹏飞．Payne – Whitham 型宏观交通流模型波动特性[M]. 系统科学与数学 2006, 27(6): 915-922.

[15] Payne H J, Models of freeway traffic and control[A], Mathematical Models of Public systems. Simulation Council Proc. La. Jolla, CA, 1997, 51-61.

[16] Papageoegiou M, Some remarks on macroscopic traffic flow modeling[J]. Transpn. Res., 1998, 32A(5):323-329.

[17] Philips WF, A new continuum traffic model obtained from Kinetic theory[J]. IEEE Trans. Autom, Control, 1978, AC – 23:1032-1036.

[18] Ross P, Traffic dynamics. Transpn. Res[J]., 1988, 22B(6):421-425.

[19] Michcalopoulos, P. G., E. kown, and E. G, Khang. Enhancements and Field Testing of a Dynamic Simulation Program[J]. Transportation Research Record, 1991, 1320:203-215.

[20] 吴正．交通流动态模型[J]. 复旦大学学报(自然科学版). 1991, 30(1):111-117.

[21] UFUK Karaaslan, Pravin Varaiya, Jean Walrand. Two proposals to improve freeway traffic flow[J]. Proceedings of the 1991 American Control Conference. Boston: MA.

[22] Wu zheng, HYdromechanical model of mixed and low – speed metropolitan transportation [J]. Acta Mechanica Sinica, 1994, 26(2):149-157.

[23] Kara M K, Changes in the flow - density relation due to environmental vehicle and driver characteristics[J]. 1998, TRB 1664:47-56.

[24] 丹尼尔,马休. 交通流理论. 美国运输科学研究所专题报告[M]. 蒋璜,等,译. 北京:人民交通出版社,1983.

[25] 王炜,陆建. 道路交通工程系统分析方法[M]. 北京:人民交通出版社,2011.

[26] 任刚,李文勇,陈茜. 交通计算机辅助工程[M]. 北京:人民交通出版社,2010.